塔羅外傳

莎拉著

圓方立極

「天圓地方」是傳統中國的宇宙觀，象徵天地萬物，及其背後任運自然、生生不息、無窮無盡之大道。早在魏晉南北朝時代，何晏、王弼等名士更開創了清談玄學之先河，主旨在於透過思辨及辯論以探求天地萬物之道，當時是以《老子》、《莊子》、《易經》這三部著作為主，號稱「三玄」。東晉以後因為佛學的流行，佛法便也融匯在玄學中。故知，古代玄學實在是探索人生智慧及天地萬物之道的大學問。

可惜，近代之所謂玄學，卻被誤認為只局限於「山醫卜命相」五術、及民間對鬼神的迷信，故坊間便泛濫各式各樣導人迷信之玄學書籍，而原來玄學作為探索人生智慧及天地萬物之道的本質便完全被遺忘了。

有見及此，我們成立了「圓方出版社」（簡稱「圓方」）。《孟子》曰：「不以規矩、不成方圓」。所以，「圓方」的宗旨，是以「破除迷信、重人生智慧」為規，藉以撥亂反正，回復玄學作為智慧之學的光芒；以「重理性、重科學精神」為矩，希望能帶領玄學進入一個新紀元。「破除迷信、重人生智慧」即「圓而神」，「重理性、重科學精神」即「方以智」，既圓且方，故名「圓方」。

出版方面，「圓方」擬定四個系列如下：

一‧「智慧經典系列」：讓經典因智慧而傳世；讓智慧因經典而普傳。

二‧「生活智慧系列」：藉生活智慧，破除迷信；藉破除迷信，活出生活智慧。

三 •「五術研究系列」：用理性及科學精神研究玄學；以研究玄學體驗理性、科學精神。

四 •「流年運程系列」：「不離日夜尋常用，方為無上妙法門。」不帶迷信的流年運程書，能導人向善、積極樂觀、得失隨順，即是以智慧趨吉避凶之大道理。

此外，「圓方」成立了「正玄會」，藉以集結一群熱愛「破除迷信、重人生智慧」及「重理性、重科學精神」這種新玄學的有識之士，並效法古人「清談玄學」之風，藉以把玄學帶進理性及科學化的研究態度，更可廣納新的玄學研究家，集思廣益，使玄學有另一突破。

作者簡介

　　莎拉（Sara Dreamily），香港著名身心靈導師，曾以其他筆名：羅善姿、約言、Dreamily 等發表文章。

　　莎拉早年遠赴台灣、印度、非洲及歐洲各地探索身心靈文化，曾接受戲劇訓練並持有藝術治療證書，同時具備 NBPES 認證 NLP 專業技巧高級執行師及 NBPES 認可催眠治療師、希臘 KODIKO 生命密碼導師、Mandala 曼陀羅彩繪心靈導師，及英國巴哈花藥治療師等多項資格。現主要從事心靈治療工作，除個別輔導外，亦擔任學校及企業培訓，對於城市人的情緒問題和靈性需求，深具研究經驗。

　　莎拉同時積極參予藝術及文創活動，亦兼任客席主持及專欄寫作。其身心靈作品《曼陀羅心靈之旅》曾獲漫畫月刊 *Comic Fans* 之邀，成為故事發展元素並出版漫畫版閱讀卡；社會題材劇作「火星人」獲香港電台之邀改編成廣播劇，後更搬上舞台，兩度重演。

Facebook: Dreamily 靈性工作生活日常

https://saradreamily.wordpress.com

個人作品：

2003 《五類十型占命法》（陰陽五行算命）

《我學會了愛的魔法》（小說）

《異人》（小說）

2004 《莎拉的塔羅筆記》（塔羅入門手冊）

《曼陀羅心靈之旅》（附靈修圖卡）

2005 《偉特塔羅愛的魔法》（美國偉特塔羅牌授權，中文版塔
羅手冊）

2006 《再見！波拉 • 波拉》（小說）

2008 《星光塔羅 The Astral Tarot》（二十二張大阿克羅）

2009 《火星人》（共融愛情觀舞台劇本）

《幸福掌面相》

《淘金掌面相》

2010 《童心塔羅》（二十二張大阿克羅）

2011 《曼陀羅命運之預境》（附靈修圖卡）

《生命數字能量卡》

代序

二○○五年認識莎拉。

第一次的相遇，莎拉就啟發了我蛻變的歷程。

那時，我剛從美國回歸，就職於一家美資國際廣告公司。因為不適應本土文化，和天生性格內向，容易鑽牛角尖，成了一個在公司被攻擊的對象。我不慎墮入了今天俗稱的憂鬱病，情緒陷於低潮，帶着負面、恐懼和怨恨的態度冷看人生。雖然也想找尋自己的快樂，但往往自憐自艾，踏上憤世一族的路。

莎拉，是經由朋友介紹的。我帶着一種好奇和不甘的心態向她求救。我們短短的相遇，她耐心地聆聽我的怨訴，然後就介紹了我看《了凡四訓》，溫聲的說：「記得，命運是可以由自己改變的。」就這樣，她啟發了我自己蛻變的歷程。

再次與莎拉相遇，我依然被情緒困擾，也略有自殘的現象。她這次給我的禮物是一套自創的色彩卡和鼠尾草。同樣地她輕輕的說：「記得要清理自己的磁場，多跟色卡理清自己的內心的表白。」就這樣，我開始了一段漫長的探討心裏情智、靈修和各派輔導方法的學習生涯。

我跟莎拉的友誼也就這樣開始了。

每次與莎拉的相遇都是一個直接但溫馨的心靈探索體驗。透過塔羅牌的格局，她讓我探討到我內心世界，幫我理清我對自己的綑綁。塔羅也同時讓我找到打開自己場域的無限可能。每一張牌，都帶有一個提示；而每一個提示都成為一個值得考量的可能性。塔羅，不一定是個未卜先知的工具，但絕對是一個導引自己踏出困局的橋樑。

回顧這十幾年裏，莎拉讓我知道我們的幸福始終掌握在自己的手中。如了凡一樣，福報是要靠自己耕耘的。

　　是莎拉讓我知道「人生本是一場體驗遊戲，要真誠但輕鬆的面對，無需太執著。」就這樣，這金句伴我度過一年多化療，闖出自己的康復奇蹟；同時，也給了我勇氣創立了「智原社」。

Avary Chong

Coder-R（智源社）創辦人
專欄作家
心靈成長導師

自序

想想，上次出版有關塔羅的書籍，已經是很多年前的事。十年來，朋友、學生和客人們常來問我甚麼時候會再寫塔羅書。

誠然，我一直期待再次以文會友，分享靈性生活的日常；然而，過去幾年，因為工作和生活都處於十分忙碌的狀態，出版一事就擱置下來，直至去年書展，跟合作多年的編輯梁小姐聚餐，談起過去合作的點滴，又燃起出書的心思。

從我二○○一年撰寫第一本塔羅入門書《莎拉的塔羅筆記》到現在，差不多有二十年了。近二十年時間，坊間出版有關塔羅的書籍，包括翻譯書，大概都有百多本。內容從基本教學廣及至宗教研究、生命價值、生涯規劃、人生哲學等，早已跳出占星問卜的層面，更加接近本來塔羅傳世的意義。

作者們的大度分享，作品大多內容充實，塔羅同修們和很多身心靈工作者，都能藉此吸收到高濃度的靈性養分。社會上亦能見到愈來愈多身心靈導師、催眠師、藝術治療師、冥想帶領者以至專業的心理康復工作者，在處理個案時會引入塔羅作為療癒輔助的工具，令更多人士在心靈層面受惠於蘊藏在塔羅畫面中的人生哲學智慧。

在書店之中，塔羅題材作品早已長駐占卜星相類別架上，亦常見於宗教哲學或心理康復區域的書架中。相對於早年，此時的環境氣氛，實在開放健康得多，相信這就是步進水瓶世代，人類靈性需求所造就的現象：勇於面對內心的真實需要，追求靈性養分，尋求身心平衡。

此時此刻若再寫書，我實在不想重複已有的內容，浪費自己、合作團隊和讀者們的時間；更不想白白消耗木材。為此，

我特地於落筆之前先重溫自己兩本舊作，《莎拉的塔羅筆記》和《偉特塔羅愛的魔法》── 前者是簡單易明的入門讀物，亦是我的塔羅教學的課堂筆記；後者則是中、高階塔羅班的教學書籍；再向客戶和學生們收集意見，看看大家對哪類題材感到興趣。綜合下來，最後製作了一個新書內容目錄，並名此書為《塔羅外傳》，與大家分享塔羅與我的故事。

莎拉

二〇一八年冬

目錄

前言 —— 學習塔羅的其中一路

　　塔羅的學習途徑，一如它的歷史和身世般，五花八門，眾說紛紜，從來沒有統一的說法。即使我過去幾十年天天都「牌不離手」，早已把七十八個畫面讀過千萬遍，還是無法說出怎樣才是最正統的塔羅學習法。

　　過去我主持的塔羅課，其實更像是一種經驗分享。二十多年來，我都會把解讀時的新發現記下來，然後增補進教學筆記。所以，幾乎每一屆課程都有新的內容，舊生旁聽都會有新發現。同時，感恩舊生不時慷慨分享處理個案時的經驗，教學相長。每次交流，都有說不盡的話題，有時我覺得自己就像個急着跟好友分享的孩子，不懂道路名稱，只憑記憶對好友口述通往遊樂場的路徑。不敢說這是最好的方法，然而，我就是如此到達了塔羅的秘密花園，心靈在此成長，踏實而愉快。

　　這本書名為《塔羅外傳》，當然有其原因。雖然，塔羅牌作為我其中一個工作夥伴已經超過二十多年。過去，我亦曾以塔羅為主題出版過兩本書和兩副塔羅牌，但我從來沒有以文本方式公開過自己的學習過程，這並非當中有甚麼不可告人的秘密；事實上，所有學員都曾聽過我的故事。

　　在我成長的年代，資訊並不發達，與塔羅相關的書籍不多，記憶中是從電視節目中首次知道有塔羅牌這回事，更對於 No.13 Death 黑沉沉的恐怖畫面念念不忘，恐懼的感覺，維持了好一陣子。直到某天，跟一位常來我家探訪的長輩說起，原來他正是一個塔羅收藏者。他一面翻着塔羅，一面跟我分享了幾個《聖經》故事，有了宗教背景的連繫性，對於塔羅的恐懼便一掃而空。後來，每當這位長輩到訪，我都會向他請教有關

塔羅的事，他並沒有因為我是個孩子而迴避，每一次都很樂意地跟我分享他的收藏。除了各國宗教故事之外，他又會說些歐洲風俗和人生道理。後來，說到有關魔法部分，他又會介紹畫家背景、作者的出版意圖等。

最深刻還是有一次，他告訴我塔羅的出版社同時亦有出版遊戲紙牌。不知怎的，對於一個小學生而言，這個消息實在有點震撼。對塔羅的興趣，就是這樣慢慢地培養出來。然而，有關塔羅占卜的部分，還是在少年時期，自學開始。

那時候，同學間掀起了一股占卜熱，總會有幾個人偷偷帶着紙牌回校，事無大小問卜一番。偶然，我會以開玩笑的心情參與其中。沒想到，只按使用手冊排出牌陣，再按親戚傳授的資訊來解讀，都能有不錯的效果，甚至在班中掀起了一陣子的占卜熱潮。後來，當然遭到校方的禁止了。不過這禁止行動並沒有止住我的興趣；反而，從此我便對有關塔羅的知識更為渴求，起初是偷偷跟同學們交換參考書，後來就發展到在社交媒體上跟人交流。三兩年之後，我遇上了生命中第二位老師——來自冰島、通曉塔羅和西方魔法的阿道夫先生。雖然，他一直強調彼此之間是興趣交流，但這無改我對他欽佩的心，差不多三十年，還是改不了口，尊稱他為老師。

沒有正統的學習

阿道夫先生統籌了一個塔羅興趣小組，除了我和他，還有兩個北歐人、兩個美國人、兩個英國人、一個加拿大華僑。最初的幾次聚會，老師並沒有向我們講解每張牌的內容，只給每人一本記事本，又定下時間表，要我們每天隨機抽看一張牌，

記錄感覺，以及閱讀該牌之後的生活體驗；同時，他要求我們按這些資料創作自己的牌義，但老師並沒有即時跟我們分析我們的創作是否正確，反而用了頗長的一段時間跟我們分享對生命的看法和宇宙觀。偶然，又會向大家介紹一些書籍，然後，要求組員一起分享閱讀內容和觀點。

大約九個多月後，組員們都完成了七十八張牌義，老師未有跟我們「批改功課」，小組就已經進入學習的第二階段：他希望組員能夠在自家文化流傳的神話中、新舊約《聖經》中，找出與塔羅畫面有關的章節。

我發現老師傳授的方法跟我家中那位長輩的處理很相似，當時我並未明白這究竟是西方人學習塔羅的普遍方式，還是巧合。反正，我就是因為塔羅而看了《聖經》和大量神話書，過程雖然吃力，但有趣。組員們讓我了解西方宗教文化，而我也向大家介紹了華夏神話，意外地從中找到不少共通之處。讀着這些寶貴的資料，仿佛把我帶回去太初時代、大氣之外，以特別的視點得窺人世點滴。對於日後長期在華人地區進行身心靈工作的我，亦有很大的用處。

塔羅與身、心、靈和次元的基底概念

塔羅小組自有一個獨特的氣場，無論日常生活情況如何，組員依然積極、充滿正能量，無私地交換解牌心得，交換書單，還有魔法的內容。這時我才知道，原來初小時候所接觸的塔羅，正是當今歷史最悠久並且最受歡迎之一的「偉特塔羅牌」。我十分感恩當時長輩從那個獨特的切入點帶我進入塔羅世界，讓我心靈在最純真的狀態下，得到很大的感悟。這不僅是學習的

基礎，更影響着我成長以來的世界觀和價值觀。

　　為了讓讀者們可以更有效地吸收這一本書的內容，我將會在此與大家分享有關我所知道身心靈的基底概念。

　　不同的宗教、不同的民族文化，對生命有着不同的見解，而我所知道並認同的一套說法，並非來自任何宗教背景，能用於所有民族文化。在這裏分享，純粹為着讓大家了解身心靈的結構和宇宙法則的概念。如果你稍欠耐性，可以跳過下文，直接進入有關塔羅牌的部分，這完全無礙於了解塔羅運作；但請相信我，作為一個身心靈工作者或塔羅操作人，如果對人、萬物和宇宙之間的關係有良好的了解，直覺力定會增強，對塔羅的應用就會更為多面，看待人生的視界亦寬深得多；處理個案的時候，亦能容易把事情組織起來，並為案主提供更多的生活建議。

「身心靈」積木

　　身心靈是甚麼？

　　對有些人來說，「身、心和靈」是三個獨立組件，也有些人會把「身心靈」一詞分拆理解，而大致被認可的答案是：「身」是有形的軀體，屬於物質界；「心」是想法與感受；「靈」是靈魂。「心」和「靈」是虛的，無形體的。

　　我試用一個簡單易明的方法去表達——「身心靈」是由很多積木所組成的東西，這東西可以是一個人、一件事情，或是一個整體的行動計劃；可以說是世間的一切物體、事情或現象。

　　積木通常是地、水、風和火四個顏色。組成所有「身心靈」

的積木來自同一工廠，而每一件積木都有自己的記憶力，同時亦可互相配扣；但身、心和靈三個部位的組件是不同型號的，所以，組件之間有其相似之處，但又不盡相同。是以有一些組件，並不容易在某些維度被察覺，但依然會對整體構成影響。

說到維度，每個維度之間都有一些通道，我們可以透過這些通道檢測組件的能量。本來，每個人的靈性部分都懂得這些通道的位置，可惜人的靈性常常會被蒙蔽：環境能量、個人情緒、外在誘惑、心念設定等等，通通都會成為靈性的障礙，使人在一時間找不到通道，甚至永遠察覺不到通道的存在。

其實，一直有一個通道在我們的身上，這個最顯相的通道，在人們有待開啓的第三眼，只要進行靈修練習，保持良好心態，恢復靈性的光輝，就能從這通道簡易觀察到身心靈組件的狀態。

三個力量

積木之間，還有三個力量：

- 「震頻」：基於「震頻」的存在，組件之間可以互相溝通。
- 「磁力」：「磁力」使整個組合保持穩定
- 「靈性」：大家可以把「靈性」理解為積木組合的能量，一種光動能。

任何一個積木組合若果欠缺「靈性」的存在，也就沒有生命力。然而，即使沒有任何積木，靈性仍然會存在。

「震頻」和「磁力」會因應環境或個人操作而消減或增加；而「靈性」則是絕對強大，雖然會被蒙蔽，但不容易被消滅。

　　沒有身心的存在，「靈性」是一道光；當「身心靈」共存，「靈性」就是前兩者的生命力。再重複一遍，世上具有生長力的物種，幾乎都由同廠的積木組成。不同的物種，各自的型號都跟人的型號組合不盡相同。積木的色彩，大致上都是地、水、風和火幾個顏色，同樣配備「靈性」、「震頻」和「磁力」三種力量。

生命的活動形式

　　以人為例，每一整組「身心靈」組合稱為一個人，每個人出生時的積木數量都不盡相同，有些人多一點，有些人少一點；有些人簡單一點，有些人複雜一點。積木的顏色比例亦不一樣，有些組合色彩繽紛，亦有些組合會顯得單調。顏色分佈方面，有一些會排列整齊，亦有一些是雜亂無章。所謂四個顏色，其實就是地、水、風和火四個能量，不同的能量，帶着不同的性格特質。不同的組合，就用不同的個性展示。

　　積木的組合不會一直固定，有很多原因會令其出現變化，導致積木散失，亦有可能會令積木重組。太陽、月亮和星星的射線可以影響地、水、風和火四個能量的顏色展示。生活突變、打擊、詛咒、仇恨、沉淪、墮落等等不良習慣和負面情緒，可以使積木組合間的「磁力」變弱，導致組件散失。個人念力、靈修、啓發、被祝福、善心、愛心、良好習慣和正面情緒等等，又會令組件之間的磁力變強，甚至吸引更多組件，鞏固整體的穩定性。個人念力和活力可以使「震頻」變得強，力量強大的積木，可以影響「身心靈」個體內的所有積木，甚至可以影響其他個體的積木，使靈性變得敏銳，增加直覺力。

現在，清楚説明了「身心靈」組合的基礎概念。接下來，我們來談談事情的運作。

雖然，並非每個組合來到這個世界時都配備具足，不過大部分身心靈組合，都會擁有足夠的積木，來完成人生任務。

在這裏，即管來分享一下。有一個説法謂：人出生時所帶着的全部組件，都是人為了完成今生課題而選擇的工具；亦有一個説法是：人在死後的念力，會形成一種特別的磁力，影響轉世時的組件匯合。

所有組合都不是定局，出生時配備不足的組合，可以按照本文所説的基本概念，增加自己的「念力」和「磁力」，組件的記憶力會同類相吸，為整個組合吸引更多的積木，使自己變得強大，來完成人生課程，甚至超額完成，榮譽畢業。配備充足的組合，當然可以變得更強大，以生命影響生命。

無論出廠時積木組合配備如何，大家仍然可以在生命的過程中，按照某些法則，圓滿或昇華整個組合，獲得更好的存活狀態。

聚與散

眾所周知，愛心、智識、智慧、良好的信念和宗教力量等，能夠優化組合的狀態；然而，我們亦不能忽略良好生活環境、優良而節制的飲食習慣和活動，可以增強組合的能量。

人若能放下一些人事和其中的情緒，就等於在組合中騰出一些空間，在清明的靈性驅動下，再配合足夠的「震頻」和「磁力」，就可以吸引更適合處理人生課題的組件進入生命。因此，

定期的身心靈清理工作，是必須的。要是不知從何做起，就先好好清理家居，扔掉沒用的東西，騰出空間，讓新的能量流進來，然後，你就會發現自己的心思和靈性都會因此出現變化。這些自主的空間都是明淨的，能夠讓積極正面的能量進入。

也有一些空間是不由自主造成的，例如，生活中的突變、衝擊或會打斷組件之間的能量流，導致積木組件散失，使整個組合出現虛位。如果當中存在仇恨或嫉妒等負面念力，就很容易把其他負能量的組件吸引過來，填入虛位。這一項活動，令人一時間產生充實的錯覺；其實，負面的組件正牢牢地套在整體之中，大大影響生活中的選擇和對人事的看法。一不留神，就會走錯方向。

生活中有很多情況會使積木組件進入不良狀態，甚至散失。每一位身心靈導師又或者重視靈性成長的人，都應該認識這些事情，並在可能的情況下，盡量將這些知識經驗傳授給每一個人。

我們都明白靈性就是整體組件的推動力，於是靈性的狀態，就是影響整個積木組件的重要關鍵。當人沉淪的時候，靈性的活動亦會減慢或者暫停下來，所有的積木組件就會失去當中的「震頻」和「磁力」，不能形成鞏固的狀態，組件就容易散失，是以人應該時刻保持警醒之心。

突變、傷害、打擊等事情，會使組件在瞬間因過度負面力量而崩塌散開，雖然固有的「震頻」和「磁力」在一般情況下會盡量在最短時間內使之歸一；然而，當中亦會發生錯亂，從而使局面產生不流暢或出現缺口，讓其他能量乘虛而入。

恐懼會使「震頻」和「磁力」的能量降低。當這股能量受

到外來打擊，積木組件就會瞬間分離；而一直處於近距離的負能量，就可乘機而入，對「身心靈」造成更大的侵入。因此，當「身心靈」組合出現虛位，在物質界中，應盡量保持警醒之心，趨向真理、善意、信心和愛心之人事，讓正面能量填充虛位，不要讓負面能量有機可乘。

靈性與身心共存

　　當一個生命完結，身心會消逝，但靈性仍然存在，沒有增減，沒有變大也有沒有縮小；只是靈性的光，可能會因為生前行為和心念影響蒙塵，失去光輝，影響重組過程。

　　唯智慧可恢復靈性的光芒，尋找積木組件，重設另一個「身心靈」回到世界。

第一部分

塔羅結構簡介

　　有關塔羅牌的起源，眾說不一，人類社會每天都會找到新的歷史證據。筆者在之前的兩本作品中早已經與大家分享過幾個深入民心的說法，今天就不多談，當中可能有一個正是真相，亦有可能是人類的集體創作，因此，每一個說法都可能是真相，歷史每一天都在改寫。今天筆者拋磚引玉，看官自裁。如有更多的資料，歡迎來信補充。希望終有一天，人們能夠找到最真實的答案。

　　無論塔羅的真正起源是怎樣，它被冠上甚麼名字，塔羅（Tarot）在一般人的認知裏，都是一些畫滿了圖案的紙牌。在現代的標準，如一副紙牌的圖案具有刺激潛意識的功能，令人可以從功能結果中聯想起一些事情，並得到一些智慧，同時助人達到了解事態發展和提升自我表現的效果，便可歸類為塔羅。

　　一副實用性高的塔羅牌，往往包含了神學、東西方神秘學、心理學和哲學等資料。用者可以藉着閱讀塔羅的過程，提升自己的精神層面；提示自己，以助了解生命的本質和意義，活得更加充實和快樂。

塔羅牌系統與結構

通常一套塔羅牌有二十二張大阿克羅（The Major Arcana）和五十六張小阿克羅（The Minor Arcana），即一共七十八張牌。有時，某一些出版社會附加一至兩張空白的紙牌，作用是當遇上其中有牌破了或者是遺失了，空白的白牌便可作為補足之用。亦有部分用家會把空白牌放進七十八張牌來一起使用，如果在排牌陣時出現空白牌，他們會把它解讀成為未知的天意。

大阿克羅

Arcana 一字，意謂秘密，大阿克羅（The Major Arcana）即大秘密的意思。大阿克羅一直被認為是描繪了人生的成長過程，它的一般排序為 0 至 21（見表 1），每張牌上面都有一個獨立的人物故事，並清楚列明了畫面的名稱和序號。相對於小阿克羅，大阿克羅的畫面內容較為豐富，可讀性亦較高。

表 1：大阿克羅牌組合順序表列

萊德偉特塔羅系統 （Rider Waite Tarot System）	馬賽塔羅系統 （Tarot of Marseilles Deck System）
No.0 愚者（The Fool）	No.0 愚者（The Fool）
No.1 魔術師（The Magician）	No.1 魔術師（The Magician）
No.2 女祭司 （The High Priestess）	No.2 女祭司 （The High Priestess）
No.3 女皇（The Empress）	No.3 女皇（The Empress）

續表 1：大阿克羅牌組合順序表列

萊德偉特塔羅系統 （Rider Waite Tarot System）	馬賽塔羅系統 （Tarot of Marseilles Deck System）
No.4 皇帝（The Emperor）	No.4 皇帝（The Emperor）
No.5 祭司（The Hierophant）	No.5 祭司（The Hierophant）
No.6 戀人（The Lovers）	No.6 戀人（The Lovers）
No.7 戰車（The Chariot）	No.7 戰車（The Chariot）
No.8 力量（Strength）	No.8 正義（Justice）
No.9 隱士（The Hermit）	No.9 隱士（The Hermit）
No.10 命運之輪 （Wheel of Fortune）	No.10 命運之輪 （Wheel of Fortune）
No.11 正義（Justice）	No.11 力量（Strength）
No.12 吊人 （The Hanged Man）	No.12 吊人 （The Hanged Man）
No.13 死亡（Death）	No.13 死亡（Death）
No.14 節制（Temperance）	No.14 節制（Temperance）
No.15 惡魔（The Devil）	No.15 惡魔（The Devil）
No.16 塔（The Tower）	No.16 塔（The Tower）
No.17 星星（The Star）	No.17 星星（The Star）
No.18 月亮（The Moon）	No.18 月亮（The Moon）
No.19 太陽（The Sun）	No.19 太陽（The Sun）
No.20 審判（Judgement）	No.20 審判（Judgement）
No.21 世界（The World）	No.21 世界（The World）

為甚麼有些塔羅牌中「力量」和「正義」的順序是相反的？

在早期的塔羅牌組中，「力量」是在第十一張，而「正義」是第八張牌。我們可以在馬賽塔羅體系中看到這個配置，近代很多新發行的牌組亦會沿用這一個傳統配置。

後來，出現了一出版即廣受歡迎的「萊德偉特塔羅牌」（簡稱「偉特塔羅」），因為作者在創作的過程中參照了大量占星、數字學、符文、魔法和其他神秘學的資料，最後以 No.8「力量」和 No.11「正義」此嶄新設定，來連結牌面背後的各種靈意，豐富了二十二張大牌的可讀性。**而本書的分享，主要對應「偉特塔羅牌」的體系。**

小阿克羅

小阿克羅（The Minor Arcana）即小秘密的意思。整個小阿克羅組合以四種不同的圖案分類，分別是五角星、聖杯、寶劍和權杖。每組圖案都有十四張牌，十四張牌當中可再分為三部分，分別是四張宮廷人物牌、一張王牌和九張編號牌。（見下頁表 2）

目前最具代表性的馬賽塔羅的小阿克羅牌組，畫面設計較為抽象，以元素象徵物結合數字連繫當中的神秘資訊；而為人熟知的偉特塔羅則是以生活情境作素材，內容以表達人們在面對人生不同局面時的情緒，看到畫中人物的形態，往往會令人感同身受。

表 2：小阿克羅牌組合順序表列

五角星組 （Pentacles） · 土（地）元素 · 等於遊戲紙牌 的方塊	聖杯組 （Cups） · 水元素 · 等於遊戲紙牌 的紅心	寶劍組 （Swords） · 風（空氣）元素 · 等於遊戲紙牌 的黑桃	權杖組 （Wands） · 火元素 · 等於遊戲紙牌 的梅花
五角星國王 （King of Pentacles）	聖杯國王 （King of Cups）	寶劍國王 （King of Swords）	權杖國王 （King of Wands）
五角星女皇 （Queen of Pentacles）	聖杯女皇 （Queen of Cups）	寶劍女皇 （Queen of Swords）	權杖女皇 （Queen of Wands）
五角星騎士 （Knight of Pentacles）	聖杯騎士 （Knight of Cups）	寶劍騎士 （Knight of Swords）	權杖騎士 （Knight of Wands）
五角星侍從 （Page of Pentacles）	聖杯侍從 （Page of Cups）	寶劍侍從 （Page of Swords）	權杖侍從 （Page of Wands）
五角星 Ace	聖杯 Ace	寶劍 Ace	權杖 Ace
五角星 no.2-10	聖杯 no.2-10	寶劍 no.2-10	權杖 no.2-10

塔羅與身心靈連結

　　大阿克羅可以分成三組牌：第一組牌連繫物質世界；第二種牌連繫心靈與直覺；第三組牌是靈性和物質的結合。

第一組牌：物質世界

No.0 愚者（The Fool）──生活中的新開始
- 掙脫枷鎖
- 離開熟悉的環境
- 展開新的關係

No.1 魔術師（The Magician）──有關主導權和責任
- 吸引注意力，渴望成為焦點。
- 展示自己的能力，以獲得信任。
- 爭取個人表現

No.2 女祭司（The High Priestess）──連繫心靈上的依歸
- 希望藉着可見的資訊，了解未知的事情。
- 在生活中，身體力行配合靈性成長。
- 以進修來充實自己
- 從文字紀錄去尋找與信仰相關的連繫

No.3 女皇（The Empress）──豐盛的生活與傳承
- 物質生活得到滿足之後，產生愛與分享的想法。
- 對自己的成長感到滿足，希望傳授經驗。
- 孕育

No.4 皇帝（The Emperor）──成長、獨立與自信

- 對自己的表現感到滿意，並希望根據自己的經驗建立一套規則。
- 累積經驗以後，更懂得守護和保衛。
- 認為自己在某個範疇已經足夠成熟，與別不同，自我升格。

No.5 祭司（The Hierophant）──建立榜樣

- 深信自己已經知道甚麼是最好，並已達最高規格。
- 努力做好自己，希望成為別人的榜樣。
- 以言行演繹規則

No.6 戀人（The Lovers）──親密關係的建立

- 共同生活圈逐漸形成
- 彼此分享物質
- 準備確立關係

No.7 戰車（The Chariot）──跨越障礙

- 捲入比較或對立的環境氣氛
- 未能安頓，需要先處理好某些事件或關係。

第二組牌：心靈與直覺

No.8 力量（Strength）/ 正義（Justice）──共融、控制力

- 不同的想法產生不同的力量
- 需要在非一般的情況下作出決定
- 容不下理性分析的狀況

No.9 隱士（The Hermit）── **追尋與智慧**

- 環境中，某種過度膨脹的氣氛令人產生退避之心。
- 改變路向尋求心靈上的成長
- 對智慧的渴求

No.10 命運之輪（Wheel of Fortune）── **轉變與未知**

- 確知與未知之間
- 促成新結構的轉型
- 慣常中出現反覆，失卻規律性。

No.11 正義（Justice）/ 力量（Strength）── **邏輯、公平、平衡**

- 理性分析與感性感受俱備
- 以平衡方法達致公平

No.12 吊人（The Hanged Man）── **耐性、轉換角度**

- 雖然未成定局，但無力即時改變現狀。
- 不同的速度產生不同的感受
- 時間創造空間

No.13 死亡（Death）── **不能拒絕的改變**

- 無法控制外在事物的變化，但可以調整自己的心態。
- 轉變或會帶來損失，改變亦可能會帶來收穫。

No.14 節制（Temperance）── **小心翼翼、自我控制**

- 以約束維持平衡的狀態
- 通過溝通建立互動
- 使不同的能量轉化成共融的力量

第三組牌：靈性和物質的結合

No.15 惡魔（The Devil）──物慾、沉淪

- 需注意有關外在因素，例如對某種關係或物質的執念，正干擾靈性能量。
- 對某種事物的追求消耗能量

No.16 塔（The Tower）──權慾、打擊

- 過度追求發展而忽略了基業
- 強烈的慾望產生壓力，導致爆發崩裂。
- 上重下輕

No.17 星星（The Star）──付出、希望

- 愛與付出
- 以心靈的能量照亮別人的生命
- 「希望」只是想法和感受，唯有付諸實行才能達到目的。

No.18 月亮（The Moon）──不安、忍耐

- 環境的變化使人不安
- 「未知」，讓人恐懼。
- 「忍耐」可能是對抗未知的最好辦法

No.19 太陽（The Sun）──生命力、樂觀

- 能量的流動，生命的活力。
- 純真而純粹的心靈，能與萬物產生共震。
- 「樂觀」可以對抗恐懼，產生正面而強大的能量。

No.20 審判（Judgement）──事實、反覆分析

- 事實無懼反覆的審問
- 真實發生過的事情，即使被抹去還是會在宇宙之間留下能量。

No.21 世界（The World）──充足、孤獨

- 自我圓滿，自然不假外求。
- 完整了，沒有空間，就自然無法容納其他能量。
- 孤獨和寂寞是不一樣的

塔羅的用途

一副實用的塔羅牌，通常都包含了宗教、東西方神秘學、心理學和哲學等資料。我們可以藉着閱讀塔羅的過程，豐富精神層面，了解生命的本質和意義，活得更加充實和快樂。

占卜──

占卜，可説是塔羅最廣為人知的用途。利用牌的畫像，配合適合的牌陣，刺激使用者的直覺和第六感，從而預測事態的展向。

社交──

雖然，大多數人都不願承認自己相信占卜，但是很矛盾地，當有人在社交場合中拿着紙牌來給大家「玩一下」算命，有些曾經説過不相信占卜的人，還是會不由自主地顯露出興趣來。有時塔羅會是交流媒介，使聚會場合的氣氛變得輕鬆和熱鬧起來。

心靈諮詢──

前文提及，每張塔羅的大阿克羅都以一種獨特的人物作主角，以突顯牌面的中心思想。因此，配合相關的牌陣，塔羅師便可以為有需要的人作出性格與行為的分析，又或者是心靈治療的工作，有點像是心理師的工作。

提升個人修養──

透過塔羅牌面上的畫像為自己進行心靈探詢和反思，能有效地提升自己的直覺力和第六感。

商機——

　　塔羅廣受歡迎，玩家愈來愈多之餘，收藏家亦與日俱增，人們對於塔羅牌的需求自然亦大大提高了。對於出版、教學、美術、印刷行業等，自然提供了不少商機。

創作——

　　在文學創作方面，坊間有不少文人喜歡以塔羅牌的畫面，或其中的神話作為故事題材（如卡爾維諾的《命運交織的城堡》）。這些故事除了可供娛樂外，當中一些比較認真和有水準的創作，更可以提升閱讀塔羅牌的能力和興趣。在藝術價值方面，塔羅牌的畫面更成了一個上佳的創作媒體。

遊戲——

　　最常見的形式就如我們平常用作賭博的撲克牌，一些紙牌的包裝盒上，亦有介紹撲克牌實在是由塔羅演變而成。

第二部分

四元素

四元素

四元素論［土（地）、水、風（空氣）、火］是不少文化、宗教以及神秘學系統中的共通理論基礎。

四元素論認為世上萬物，都是由地、水、風和火四元素所組成；甚至早期的西方醫學，亦曾經有一段頗長的時間以此學說作研究基礎。雖然，後來西方醫學逐漸與傳統文化生活經驗分域發展，但這個觀念仍一直影響着西方學術的發展；而西方的靈性科學如西洋占星學、自然魔法、黑巫術、自然療法、草藥療法、鍊金術或西洋神秘學等，至今亦沿用此理論基礎。

四元素論早見於公元前三千多年蘇美爾文明，考古學者在遺址中挖掘出不少泥板，當中有些記錄了蘇美爾族群的生活文化，從中發現已有近似四元素的紀錄。

古希臘、非洲和印度，亦有近似四元素的理論。在印度佛學中，有所謂「四大」的概念，比如山嶽土地屬於地大；海洋河川屬於水大；陽光炎熱屬於火大；空間氣流屬於風大。

在《聖經‧創世紀》故事裏亦可以看到神創造天地，也是以四元素作為原材料——首先神的靈在水上行（水）。然後，神說要有光就有了光（火）。神又說，諸水之間要有空氣（風），神就做出了空氣。最後，神要天下的水聚在一地，旱地露出來（土）。這樣，組成萬物的四元素就齊備，神創造了世界。

而說到目前為西方自然科學、占星學和神秘學所應用的四元素理論，則比較接近早在公元前三百多年前柏拉圖所提出的四元素論，後來其學生亞里士多德更在四元素理論中加入第五元素［以太（ether）］；之後，四元素理論經年累月輾轉深化，

元素與萬物關係的說法漸得認同。

　　不過，四元素論可說是一門獨立的大學問，在此提出的一些資料，也不及其內容的萬分之一，目的只為方便讀者追尋源頭，若日後大家對這方面有興趣，可按照上述資料，稍為追索，必定大有所獲。

塔羅與四元素

　　由於塔羅與自然、星象、古文明、西方神秘學等關係密切，而四元素說就是上述理論的靈魂，因此，要活用塔羅，認識四元素是先決條件。事實上，現今最為人所熟悉、最歷史悠久的兩套塔羅牌——「馬賽塔羅」和「偉特塔羅」，它們的牌組畫面設計亦是建基於四大元素與星象關係，而其他市面上所流通的塔羅牌，除了如「易經塔羅」或「奧修蛻變牌」等特別題材外，其他大部分牌組設計亦都是以四元素作為基礎的。

　　有關四元素的理論眾多，在塔羅的應用上，比較常用是的占星學元素論。宇宙萬物皆是地、水、風和火四元素所組成，四元素能量亦是太陽和月亮以外，最原始的自然能量。四元素之間，亦有互補或對立的時候，例如：水能夠滋潤乾涸的大地，亦會把泥土沖散；土會吸收水分亦能撲滅火勢。風會使土失去滋養水分，亦會影響火的動向。上述的都不是甚麼神秘學公式，無須刻意硬記著，只要大家多留意自然現象，對四元素的能量和關係，自然會有更深入的理解。

　　這四種原始能量，跟天地萬物有着不可分割的關係。因此，演繹牌面意義的時候，應該把人跟宇宙和大自然結為一體，才能在宇宙大能之中得到最深切圓滿的答案。塔羅的設計者，早已經把四元素的象徵意義，分別融入於塔羅的小阿克羅牌組中，以便於操作。我們亦可以通過大阿克羅與星象的連結，得知畫面的元素關係。

四元素對應小阿克羅牌組：

五角星組：土（地）

聖杯組：水

寶劍組：風（空氣）

權杖組：火

四元素對應大阿克羅牌組：

No.0 愚者（The Fool）：風（空氣）

No.1 魔術師（The Magician）：土（地）/ 風（空氣）

No.2 女祭司（The High Priestess）：水

No.3 女皇（The Empress）：土（地）/ 風（空氣）

No.4 皇帝（The Emperor）：火

No.5 祭司（The Hierophant）：土（地）

No.6 戀人（The Lovers）：風（空氣）

No.7 戰車（The Chariot）：水

No.8 力量（Strength）：火

No.9 隱士（The Hermit）：土（地）

No.10 命運之輪（Wheel of Fortune）：水 / 火

No.11 正義（Justice）：風（空氣）

No.12 吊人（The Hanged Man）：水

No.13 死亡（Death）：水

No.14 節制（Temperance）：火

No.15 惡魔（The Devil）：土（地）/ 火

No.16 塔（The Tower）：火

No.17 星星（The Star）：風（空氣）

No.18 月亮（The Moon）：水

No.19 太陽（The Sun）：火

No.20 審判（Judgement）：水

No.21 世界（The World）：土（地）

四元素的各自特質

　　四元素分別為是土（地）、水、風（空氣）和火，是最根本、最純淨的元素和能量，也是永恆存在的。世界萬物，不論有形無形以及人的身心靈，也是由四元素的性質和能量以不同的比例所組成的。元素有其各自的特性，因此才能組合出具備不同特質的事物。

　　在西方神秘學説中，純粹、純正的元素，只有最純淨的靈性才可以感知得到。最純淨的元素能量最為強大。神秘學中的自然召喚魔法操作者，會通過修行來調節自己的能量震頻，達到在精神層次與四元素交流，配合音頻（咒語）召喚元素能量。而我們以身心所能感知或觸摸到的元素，例如照明的燭火、大海裏的水、地上的泥土等，都已經被其他元素所混雜，並不是最純正的。因此，我們的身心和靈性很容易被外物能量影響；同時，亦因為能量混雜而彼此能夠對萬物產生不同的能量變化。雖然，這些變化不一定會帶來負面影響；然而，這些變化卻會妨礙召喚操作效果。例如，我們看見的水，可以被火加熱，然後變成蒸氣。

　　故此，牌陣中若出現混合元素的畫面，能量會因受到影響而變得複雜。因此，解牌的時候，各種元素的陣營和關係，亦具有很大的參考價值。

四種元素對應塔羅

土（地）元素——

對應小阿克羅：

五角星牌組

對應大阿克羅：

No.1 魔術師（The Magician）：土（地）/ 風（空氣）
No.3 女皇（The Empress）：土（地）/ 風（空氣）
No.5 祭司（The Hierophant）：土（地）
No.9 隱士（The Hermit）：土（地）
No.15 惡魔（The Devil）：土（地）/ 火
No.21 世界（The World）：土（地）

　　土（地）元素是大地之母的基礎，也是所有元素的容器，具有吸收性、凝聚性與孕育性。如果火元素是生命力，那麼土元素就是生產力。

　　牌陣之中如果出現正面的土元素畫面，代表有些事情正在醞釀中，隨時更新局面。

　　如果土元素畫面夾着其他元素，並且姿態豐盛，則意味着即將出現的很可能是一些具有經濟效益的事；又或者某種能量正匯聚在一起，蓄勢待發。

　　如果出現負面的畫面，表示事情發展進度緩慢，又或者有一些細節被掩蓋了。建議拿出發掘的精神，突破傳統，剔除習慣，改變慣常路線，在過去的經驗中找尋靈感。

水元素──

對應小阿克羅：

聖杯牌組

對應大阿克羅：

No.2 女祭司（The High Priestess）：水
No.7 戰車（The Chariot）：水
No.10 命運之輪（Wheel of Fortune）：水 / 火
No.12 吊人（The Hanged Man）：水
No.13 死亡（Death）：水
No.18 月亮（The Moon）：水
No.20 審判（Judgement）：水

　　水元素可以孕育生命，亦帶有淨化和清洗的能量。水的性質多變，冰凍的時候是固態，常溫之下可以流動，加熱之後又會變成水蒸氣與風結合。

　　牌陣中出現正面的水元素畫面，代表事情多變而具有生命力。

　　如果出現負面的牌，要提醒使用者，事件中充滿不穩定的因素。

　　水元素牌面在不同的天氣下出現，帶有不同的意義：春天的水，喚醒心靈，滋潤萬物。夏天的水，清洗大地，養育生命。秋天的水，緩解紓困。冬天的水，冰封記憶，使大地變得寂靜。

風（空氣）元素──

對應小阿克羅：

寶劍牌組

對應大阿克羅：

No.0 愚者（The Fool）：風（空氣）
No.1 魔術師（The Magician）：土（地）/ 風（空氣）
No.3 女皇（The Empress）：土（地）/ 風（空氣）
No.6 戀人（The Lovers）：風（空氣）
No.11 正義（Justice）：風（空氣）
No.17 星星（The Star）：風（空氣）

　　風（空氣）元素不單純是指空氣的氣，同時亦指生命的靈氣。生命的靈氣是能量傳遞的媒介，萬物若欠缺生命的靈氣，就成死物。

　　風元素是一種媒介、一種氣流，可以吸收事物和傳送事物。牌陣之中出現風元素，表示能量互動。生活環境中，風元素主導訊息散佈的能量。

　　正面的風元素牌，給人送來煥然一新的想法，創造正面優良的氣氛。

　　負面的畫面，意味將傳來令人感覺滋擾的訊息。

　　寶劍亦象徵了守衛、保護和決斷的意思。舉起寶劍，代表理性的決定。例如，正面的寶劍畫面，代表能有助推進事情進度的意見；而負面的寶劍畫面，隱藏傷害的意味。

火元素──

對應小阿克羅：

權杖牌組

對應大阿克羅：

No.4 皇帝（The Emperor）：火

No.8 力量（Strength）：火

No.10 命運之輪（Wheel of Fortune）：水／火

No.14 節制（Temperance）：火

No.15 惡魔（The Devil）：土（地）／火

No.16 塔（The Tower）：火

No.19 太陽（The Sun）：火

　　火最大的特性是發光和發熱，具有推動力。火藉着燒毀其他事物而延續自己的狀態，因而同時亦具有消耗性和毀滅性。

　　牌陣之中如果出現正面的火元素牌，表示所問的事情能量正面而光明，進度明快而且深具發展力。

　　權杖以生命樹為造型，表示充滿活力和生命力。

　　愈是純淨的火元素，愈能夠驅逐黑暗的能量。相反，若出現負面的火元素牌，表示所問的事情，會因為能量過度而產生壓力感，甚至是摧毀性。因火可以吞噬其他物質，當火增強自身能量，則意味其他能量即將消減。

四大元素相互之間的生剋關係

西方神秘學理論建基於四元素概念，東方中國的華夏文化亦有一套非常完整的元素概念連繫宇宙萬物，內容大概是萬物都由五種元素：金、木、水、火和土組合而成，五種元素之間有一種相生相剋的關係。相生關係是金生水，水生木，木生火，火生土，土生金；相剋的關係是金剋木，木剋土，土剋水，水剋火，火剋金。

四元素中並沒有明確的生剋關係概念，但會出現淡化或增強的情況（見表1）。元素之間有動態和靜態的分別，當中風與火是動態的元素（屬陽），水與土是靜態的元素（屬陰）。

四元素之間亦有容和定律、元素之間的不合性。不合元素兩者相遇，難以融和，亦會減弱對方力量。當中火與水不和，風與土不和，而其餘組合均可互相增加對方力量。上述關係，看似簡單，當中卻蘊含非筆墨所能盡釋的意義。

四種元素的關係，會影響事件的發展與結果。所以，當我們解讀牌陣時，在說明每一張牌的獨立寓意之餘，亦應花時間觀察一下牌與牌之間的元素關係，以免錯過來自萬物的提示。

表1：四種元素能量組合

元素能量組合	出現情況
火 + 火	能量過於活躍、速度太快、難以掌握。
火 + 水	能量性質中立、能量偏弱、速度較慢。
火 + 氣	能量性質非常活躍、不穩定、難以掌握。
火 + 土	能量性質友善、中立、性質堅固。

續表 1：四種元素能量組合

元素能量組合	出現情況
水 + 水	能量性質靜止、被動。
水 + 氣	能量性質中立、反覆不穩定。
水 + 土	能量性質穩定、被動、速度較慢。
氣 + 氣	能量非常活躍、不穩定、速度太快、難以掌握。
氣 + 土	能量性質中立、偏弱、速度不穩定。
土 + 土	能量性質非常被動、速度較慢。

牌陣範例──

實例 1：曾先生調升新部門

　　曾先生現職會計師，下個月即將被調升到新的部門擔任主管。雖然升職是一件喜事，曾先生對自己的能力亦充滿信心，但對於新的人事關係，曾先生仍然心有疑慮，想透過塔羅了解一下新工作環境的能量，以便更快融入團隊。

　　我請曾先生在牌組中選出兩張牌。第一張代表自己，第二張代表新工作環境的能量。（見表 2）

表 2：

代表曾先生的牌：	代表新工作環境能量的牌：
No.5 祭司	權杖騎士
土元素	火元素

牌陣解讀

　　古代祭司形象和平，職責是與神明溝通、處理祭獻、執行戒律和教條。牌面既然與曾先生作為高級管理層的職務和形象相符，暫時就無須刻意按牌面以外的其他神秘學資訊多作探討。再看土元素，是連繫有關金錢或土地的事情，符合現實的局面的元素，與曾先生的個性、外形和工作內容相符。

　　最後，我們可以按 No.5 祭司牌本來身份的意義，對當事人作出善意提醒：祭司的權力雖然很大，但別忘了祭司並不是接受服務的人，祭司本來是要服務他人。借用祭司的故事來提示曾先生多關注與各級同事之間的溝通。

　　中世紀歐洲，騎士雖不及祭司的地位尊貴，但接受過正統訓練的騎兵，亦算是當時社會的貴族階層。騎士精神是勇敢忠誠，職責是作為前線勇士守衛國家。不過，偉特塔羅牌中的「權杖騎士」卻被描繪成一臉疑惑的樣子，未能展示出騎士應有的英勇敢當的精神。

　　權杖騎士的表情，正是反映局面中各人對管理層的變動感到不安的心情。再看，他的戰騎在沙漠中亦顯出了相當的疲態。

　　若先以元素理解寓意，火元素象徵動力，權杖騎士應是反映當事人目前身處的工作環境欠佳，加上沒完沒了的工作，令人感到壓力巨大和疲累。慶幸土、火兩種元素相會，能量性質是友善而中立的，相信最終曾先生亦不會受困於歷史留下來的人事問題。

　　提議曾先生上任之後，可以按上述各項與同事好好溝通一下，並按溝通內容設定新的措施改善工作環境。

牌陣範例——

實例 2：邱小姐睡眠狀況欠佳

　　邱小姐因為睡眠狀況欠佳，希望透過塔羅提示，重整一下自己的能量，恢復活力，改善生活質素。既然她已明確指出自己感覺不良的問題，所以今次我並沒有選用六張牌的整體牌陣，索性根據她認為最困擾的事情直接入手開牌。我請她抽出兩張牌，第一張代表自己的情況，第二張代表環境因素，結果見表 3。

表 3：

代表邱小姐的牌：	代表環境因素的牌：
聖杯 no.7	No.18 月亮
水元素	水元素

牌陣解讀

　　聖杯 no.7 的牌義非常簡單直接，表示當事人目前想得太多，按圖顯示包括人際關係、生命意義、身份、地位、財富與聲譽等等。而且當事人會覺得事出無因，就是不由自主地想這想那，心靈沒有一刻安靜下來。有趣的是，很多受到聖杯 no.7 能量影響的個案，都會不約而同表示，感覺時間過得特別快。

　　古代有巫師認為魔法咒加上塔羅聖杯 no.7，會令人進入幻境。現代亦有人認為，以聖杯 no.7 作精神修煉可讓靈魂跳出時間與空間的限制，進入另一個維度。其實，聖杯 no.7 的出現，很可能只是提示大家都不要在胡思亂想中虛度光陰。

　　No.18 月亮牌，水元素。顯示非常豐富的想像力、埋藏已

久而未能宣洩的慾望。一面明月散發出一團需要忍耐的能量。此刻與同樣屬水元素的聖杯 no.7 搭配，能量會因為傾向陰性以致變化成負面或引發負面影響。水元素太多，使人的思想變得混亂，感覺不安和煩躁。

由於牌陣中沒有任何土元素和風元素的牌，所以，可推斷邱小姐在最近的生活中，實際上並沒遇上任何特別令人不安的事。邱小姐同意我的說法，並表示她一向生活平淡、待人接物溫和有禮，亦會迴避麻煩是非等事。所以，生活上真的沒有明顯的麻煩狀況。因此，更加不明白自己為甚麼忽然間胡思亂想起來，甚至引起情緒問題。

排除了現實生活因素的影響，我大概知道真正的原因了。我跟邱小姐解釋 No.18 月亮牌是塔羅大阿克羅的其中一張，能量比較強。目前她的能量可能受到月亮週期的影響，進入不良的狀態。月亮的負向能量會導致失眠和情緒不安，還會影響食慾，同時伴隨水腫。如果她的情況已經持續超過半年以上，更可能會出現內分泌失衡或其他敏感症狀，例如腸道及皮膚敏感等等。

邱小姐顯然未能明白為甚麼自己會特別受到月亮的影響，我唯有向她解釋，可能她正值生理期，體質特別敏感，或者是星盤中與水元素關係的星座剛好在這個時期起到作用。不過，相對於宇宙和大自然，人的能量實在渺小，我們根本無法完全掌握或估量當中的因果關係；但我們可以配合自然週期生活，使自己和大自然的關係變得更圓滿。

我給邱小姐製作了一個按着月亮節奏生活的方式建議，請她最少維持一個月亮週期，即二十八天。建議內容並不是甚麼魔法或巫術，其實只是配合自然法則的簡單的個人保養保健方

法。由於建議方案是特別按照邱小姐當時的健康狀況來設計，所以不在此詳細公開；但我會在這裏簡單分享一下制定方案的方法和基本理論。

- 第一點：十分重要，無論是否有睡意，都應該在晚上十一時之前就寢休息。即使未能入睡，都應該保持放鬆的心情，安躺床上讓身體休息、細胞放鬆。

- 第二點：新月之時，在家中的廳堂放一些帶有香氣的植物，如不方便擺放植物，亦可放置天然香氛。

- 第三點：上弦月的日子，最好的起床時間是早上六時至早上十時。早上或黃昏時間適宜進行比較放鬆的運動，生活節奏放慢。多進食天然優質有營養的肉類和澱粉質、果仁、適量的蔬菜和水果。早餐午餐可以豐富一點，多喝水。日落之後不要吃太飽，水也不能喝太多，盡量每隔約兩小時小解一次，不然身體內的水元素就會和月亮產生很強的能量作用。

- 第四點：下弦月的日子，早上盡量在六時至九時之間起床。多接觸日光，到戶外走走或好好做一場運動，午後仰頭看看藍天白雲。心情若感鬱悶，建議以流汗和深呼吸的方式，排出負能量。每天黃昏之前，都是補充水分的最佳時間。晚上則不宜喝太多水，多換汗衣，保持身體乾爽為佳。

- 第五點：滿月時應推卻不必要的應酬，多獨處，感受自己；按個人的喜好聽聽音樂或欣賞一齣輕鬆的電影，或可做些藝術小手作。

牌陣範例──

實例 3：水族愛好者張先生

　　有些人喜歡在作出慎重選擇之前，先了解一下當中的利害關係後才作出決定。塔羅操作者可以按照牌面的能量給出明確的建議；或進或退，則留給當事人自己考慮。又有一些人，早已帶着事在必行的心態，在這一種沒有退路的情況下，即使牌陣顯示出危機，塔羅操作者也只能對此作出善意提醒，然後，按照牌陣如實相告正負能量的影響。當然，最後還是讓當事人自行決定；畢竟，事在必行的心，背後一定事出有因。

　　大約十五年前，有一位水族愛好者張先生來看牌。他打算在家中的地庫興建一個兩米闊、比人還高的水族箱，因此，想了解一下此舉會否影響家裏的風水。由於他提及「風水」二字，有些事情我必須在開牌之前對他解釋清楚。雖然，空間能量觀測與中國人的風水，同樣都是改善人類的生活學問；不過，兩者的觀測方法並不相同，善後處理亦不一樣。牌陣中反應的正負能量，未必能夠對應風水學中各種說法。按照過去個案經驗所得，兩套方法各有所長，有時甚至能互補不足，並無明顯衝突。

　　這一次，我開了一個專門用來觀察環境能量的九張牌陣〔本書第六部分將列舉更多相關案例（見 320 頁）〕，這是一個能夠反映指定空間內，以及空間以外的環境能量。（見表 4）

　　牌陣中間排列成十字形的五張塔羅代表居所內部能量，正中是聖杯 no.10，水元素；上方是聖杯 no.3，水元素；右方是 No.5 祭司，土元素；下方是 No.10 命運之輪，水 / 火元素；和左方的 No.8 力量，火元素。

　　而分別分佈在四個角落的代表室外能量的四張塔羅，左上方寶劍 no.6，風元素；右上方聖杯 no.9，水元素；左下方的是 No.21 世界，土元素；及右下方權杖 no.2，火元素。

表 4：反映指定空間內，以及空間以外的環境能量牌陣。

寶劍 no.6 風元素 * 室外能量				聖杯 no.9 水元素 * 室外能量
		聖杯 no.3 水元素 * 居所內部能量		
	No.8 力量 火元素 * 居所內部能量	聖杯 no.10 水元素 * 居所內部能量	No.5 祭司 土元素 * 居所內部能量	
		No.10 命運之輪 水 / 火元素 * 居所內部能量		
No.21 世界 土元素 * 室外能量				權杖 no.2 水元素 * 室外能量

　　按牌陣顯示，張先生的居所能量還算不錯，四元素都齊備，元素跟方位組合起來亦未見有太大的衝突，同時，跟張先生的星座亦很配合。不過牌陣上方三張牌，內外元素組合起來是二水一風，能量性質中立，雖然沒有衝突性，但兩個元素性質都是難以掌握，顯示有關方位的氣場和能量反覆不穩定（詳見第 47 頁「四種元素能量組合」），並偏向陰冷。

　　我再按張先生給我的單位平面設計圖結合分析，發現原來該位置正是張先生準備擺放水族箱的地方。於是，就特別強調

塔羅所反映的有關風和水兩種元素的基本特性，請他在裝修設計時，務必要注意一下。

張先生笑着回應我：「本來風水先生也反對放在這一個位置，可惜我太太特別喜歡這裏，地面同一位置窗戶正是向海的，設計師亦認為水族箱放在這裏，整體感覺看來會比較好一點。」

成事講求天地人，既然這是已經決定了的人和事，唯有在星象方面下功夫。最後，我按照張先生的出生日期和星象關係，給他選了一個跟他能量相配的施工日，希望能夠藉着遠行星射線，改善這件事的能量狀況。不過，在會面結束之前，我還是對張先生再三強調，牌陣的不適當元素比較多，還是另覓地點更好。

記得教授塔羅課時，常會有學員因為早在牌陣建議得知事情會有不良結果，卻又未能在事發之前改變當事人的言行，學員怕看着相關人士一步一步向壞方向發展，心情為此糾結萬分。當然，我也曾有過同樣的想法。不過，後來我明白到，既然已經把牌陣的信息完整地傳遞給對方，接下來，無論任何想法都是當事人在「清楚自己想要甚麼結果」的前提下的決定，這一個決定可能基於業力，也可能是一個自由意志。

如果大家想熱心一點，可以為占問人提供一些事後處理的建議；又或者等待一下他們的事後報告，再作進一步建議。

有時候，生活中的小麻煩，可能正是生命中的大課題。而這次張先生的個案，當然有事後報告。

大概兩個多月後，張先生前來告訴我，原定放水族箱的位置，不知為甚麼，施工以後常有阻滯。例如，原定的工作人員因為上一個工作受傷而拖延了工程，無法於吉日啓動工程。到

正式開工的時候，又遇上天氣不良，以致水泥乾涸的狀態不佳。最後，他跟太太和設計師商量後，決定採納風水師的建議，把水族箱改放另一位置。今次過來看塔羅，就是想看看新的位置是否適合。

由於不久之前已經用過一個比較大型的牌陣來了解張先生的住宅氣場，加上這一次張先生的問題亦十分明確，所以這一次，我只簡單的開了一張牌：No.5 祭司，大阿克羅，土元素。我把結果轉告張先生，相信這次選定的位置，已經很適合了。

大概一年之後，張先生三度來訪。這一次帶來的「事後報告」，已經不再是惱人的工程問題，而是幾串從新居收成的小蕃茄。

牌陣範例──

實例 4：和朋友合作經營咖啡室

案主余先生五十九歲，早年任職政府機構，幾年前提早退休，目前在國內生活。最近因配合從加拿大回流香港的兒子，余先生特地從國內回港，短暫逗留數星期，順道與認識三十多年的好友黃先生聚舊。

黃先生，六十一歲，經營房地產買賣和建築生意，五年前離婚後，一直獨身自今。言談間，余先生提及兒子並未遇上合適的工作機會，熱心的黃先生就提出，不如打本讓他們父子二人一起經營一家小型咖啡室或餐館。

黃先生表明此舉只想寓工作於娛樂，希望能和朋友合作愉快，不重視利潤，只要收支平衡就可以了。

余先生退休多年，對於重投社會顯得甚有興趣，亦覺得這對於兒子來說，是個難得的機會，於是特地為此事前來開牌。

我為事件開了一個三張牌陣，分別代表局面中三人在這件事的能量。余先生不明白能量的意思，我就對他解釋：「人的立場與想法是動念，動念能夠產生能量；而塔羅的畫面可以顯示出局中各人的能量。能量，亦即是各人的想法與行動的綜合結局。」

三張牌陣中，代表黃先生的牌是五角星女皇，土元素；代表余先生的塔羅是聖杯女皇，水元素；代表余先生兒子的塔羅是寶劍 no.8，風元素。（見表 5）

表 5：三張牌陣

黃先生： 五角星女皇（靜） 支撐力 土元素	余先生： 聖杯女皇（靜） 結合性 水元素	余先生兒子： 寶劍 no.8（動） 遞移性 風元素

　　然後，我另外開出一個五張牌組成的十字牌陣來看有關經營這個咖啡室的想法的能量顯示（見表 6）：中間一張牌權杖 no.3，火元素；上方塔羅是聖杯 no.6，水元素；右方塔羅是 No.6 戀人，風元素；下方塔羅是 No.7 戰車，水元素；最後左方塔羅是寶劍 no.5，風元素。

表 6：幫助具體閱讀有關事態發展能量的十字牌陣

	聖杯 no.6 水元素	
寶劍 no.5 風元素	權杖 no.3 火元素	No.6 戀人 風元素
	No.7 戰車 水元素	

　　「很好的一個念頭，不過未來需要再很仔細地研究一下。」我説。

　　「此話何解？既然大股東都不執著利潤，照理來説，要達到收支平衡應該不困難。而且，我的大兒子在加拿大也有在咖啡室打工的經驗。」余先生説。

　　我先向余先生解釋有關元素論，再以此作切入點。

　　「問題在於三位各有截然不同的營運的能量，偏偏這三種能量又不是現階段最合適的推動能量。」

在三張牌陣中（見表 5），代表黃先生的五角星女皇，土元素，富有、安逸，元素能量在事件中具有支持與供給的作用。代表余先生的聖杯女皇，水元素，個性溫和重情義，元素能量在事件中具有結合的作用。這兩張牌都非常恰當地反映了現實情況。

真正的問題在於十字牌陣中（見表 6），代表余先生兒子的塔羅寶劍 no.5，風元素。由於能量元素屬於難以掌握的風，在事件中只具有傳送與遷移的能量，而今次事件是一門商業活動，並不是運動比賽接力跑，故寶劍 no.5 的能量，似乎未能在這階段於事件中發揮提升效益的作用；反而，風元素反映局面中會有人因為想法或意見太多（寶劍代表審判和決定），影響營運。

當然，我們不能就按此推測說余先生兒子會帶來壞影響，我們只需按照各塔羅畫面的元素比例對當事人作出提示，請他補上恰當的元素，又或者嘗試在事件的其他地方，看看有否適用元素並且加以強化。

首先，我們要知道的是，在這個時候，甚麼是最合用的元素？考慮到經營一間小型咖啡室，除了金錢和良好的人際關係，火元素能量帶來的行動力，火元素的動能和推動力，可能比風元素能量帶來的思考理論更為切合現實需要。

第二步，我們就要看看另一個牌陣如何反應整件事的能量狀況。然而，十字牌陣的五張牌中，只有一個小阿克羅火元素，其餘四張牌都是風元素和水元素，而且當中有兩張都是大阿克羅。所以，綜合整個閱讀結果，代表行動力的火元素還是偏弱，必需要先增強這個部分，否則整個事件就會過分理想化（風）。

雖然，主導人物黃先生並沒有太大的利潤要求，但如果一門生意未能做到收支平衡，最終亦不能支持理想實現。

牌陣範例——
實例 5：檢視人體能量分佈的「人形牌陣」

塔羅牌陣中，有一個「人形牌陣」可以用來檢視人體能量分佈。同時，亦有人以此牌陣作巫娃術 Voodoo。

有關魔法部分，今天我們暫不多談。回到身體能量檢測範圍，人形牌陣有兩種使用方法：

第一種——是用六張牌排成人形。然後，從塔羅的畫面、序號、元素能量、支配星座等等，一次過閱讀身心靈三個層次的能量狀況。這一個方法，較容易展示出身心靈三個能量場之間的互動情況。

第二種——是一次過使用十八張牌，排成三個人形牌陣，一個代表物質身體；一個代表心情能量；另一個代表靈性狀態。這一個方法，使用起來比較簡單直接，三個能量場的狀態一目了然。

人形牌陣歷史悠久，固然有其經得起考驗的原因。不過，醫學科技亦天天都在進步，從我學懂這個牌陣的第一天，就已經告訴所有使用這個牌陣的人，包括所有解讀者和提問人：「牌陣的所有資訊，自然有其參考的價值；但身體不適，一定要看醫師。」。

記得有一次跟老同學陳美美聚會，向來熱心體貼的她，挑選了一家地點方便、裝潢雅緻、食評甚佳的小餐館；更特別吩咐餐館負責人，安排一張可以看到維多利亞港景色的小圓桌。

會面當日，我特別提早出門，沒想到美美比我更早一步。她興奮地為我推介各種美味菜式，最後，我們兩個人點了五個

菜。我胃口好，菜到了就吃過不停，直到半飽，才注意到美美吃得不多。

「菜式不合口味嗎？」

「不知怎的，近來常常覺得胃不舒服，不是痛，總是怪怪的。可是，看過三、四次醫生都找不出原因，最後的那位醫生認為，可能是神經緊張引發的痛症。」

「你近來的生活很緊張嗎？」

「也不。坦白說，我不覺得是因為緊張而引起的痛症，反正，想來想去也想不出緊張的理由。對了！妳猜會是跟靈異事件有關嗎？早前我去過南美，回港之後就有這個情況。」

「這個……不太可能吧?!妳有沒有跟人結怨？」

「反正又是想不出來。」

為了讓美美安心，我還是為她開了一個人形牌陣。（見表7）

代表頭部的牌寶劍no.5，風元素；代表右手的牌是 No.7 戰車，水元素；代表左手的牌是聖杯女皇，水元素；代表身體的牌是 No.15 惡魔，土／火元素；代表左腳的牌是寶劍no.7，風元素；代表右腳的牌是 No.20 審判，水元素。

「哇！魔鬼！好可怕！是靈異事件嗎？」

「哪裏？不是這樣理解的！」

「你不用瞞着我，我心裏明白……」

我沒好氣與她糾纏，直接按牌陣畫面解讀狀況。

表 7：人形牌陣（因為面向關係，所以左右倒轉。）

	頭： 寶劍 no.5 風元素	
右手： No.7 戰車 水元素	**身體：** No.15 惡魔 土／火元素	**左手：** 聖杯女皇 水元素
右腳： No.20 審判 水元素		**左腳：** 寶劍 no.7 風元素

　　最頂的一張牌，既可代表頭腦、想法；亦代表肉體的頭部。由於這一次我們為着身體（物質界）狀況而展開牌陣，所以，我會先略過心靈部分，集中處理肉體部分的問題。

　　代表頭部的牌是寶劍 no.5，風元素。由於小阿克羅相對影響不大，而代表思想審判等寶劍系列風元素牌，出現在頭部位置亦是合理，可以跳過。

　　代表左、右手以及左腳的三張牌，畫面亦沒有展示出嚴重負能量，可以免除擔心。不過，手腳四肢之中，有三張牌是水元素，顯示當事人需要注意有關水腫問題。

　　我留意到美美的手指有一點輕微水腫問題，這情況很多時是因為內科症狀違和引起，特別這一次美美的牌陣在身體部分出現了惡魔牌，一般情況下牌陣中央位置反映了身軀、脊骨、胸骨，以及中間部分的臟腑。

　　從牌陣的能量分佈，可以推測肇因在於這個位置的內部或外部。美美曾提及的胃部不適，正好對應了惡魔牌所反映的沉

迷、執著、囤積等能量，應用於精神上的解讀是執迷，應用於身體上，按經驗應該是過度進食或者消化不良等等。

曾經有個案因為皮膚問題前來詢問，出現跟是次牌陣相似的牌陣。最後，透過中醫把脈，證實原來是體內溫邪之風引起的皮膚敏感。經驗中亦有更壞的情況，記得那次是有關寄生蟲的事。

一聽到寄生蟲同三個字，美美就打了個寒慄。翌日一早，她就出動拜訪醫師。最後，經過種菌處理，證實美美因為進食了不潔的食物，胃部留有幽門螺旋菌。醫師已經即時為她對症下藥，不到兩個月，不良能量就消失了。

四元素與生活對應列表

　　以下列出常用之「四元素與生活對應列表」，除適用於解讀牌陣以外的其他聯想，亦適用於按牌陣元素對當事人作出各項生活建議，與大家分享。

表 8：「四元素與宇宙萬物之的聯繫表」── 有助於估計聯繫星象、估計天氣、推測時間、觀察環境能量，以及當有需要作出能量補給時的應用。

	土（地）	水	風（空氣）	火
能量來源	大地之母	月亮	大氣（空）	太陽
行星聯繫	地球與土星、金星	月亮與海王星	水星與天王星以及木星	太陽與火星以及冥王星

表 9：「四元素與大地的聯繫表」── 有助於估計方位、推測時間、觀察環境能量，以及當有需要作出遠行提示或能量補給時的應用。

	土（地）	水	風（空氣）	火
自然聯繫	山嶽土地	海洋河流	空間風流	日光熱力
自然性態	固態	液態	氣態	不定型
四季	冬	秋 / 春	春 / 秋	夏
方位	北	西	東	南
時段	晚上	黃昏	黎明	正午

表 10：「四元素的特質與狀態表」── 有助於估計事件中人物的個性特質、物件的展示形態。當相關人士有需要在外形上作出轉變，或以各種形態的物件作能量補給物時的應用。

	土（地）	水	風（空氣）	火
能量狀態	靜	靜	動	動
能量屬性	支撐力	結合性	遞移性	熟變性
能量展向	內向	內向	外向	外向
能量性質	冷、乾。	冷、濕。	熱、濕。	熱、乾。
能量作用	安全穩定	淨化洗滌	靈動吹息	生命動力
能量取向	保護元素	保護元素	攻擊元素	攻擊元素

表 11：「四元素對應人體身心靈內外各部表」── 可應用於檢視人物性格特質、外形、心理狀態或健康狀況等。

	土（地）	水	風（空氣）	火
陰陽傾向	陰	陰	陽	陽
成長進程	腐化／老年期	死亡／成熟期	出生／幼兒期	成長／青少年期
感官	感覺	味覺	嗅覺	視覺
人體（身）	骨骼、肌理、筋腱。	血液、體液、汗水。	氣息強弱	身體溫度、耐性。

續表 11：「四元素對應人體身心靈內外各部表」

	土（地）	水	風（空氣）	火
生理反射	肺、脾臟、皮肉。	腦下垂體、分泌腺體、子宮、肝臟。	自主神經（心跳）、腎上腺、眼。	心靈感應、體溫、熱心。
生活方向	生理反應	感覺（feeling）	思考（thinking）	行動（doing）
生理影響（身）	體質、吸收。	沉重、睡眠質素差。	失眠、暈眩。	精力，活動能力。
心理影響（心）	安全感、向心力。	敏感、情緒活動。	分析或算計	想法多、不能安定。
思考進程（心）	落實	沉澱	分析	動機
靈性聯想詞：正向能量	母性的愛、坦誠無隱、改變、奉獻、信念、內在真我、豐富生命、容易找到重心、肯定自我、尊重、踏實、昇華與轉化、分享、貢獻。	精神之愛、療癒、直覺力強、慈悲心、五感敏銳、感受與轉化、深入內在、創造力、敏感、昇華、細膩。	獨立自主、自由的愛、智慧、掌握、開創、超脫、認同、自律、覺知、導引、明見、經驗與轉化。	情慾之愛、勇氣、犧牲、內在小孩、熱衷、追尋、覺醒與轉化、生命力、力量、感染力、發現，言行合一。
靈性聯想詞：負向能量	習性、被物質所迷惑、跳不出框架、執念太多、在意別人的目光。	依附、心靈寂寞、空虛、幻覺、執著迷信、容易迷失、經常需要靈性引導。	思想控制、批判、分裂、沉迷科學、過分自信但又不信任自己。	業力、破壞力、痛苦、沉淪、破壞、吞噬、恐懼、紊亂。

續表 11：「四元素對應人體身心靈內外各部表」

	土（地）	水	風（空氣）	火
思想活動 聯想詞： 正向能量 （心）	情緒穩定、保守、具有耐心、毅力過人、忠誠、重情重義、予人安全感、物質管理能力佳、重視秩序與規條、具有安全感。	尊重宗教、善良、富幻想力、藝術鑑賞力、有生活情趣、重視感情、念舊、容易受感動、溫柔細膩、同理心強。	理性、分析能力高、語言天分高、屬於知識型、思考能力強、天生聰明、具有吸引力、轉數反應比較快、社交活躍。	觸覺敏銳、熱情感性、熱心助人、比較性急、心直口快、活潑開朗、積極具有鬥志、行動力比較強、自信、希望、耀眼、樂觀。
思想活動 聯想詞： 負向能量	縱情酒食、倔強、遲鈍、壓抑、自責、不善表達、着重金錢物質、掩飾、容易悲觀。	填補空虛、妄想、操控別人、懶惰、情緒化、浪費、虛華、自我中心、妒忌、冒失、愛哭。	愛面子、善變、過於理性缺乏人情味、好辯、攻於心計、神經緊張、計較。	聲色犬馬、企圖心、衝動、激進、欠思慮、魯莽、競爭、不服輸、自我、易怒。

表 12：神秘學及占星，除豐富解讀外、亦可應用於推測時間和神秘學儀式。（更多內容、應用法則與範例，可參考本書 147 頁第四部分「如何運用星象資料連結塔羅」及 331 頁第七部分「塔羅與儀式」。

	土（地）	水	風（空氣）	火
塔羅牌組	五角星牌	聖杯牌	寶劍牌	權杖牌
遊戲牌組	鑽石（階磚）	紅心	黑桃	梅花
星座	金牛座 4/20-5/20 處女座 8/23-9/22 山羊座 12/22-1/19	巨蟹座 6/22-7/22 天蠍座 10/24-11/22 雙魚座 2/19-3/20	雙子座 5/21-6/21 天秤座 9/23-10/23 水瓶座 1/20-2/18	白羊座 3/21-4/19 獅子座 7/23-8/22 人馬座 11/23-12/21
聯想時態	現在	過去	現在	未來
儀式淨化	金屬或水晶、淨化與穩定能量、植物、礦物、石頭、農作物、寶物。	來自海洋的物件、水、海鹽、貝殼、聲樂、唱誦、音頻、敲擊樂。	香氣、處於高地或空曠地方的流動空氣、呼吸、氣息、微風、颱風。	明火、熱力、運動或舞蹈、蠟燭、光、太陽、火山、火焰、燭光或燈光。
花草能量（選列）	杉、柏、長春藤、橡樹、乳香、玫瑰草、香茅。	水仙、百合、蓮花、柳樹、金桔、橙、檸檬、青檸。	薰衣草、香茅、沒藥、胡椒薄荷、鼠尾草、羅勒、尤加利葉、絲柏、百里香、茶樹、松木。	辣椒、羅勒、肉桂、胡椒、薑、迷迭香、山椒。
儀式能量	富足與豐饒	情緒與淨化	理性與判斷	希望與動力

表 13：顏色、物料、質感、形狀與線條，方便應用於日常衣飾打扮、家居佈置、神秘學儀式或轉變空間能量的用途。此列表特別適合用於解讀有關觀察空間元素的牌陣。

	土（地）	水	風（空氣）	火
顏色能量	黃色、綠色、灰色、啡色、蝦肉色、泥黃色。	淡色、紫色、黑色、透明、藍色、淺藍色、深藍色、灰色、湖水綠色。	深色、白色、金色、銀色、古銅色、珍珠白。	紅色、橘色、棗紅色、橙黃色、橙色、粉紅色、蝦肉色、綠色，啡色、枯黃色。
形態能量	圓形、正方形、堅硬而不反光的。	水滴形、彎曲的、不定型的、下垂的。	長方形、平面、光滑的、堅硬而反光的。	三角形、分叉的、向上伸展而有角的、向外發放性的。
線條能量	由很多小點組成的	透明感的、彎曲的。	垂直的、同一方向而密集的斜線	有角的線條、向上伸展的線條
物料	堅固、堅硬、粗糙、沉重、稠密。	柔滑、發黏、濕冷、沉重、濕。	輕盈、明亮、光滑、平坦、濕冷。	輕盈、堅固、乾燥、粗糙、易碎。

表 14：「對應社會面貌的列表」── 此列表內容除有助於一般
　　　　牌陣了解社交關係外，亦適合應用於本書 213 頁第五
　　　　部分「塔羅冥想與靈性成長」。

	土（地）	水	風（空氣）	火
階級	務實商人、地主、基層或具備實力的人士。	宗教或靈修人士、交遊廣闊的人。	仲介人、中高層管理人或陌生人、專業人士。	農民、熱心或勞動力、演藝人、運動家。
人際關係	直系親人、相識已久的人、故人、帶來物質利益的人。	有情感交流的人、關係親密的人、能作心靈交流的人。	傳授知識的人、有謀略的人、陌生人、愛批判的人。	發生衝突的人、熱情的人、經常互動的人、很快熟絡的新朋友。
行業聯想	幼兒教育、護理員、護士、肉類銷售、倉庫、日常用品店、食店、印刷業、紙業、金屬器材、電線與電纜、採礦、五金店、建材鋼鐵、珠寶金器、金融業、機械業、證券業（因為金錢屬金）、木製品、汽車及電器、電子零件的買賣。	水利工程、釣魚、船務或航運、游水或游泳池、海味店、海產的經營、水果飲料、音響店或音樂廳、洗衣店、冰雕、水族館、養魚。	一些經多重考核才得認可的專業資格。 常用金屬器具的人，例如：常用手術刀的醫生、牙科醫生、屍體的解剖、用刀劍的特技人、肉類切割員。	能夠透過身體力行以生命影響生命的人，又或者能以動人演說推動心靈的人，例如：精神領袖、政治領袖、牧師或某團體中的中心人物、各種貨品的前線銷售員、說故事的人。

續表 14：「對應社會面貌的列表」

	土（地）	水	風（空氣）	火
行業聯想	與土地有關的專業，例如：房地產買賣、公共停車場、土木工程師、酒店、租賃、建築。 水泥、磁磚、陶瓷、古董。 一些與人類身體有關的。 一些具有實力或財力的人。	辦公時間與辦公地點不穩定的職業，或工作與人溝通有關，例如：小販、旅遊、酒店、航空從業員、輪班工作的、占卜師、明星、演員、歌星、播音員、教師。 一些跟美容或調配有關的，例如美容化妝品及化學品。 一些跟飲食有關的工具 一些與創作或文化藝術有關的，例如：影畫、照片、圖畫。	理性或高科技專業技術，例如：教師、電腦、電子、醫生、律師、太空科技、金融分析師、精算師、會計師、機電工程師、電腦程式設計師。 一些與「空氣」有關的行業。例如石油氣和煤氣。 與「天空」有關的行業，例如航空業。 與分析或分配有關，例如分析員或管理層。	與火或木絕對有關的行業，例如：蔬菜的販賣、園藝、燈飾銷售、燒烤場、琉璃製作工場、燈光設計。 殯儀業的紙紮用品、棺木等。 與火有關的行業，例如煙草商。 一些跟明火飲食有關的行為。 一些跟顏色有關的行業，例如美容化妝。 一些跟顏色或視覺藝術有關的，例如影畫及圖畫。

續表 14：「對應社會面貌的列表」

	土（地）	水	風（空氣）	火
聯想活動	買珠寶、陶藝製作、古玩收藏、泥土種植、買樓、遠足、陸上運動、煮食，田園休閒。	隨波逐流、水上活動、潛水、養金魚、占卜、聽音樂、釣魚、釣蝦、吃海鮮、樂器演奏、靈修。	寫作、學習、進修旅行、音響、攝影、劍擊、雕刻、縫紉、上網、打電話、發短訊、看書、書法、寫作。	旅行或流浪、追求目標、園藝、插花、週日農耕、種植、曬太陽、燃香薰、高溫瑜伽、烹飪、燒烤。

表 15：「塔羅畫面能量參考附表」（需注意，此表只供參考之用，解讀時，應注意牌陣中各牌所在位置的代表人事關係作整體分析。）

△：正向能量
▼：負向能量
◎：能量穩定性（容易受外界能量影響的程度）

小阿克羅牌組（五角星）	正 / 負向能量比例	能量穩定性（最高 5 ◎）
Ace	△△△△△△△△△▼	◎◎◎
no.2	△△△△△▼▼▼▼▼	◎
no.3	△△△▼▼▼▼▼▼▼	◎◎◎◎
no.4	△△△△▼▼▼▼▼▼	◎◎◎
no.5	△▼▼▼▼▼▼▼▼▼	◎◎◎◎
no.6	△△△△△▼▼▼▼▼	◎
no.7	△△△△△△▼▼▼▼	◎◎◎◎
no.8	△△△△△△△▼▼▼	◎◎◎

續表 15：「塔羅畫面能量參考附表」

小阿克羅牌組 （五角星）	正／負向能量比例	能量穩定性 （最高 5 ◎）
no.9	△△△△△△△△▼▼	◎◎◎
no.10	△△△△△△△▼▼	◎◎◎◎
侍從	△△△△△△△▼▼▼	◎◎◎
騎士	△△△△△△▼▼▼	◎◎◎
女皇	△△△△△△▼▼▼	◎◎◎◎
國王	△△△△△△△▼▼	◎◎◎◎◎

小阿克羅牌組 （聖杯）	正／負向能量比例	能量穩定性 （最高 5 ◎）
Ace	△△△△△△△△▼▼	◎
no.2	△△△△△△▼▼▼	◎◎◎
no.3	△△△△△▼▼▼▼	◎◎
no.4	△△△△△▼▼▼	◎◎◎
no.5	△▼▼▼▼▼▼▼▼▼	◎◎◎◎
no.6	△△△△△△▼▼▼	◎
no.7	△△△△▼▼▼▼▼	◎
no.8	△△△△▼▼▼▼▼	◎◎◎◎
no.9	△△△△△△△▼▼	◎◎◎
no.10	△△△△△△△△▼	◎◎◎
侍從	△△△△△△△▼▼▼	◎◎◎◎

續表 15：「塔羅畫面能量參考附表」

小阿克羅牌組 （聖杯）	正／負向能量比例	能量穩定性 （最高 5 ◎）
騎士	△△△△△△△▼▼▼	◎◎
女皇	△△△△△▼▼▼▼▼	◎◎◎◎
國王	△△△△△▼▼▼▼▼	◎◎

小阿克羅牌組 （權杖）	正／負向能量比例	能量穩定性 （最高 5 ◎）
Ace	△△△△△△▼▼▼▼	◎
no.2	△△△△△△△△▼▼	◎◎◎
no.3	△△△△△▼▼▼▼▼	◎◎
no.4	△△△△△△△▼▼	◎◎
no.5	△△△△▼▼▼▼▼▼	◎
no.6	△△△△△△△△△▼	◎◎◎
no.7	△△△△△▼▼▼▼▼	◎◎
no.8	△△△△▼▼▼▼▼▼	◎
no.9	△△△△△△▼▼▼▼	◎◎
no.10	△△△△△△▼▼▼▼	◎◎
侍從	△△△△△▼▼▼▼▼	◎◎◎
騎士	△△△△△△▼▼▼▼	◎◎
女皇	△△△△△△△▼▼▼	◎◎◎◎
國王	△△△△△▼▼▼▼▼	◎◎◎

續表 15：「塔羅畫面能量參考附表」

小阿克羅牌組 （寶劍）	正／負向能量比例	能量穩定性 （最高 5 ◎）
Ace	△△△△△△△▼▼▼	◎◎
no.2	△△▼▼▼▼▼▼▼▼	◎◎
no.3	▼▼▼▼▼▼▼▼▼▼	◎◎◎
no.4	△▼▼▼▼▼▼▼▼▼	◎◎◎◎
no.5	△△△△△▼▼▼▼▼	◎
no.6	△△△△▼▼▼▼▼▼	◎◎◎
no.7	△△△△△△△▼▼▼	◎
no.8	△△▼▼▼▼▼▼▼▼	◎◎◎◎
no.9	△▼▼▼▼▼▼▼▼▼	◎◎◎
no.10	▼▼▼▼▼▼▼▼▼▼	◎◎◎◎
侍從	△△△▼▼▼▼▼▼▼	◎◎
騎士	△△△△△▼▼▼▼▼	◎
女皇	△△△△△△△▼▼▼	◎◎◎
國王	△△△△△△△▼▼▼	◎◎◎

大阿克羅牌組	正／負向能量比例	能量穩定性 （最高 5 ◎）
No.0 愚者：風	△△△△△▼▼▼▼▼	◎◎
No.1 魔術師：土／風	△△△△△△▼▼▼▼	◎◎◎
No.2 女祭司：水	△△△△△△△▼▼▼	◎

續表 15：「塔羅畫面能量參考附表」

大阿克羅牌組	正／負向能量比例	能量穩定性（最高 5 ◎）
No.3 女皇：土／風	△△△△△△△△▼▼	◎
No.4 皇帝：火	△△△△△△▼▼▼▼	◎
No.5 祭司：土	△△△△△△△▼▼▼	◎◎◎
No.6 戀人：風	△△△△△△▼▼▼▼	◎◎◎◎
No.7 戰車：水	△△△△△△▼▼▼▼	◎◎◎◎
No.8 力量：火	△△△△△▼▼▼▼▼	◎◎◎◎
No.9 隱士：土	△△△△△▼▼▼▼▼	◎
No.10 命運之輪：水／火	△△△△△▼▼▼▼▼	◎◎◎◎◎
No.11 正義：風	△△△△△▼▼▼▼▼	◎
No.12 吊人：水	△△△△△▼▼▼▼▼	◎
No.13 死亡：水	△△△▼▼▼▼▼▼▼	◎◎◎◎◎
No.14 節制：火	△△△△△▼▼▼▼▼	◎◎
No.15 惡魔：土／火	△△▼▼▼▼▼▼▼▼	◎◎◎◎◎
No.16 塔：火	△▼▼▼▼▼▼▼▼▼	◎◎◎◎◎
No.17 星星：風	△△△△△▼▼▼▼▼	◎◎
No.18 月亮：水	△△△▼▼▼▼▼▼▼	◎◎◎◎
No.19 太陽：火	△△△△△△△△△▼	◎◎
No.20 審判：水	△△△△△▼▼▼▼▼	◎◎◎◎
No.21 世界：土	△△△△△△△△△▼	◎◎◎◎◎◎

第三部分

塔羅詮釋

塔羅詮釋

究竟是溫習牌義重要，還是訓練直覺力重要？

幾乎每一次課堂都會有人問這個問題。而我只有一個答案：「牌義重要，直覺力也重要。」

從部分學員口中得知，坊間有些老師會比較偏向教導大家使用直覺力來解牌；然而亦有很多自學有成的塔羅愛好者，認為背誦牌義相當重要，只要跟着參考書上的指引，亦能得到十分準確的答案。

個人經驗，運用直覺力解牌，當中自有神妙之處；但直覺力所發揮的效用，很視乎當事人的身心狀態，狀況稍有不穩定，解讀就會出現偏差，這方法十分講究解讀者自身修為。

最近，流傳另一種與直覺力相當接近的「靈性解牌」方法。情況大概是把靈性調整至與大自然合一的狀態，連結內在高我意識與神性交流，在偉大浩瀚的宇宙資料庫中自取答案。不過，在此之前，當事人必須要先知道神聖意識是甚麼。

至於牌義方面，市面出售的塔羅，通常附有專屬的簡單牌義，有些套裝甚至附有數百頁厚的說明書，內容包含原作者的創作背景、構思意念以及想表達的心思，定然是相關作品的最佳參考書。可是，看參考書不等於死背書，若想真正達到從畫面得悟的效果，使用者一定要盡量去理解清楚畫面中每個細節的象徵意義，與創作者的信仰、生活態度和價值觀等結合聯想，活學活用；更加不能把 A 牌的牌義硬套在 B 牌上面解說。

另外，一些塔羅牌由於廣受歡迎，坊間流傳的牌義亦特別多，這一些結合無數用家的實際經驗的紀錄與分享，亦能為其

他使用者提供有效聯想方向和解讀數據。

　　要真正了解塔羅，一定要懂得閱讀塔羅的技巧，掌握了閱讀塔羅的技巧以後，無論拿着哪一副牌，都可以很快便使用流暢，得心應手。

　　接下來的章節，我會跟大家好好分享製作個人牌義的方法。

　　現在，我們先談一下有關直覺力。

　　要真正活用塔羅，直覺力與牌義同樣重要。

　　無論是直覺力、靈感或是高我，其實都是宇宙提供給靈性的資訊；而其他文字紀錄，就是解讀者在世界上可以獲得的實際資訊，也是使用者用於聯繫靈性的聯想材料。

　　兩方面資料再加上牌陣畫面，三個層次結合起來，就會得到更立體、更完整解讀結果。

發展直覺力

大家都知道，直覺力與靈修成長關係密切。事實上，不止靈修人士，任何人都應該發展自己的直覺力。

直覺力可以助人作出對自己生命比較有利的選擇，趨向健康、心情愉快，避免傷害甚至逃過災難。又或者應該這樣說，任何人都應積極正視靈性成長，靈修本應是日常生活中不可或缺的部分，只有身心靈共同成長達致平衡，人生才能得到真正的圓滿。

要開發直覺力，首先就要開放自己的心。

有一個前置十分重要，雖然直覺力與通靈的功能都是「可知得更多」，但兩者並不等同：通靈能力非人盡皆可；然而直覺力則幾乎是人人生而有之，只是大部分人在成長過程中，都會被教育去忽略直覺給予的信息，而去依賴罐頭資訊來維持靈性生活，漸漸地屬於這部分的功能就退化，身心自然跟宇宙失去了連結。

人生好像是一輛汽車，條件有因緣局限。命運是道路，沿路而行或出於習性，也可能因為選擇。有人可能覺得某段路較為易走，但路上卻不一定看到最好的風景。即使是拜託智者偉人為你作出的人生選擇，那也不一定是令你能得到自在的選擇。世界之大，換個方向，可覓新路？！

只有直覺力與你的靈性相通，最了解你真實的需要。

若經驗是地圖，直覺力就是導航系統。人不一定需要這個導航系統才能存活，但有了這個導航系統，生活最少會方便多了，說不定你更會因而發掘出生命的新方向。

　　有關如何開發直覺力，希臘藍寧仕博士的《直覺力》一書寫得很好，從生活中的簡單小事入手，教授如何逐步提升敏感度、培養直覺力。我在此分享經驗點滴：按前言中的基底理論（見 16 頁），萬物與人皆有其能量，各自看似獨立，其實當中有幾度無形的能量使之互相牽動，宇宙間每日每事，都是能量互動之後的結果。良好的直覺力能穿透時間和空間，看出事物的關係。

　　說到鍛煉直覺力的方法，其中一項就是從果追因。有些人會先從夢境着手，放一本小冊子在床頭，每朝醒來第一時間把夢境記錄下來，晚上又重溫一下，想一想夢與生活的關連，記錄心得，待隔一段時間後，按自己的夢境作出一些統計和分析。又有人會從生活中的巧合事件着手，以日記形式把人事和感受記錄下來。有些人可能會覺得以上兩種方法有點抽象，實行時亦頗傷腦筋。

　　其實，還有另一個更為簡單實際的方法，就是好好注意自己的身體，每天留意身體的每個變化，例如鼻敏感、眼跳、喉嚨乾、發胖、消化不良或各類敏感症等。知道起因的，請立即去對症下藥；也有莫名其妙的，就應該注意。愈是不能解釋的，愈是要好好記錄下來。臨睡前回想一下當日遭遇過的人事，在這個步驟，無須刻意聯想事件與身體狀況之間的關係，只需簡單記錄過程。

　　每隔一段時間，待資料儲夠一定的分量，就稍為分析一下，或者做一些統計。如是者，日子會有功。

對學員的建議

通常在直覺力課，我的學員都會收到以下建議：

1. 隨身帶備一本小記事簿（寫字比錄音或打字好，筆跡能夠記載心情），每天寫下日期、起床時間、記錄天氣。只需直接地將發生過的事記錄，作為日後的統計資料，無需再強行牽扯內心的感受。

2. 早餐吃過甚麼？之後乘坐甚麼交通工具？到過甚麼地方？有沒有因為甚麼事情而發生誤點？到達現場的氣氛如何？有甚麼特別事情發生過？你的感受如何？

3. 午餐吃了甚麼？用餐時，有沒有某些人或事件或物件或顏色曾經引起你的注意、甚至產生連繫？他們看來怎樣？這些事物令你產生甚麼感受？

4. 當日的日落在甚麼時候？你在甚麼地方？日落後，你身心的反應如何？

5. 晚餐吃甚麼？跟誰一起吃？在哪裏吃？對方的狀態如何？見面時，兩者互動令你產生甚麼感受？有沒有與某些聲音產生連繫？

6. 然後，臨睡之前有甚麼感覺？入睡前想過甚麼？晚上是否睡得好？有沒有對某些人的記憶產生連繫？

你或會覺得，這不就是記錄着經驗嗎？

經驗只是地圖，不是自動導航系統，記錄經驗結果，只是一本經驗之書，而非直覺力。

沒錯，小筆記當然是經驗之書；然而，這經驗之書是專屬

而獨特，只為你一人而設。

　　在一段日子後，儲備了一定的經驗，只要你願意定期重溫當中的人與事；無需着力去分析當中的對與錯，更不用去劃定因果法則，只要單純地重溫一下，就相當足夠了。

　　在物質層面，你無需為這一堆事情定下任何結論或分析。有趣的真相是，當你每天只花十來分鐘去做生活紀錄，無形中亦牽動了心靈力量，就像是齒輪之間的關係；而最有價值的結果，就是在齒輪組合啟動後的力量。

　　當這動力足夠強，本來一直沉睡的直覺力會被叫醒。而當直覺力有所行動，你的心和靈性自然會按經驗紀錄做出一些分析結果。

　　這些分析結果，內容必然會遠遠超越物質經驗記錄的分析。因為從心出發，從靈性層面中得出的分析結果，運算過程當中包括宇宙萬物的能量資料，如此龐大的數據運算，只有心靈能量能處理，運算結果直達心靈。最後，我們的物質身體就可輕鬆地接收資訊。很多人會把這結果稱之為感應或者第六感。其實，這是身心靈能量互動下的產物，直覺力的備用數據。

專屬的塔羅牌義

牌組原創者的牌義，可能內涵豐富，但隱密太多不容易揭秘；且死記文字內容，演繹出來就不夠靈活瀟灑。

靈感可以是神來之筆，但行蹤飄忽，捉摸不定。而且，過分依重直覺力或第六感等方式演繹，容易造成精神虛耗。

流傳的牌義，也許充滿睿智，但他人的感受未必得到你的認同，演繹起來就會顯得牽強。

以上三者都是使用塔羅前期的輔助角色，最後，只有憑着自己經驗累積而來的牌義，才真正可運作自如、得心應手。所以，這一次我特地在後文為大家提供每一張牌的聯想詞彙，預留空間給大家創作專屬的牌義。大家如想看看我的塔羅牌義，請重溫《莎拉的塔羅筆記》。

記得曾經有人問我：
買了新的塔羅牌回來後，有沒有甚麼開牌儀式？

印像中我幾位老師都不曾跟我嚴正聲明過要特地為塔羅牌做些甚麼儀式。只記得阿道夫老師曾經在研究小組成立初期，每人送贈一本記事簿，以便大家記錄對塔羅畫面的感覺。

當時，他把我們召集起來，相約一起開啟新的塔羅牌。我不知道那次算不算是個正統的開牌儀式。當日黃昏，我們聚集在其中一位組員位於郊外小屋的後園，沒有用粉筆畫出五角星魔法陣，也沒有祭壇。

我面前是一張空空的長檯面，背後是半小時之前，一個活動剩下來的零食和咖啡。現在回想起來，放滿工具的桌面，頗有 No.1 魔術師畫面的意味。

　　我們把包裝盒內的牌全部取出，先抽起當中的白卡和介紹卡，再把大阿克羅和小阿克羅分開，先處理小阿克羅，按元素的速度把牌的次序重組：首先是土元素五角星，然後，是水元素聖杯、火元素權杖、風元素寶劍。

　　先排好宮庭牌，從國王開始，然後是女皇、騎士和侍從。然後是數字牌，從 Ace 開始順序排到 no.10。

　　處理好小阿克羅後，就輪到大阿克羅，從 No.0 愚者開始一路排到 No.21 世界。

　　期間，我們都不曾念咒、唱誦或者燃燒香草，甚至連簡單點蠟燭都欠奉，只是專心地把牌重組，順道檢查一下當中有沒有缺漏。

　　阿道夫老師建議大家在檢查的過程中，順道看看每一個畫面，用眼睛去細閱構圖，用直覺去連繫大自然，用理解的心去感受畫面中的不協調，用第三者的角度去感受一下畫面帶出的氣氛，並且用紙筆記下在畫面中所觀察得到的事物。

　　阿道夫老師甚至提議我們，嘗試把因應畫面而生出的靈感，編個小故事出來。後來我才知道，這個世界上真的有一本用塔羅作為創作靈感寫成的小說──《命運交織的城堡》（作者：伊塔羅・卡爾維諾）。據說，作者因為想展示塔羅牌除占卜以外的無限可能性，寫成這一本小説。

牌義創作範例：No.0 愚者

畫面：

　　日照光明的天空下，一個穿着得七彩繽紛的人，手握白色小花，用權杖挑着小包袱，包袱旁邊有條紅色羽毛，遠處是冰封的山頭，愚人站在懸崖邊，態度輕鬆。他的腳下是波濤洶湧的大海，右腳邊有一隻正在與他進行溝通的白色的小狗。

聯想：

* 愚人肩上挑着的「小包」，正是他在冒險旅途的一切所需。

* 「小包」是他在這趟旅程的所有，分量小，看來即使失敗也投資不多。當然，亦有可能裏面滿載體積細小但貴重的物件。

* 挑擔子的棒，是權杖，可以是一種扶持力或者自我保護的工具。

* 愚人的視線向前朝上，象徵他正全心向着一個新的方向進發，充滿了信心；但忽略了腳下的危機。

* 畫面中「白色的小狗」隱示了一個跟隨者，或一個行為實際、支持他的忠心朋友。小狗是動態的，正極力展開溝通，似乎正要對愚人作出某些提示。

* 「白色的玫瑰」有死後重生的意思，亦是與 No.13 死亡牌的暗連繫的標記。兩者無分先後，但當中有所關連。此刻白色的玫瑰在愚者手上，另有浪漫和討好自己的意思。似乎要展示在某些事情徹底結束後的重生心情，輕鬆而充滿希望。

* 光明日照的天空，是大地萬物生命力的源頭。

* 海濤拍岸，環境中充滿了挑戰性和危機感。

* 愚人色彩鮮明的打扮，展示他開朗的性格。

故事創作：

　　年青人輕裝上路，顯出是闖蕩的心情，這不像是搬家，因為行李實在太少了，當事人可能正尋求一種新的生活。他雖然是愚人，但他並不是瞎子，應該沒有可能不知道自己正站在懸崖邊。所以，愚人「赴險」在這裏是一種選擇。旁邊的白色小狗，可能是隨行而來，也可能是在途上相遇，目前肯定是結伴而行，反正兩者都帶着輕鬆、愉快和期待的心情。

　　當你閱畢七十八張大小塔羅後，同時創造了一大堆文字。

這個時候，你可以拿出包裝內的介紹小冊子，看看隨盒的牌義內容，再跟你個人筆記的內容比較一下，再看看兩者之間的內容有沒有分別？分別有多大？為甚麼會有分別？把這一切都列出來，再思想一下分別的原因。取捨之後，剩下的一堆文字，就是你專屬的塔羅牌義了。

　　我的第一本塔羅書《莎拉的塔羅筆記》就是用這個方法寫出來，後來，這書亦成了我的教學課本；由於內容已經分別在不同媒體多次出版，而我亦希望在這本新書的內容與大家分享更多、更新、更深入的資料，所以，今次只會分享寫作牌義的方法，正、逆位解讀時的聯想詞彙，和逆位解讀時應注意的事項，而不會在此書展示全部七十八張牌義。如果大家對全部內容有興趣，可以到書店或公共圖書館找找看。十多年前亦曾經應雅虎香港的邀請，於首頁連載全部內容達數年之久，如果幸運的話，大家或者可以在互聯網上找到一些舊的連結。

逆位牌的解讀的法則

　　塔羅解讀時，牌陣中常有出現逆位牌。然而，對逆位牌的解讀方法，則各家各說，有人認為只要將其中畫面意義作相反解讀就可以了；不過，亦有一些忠於傳統的牌義的塔羅師認為，牌面雖然因為各種因素而出現逆位，但牌依然是那一張牌，愚人畫像倒轉呈現，畫面裏依舊是那個愚人，名字是愚人，內容涵意也不會偏離主角，不會因為畫面倒轉呈現，愚人就變成了祭司的；故牌面出現逆位，只是同樣的意義以不一樣的形式出現了，但主要的含意依然存在，畫面主角不會因為逆位就變成另一個人物；因此，無需刻意把逆位牌的出現視為特殊現象，只要直接將每一張牌的內容按牌陣中的排序和位置以正位解讀便可。這個方法無阻塔羅師的思路，即使當中夾雜正、逆牌，亦通暢無阻地全面解讀出整個牌局的內容，不會因為捉錯用神，而曲解了重要的訊息。

　　可是，經驗卻不斷地在告訴大家，塔羅以逆位出現的意義似乎並不是那麼單純直接，實在是應該有另一種方法去解讀牌陣，才不枉它以特定的形式出現。

　　流行多年的「相反意義」說來好像有一點道理，用起來卻未能滿足答題內容，又引起反思逆位牌真的只是正位牌的相反意思嗎？大家會否太過簡化了這個情況背後的啟示呢？它似乎更是要透露一些有別於往常的訊息，要為人提供多一個角度去看待這個畫面，提醒占問的人或可從另一個角度去了解同一件事，用另一種心情去了解同一個人，關注一下通常性的方法在特別條件出現時的可行性。

　　其實，資深塔羅師心裏都明白所有牌義都只不過是指引。

真正的塔羅預測解說，其發展性都是因應塔羅師的見識和靈性修養而略有不同的解讀，加上占問人的個性取向對內容會有選擇性的吸收和持續發問，牌陣的解讀基本上仍可多角度地無窮無盡地產生變化，過程十分有趣。所以，我總會在課程開始時跟學員說，我樂於跟大家分享我的牌義，但大家也不忘要製作自己的一套牌義，每一位靈性導師最好都應該有一套包含自家靈性修養、流露着獨有觀點但又不偏離本義的解讀內容，這樣就能創造出自己風格的塔羅牌義，解牌時亦能避免因為別人手筆和自己價值觀方向不一致而出現無稜兩可的解說，可以更為有效地配合直覺去作出最好的分析。

若想要從逆位牌當中找靈感，應有一個前置信念，先相信逆位牌的出現是適時的、是一個特別徵兆，最起碼這一張牌正是要提醒占問人它是以某種有別於平常的模式出現了，要得到大家的注意。就像鄰家那位向來樸素無華的小姐，忽然打扮得漂漂亮亮的出現在大家眼前，她依然是她，但為甚麼她今天會特別明艷照人？她會否正等待人開口問問她將與誰約會？茶館裏那個笑容可掬的老伯伯，今天顯得很沉默，他有甚麼心事嗎？要是大家忽略了這些不一樣的舉動，大概就要錯過一個又一個美麗的故事了。

經驗之談，想要準確有效地從逆位牌中取得訊息，當然不會是單單把它的意思反過來。解牌時除了塔羅牌畫面的本身意義，其支配元素及其在牌陣中的位置亦環環緊扣，而問題本身、當事人的星座，亦絕對會影響解讀。

一般來說，逆位牌的出現通常能帶出下列十個訊息，現各舉一實例以說明：

1. **牌面四元素能量過度應用或不足。例如誤用、濫用或應用不足。**

小四學生黃小冬即將代表學校出席大型田徑公開比賽，不過最近預賽成績欠佳。於是小冬媽媽來看塔羅牌。

針對此問題，用了「二者關係」牌陣。
- 代表黃小冬的牌是：No.8 力量（逆位）
- 代表訓練單位的牌是：五角星 no.3（正位）
- 代表二者關係的牌是：No.14 節制（逆位）
- 代表前景和意見的牌是：No.20 審判（正位）

代表黃小冬的牌是 No.8 力量，火元素，逆位。體育活動需要的正是火元素，但逆位力量可理解為火元素過度；再加上 No.8 力量，可能是當事人用力過度，以致肌肉負荷不了，例如操練過多或用力不當。又或者，心理上因為壓力過大，影響表現。

小冬媽媽表示，教練覺得小冬是可造之材，於是加強訓練。本來一星期兩天訓練，忽然增加至一星期四天，小冬因此吃不消（No.14 節制，逆位）。可是加強操練後，卻不見得成績有所進步（五角星 no.3，正位）。

建議小冬媽媽應盡快與教練商議另一個訓練方案，以免小冬因為訓練過度受傷，甚至對田徑比賽失去興趣。

2. **應效時間上的差異，例如錯過時機，事件被外在因素影響，延遲或耽擱了。**

辦公室女郎梁小姐表示與同事何先生約會了兩個多月，雖然，每次都是二人單獨見面，不過何先生卻表現得十分禮貌節

制，談話間亦未有追求的暗示。梁小姐對何先生漸生好感，希望能突破目前的曖昧關係，想先了解何先生心意。

針對事件採用了「二者關係」牌陣。

- 代表梁小姐的牌是：寶劍 no.2（正位）
- 代表何先生的牌是：聖杯 no.3（逆位）
- 代表二者關係的牌是：五角星女皇（逆位）
- 代表前景和意見的牌是：權杖騎士（正位）

聖杯 no.3 顯示何先生對梁小姐有情感發展的意向，但小阿克羅加上逆位，代表意向不算強烈，並且能量已經逐漸衰減。加上代表前景和意見的權杖騎士，無論是能量和牌面意義都沒有特別顯示二人可以有再進一步的發展的可行性，可以推斷彼此已經錯過了最佳的發展時機。

3. 長期被壓抑的能量或被當事人否認了的情緒

陳小姐三十三歲，自從半年前誕下女兒之後，一直覺得身體未能恢復過來，精神不振，伴隨各種痛症問題，困擾不已；更曾在家中獨處時產生幻覺，懷疑家裏出現靈異事件。陳小姐最後在朋友的建議和陪同下來看牌。

是次專門針對陳小姐的能量場開出一張牌 No.18 月亮（逆位）。

我告訴陳小姐月亮牌包含了憂鬱、忍耐等有關情緒問題的訊息，同時特別應效於女性。言談之間，我發現陳小姐非常抗拒如憂鬱、鬱結等有關情緒病的詞彙。深入了解後，明白到陳小姐原來知道自己有抑鬱的症狀，但是她非常害怕會因為求助他人而被定性為精神病患者；又怕看醫生後需長期服藥，甚至被歧視，所以才不願面對自己的狀況。

　　經過一輪溝通之後，陳小姐開始漸漸接受自己的狀況。由於她的情況不算太嚴重，亦有可能只是因為受到婦女產後常見的荷爾蒙失調所影響，最後，建議陳小姐先去拜訪醫師，了解一下；同時多接觸陽光，常做運動，保持正面積極思想，以助身心靈恢復平衡。

4.　潛在的能量未有發揮出來

　　江太太四十五歲，家庭主婦，因為六歲兒子小健在校內受到欺凌前來看牌。

　　針對事件採用了十字牌陣。
- 代表當事人的牌：權杖 no.4（逆位），火元素。
- 代表環境能量的牌：上面第一張：寶劍 no.9（正位）
  右方：權杖 no.3（正位）
  下方：No.20 審判（逆位）
  左方：聖杯 no.9（正位）

　　十字牌陣可按當事人行為及環境因素推演事態展向，解讀時可先從中央牌了解一下當事人的能量；然後再從代表環境因素的四張牌中，找出有利於事態發展的塔羅，二者結合分析，再向當事人提出改善建議。

　　由於環境因素中有 No.20 審判（逆位），反映了某些事情會過去，變成歷史。而緊接上場的是聖杯 no.9（正位），看來環境能量甚為樂觀。再看代表小健的權杖 no.4（逆位），支持着這個快樂畫面的幕後元素是象徵活力和生命力的火元素，雖然只是小阿克羅，不過當中的支配力量依然是火元素。看來，撤除欺凌這個因素，小健本質上亦是一個好動開朗的孩子，甚至可能會有表演天分。

　　建議江太太可在校外替小健報讀一些課外活動，例如戲劇表演，期間不要比較成果和給予壓力，讓小健自由發展，認識朋友，建立自信；最後，帶着滿滿的自信能量回學校，慢慢學習解決自己的問題。

5. 沒有展現出來的真實想法或心態

　　沒有展現出來的真實想法或心態，常見於有關人與人之間關係的描述。瑪莉前來開牌，想了解有關與新交往對象的狀況。

　　針對事件採用了「二者關係」牌陣。
- 代表瑪莉的牌：聖杯 no.7（正位）
- 代表交往對象渣華的牌：No.7 戰車（逆位），水元素。
- 代表二者關係的牌：寶劍 no.9（正位）
- 代表前景和意見的牌：No.16 塔（逆位）

　　戀愛本來只是情感交流（水元素），No.7 戰車牌雖然受水元素支配，奇怪的是，這個交流是需要具備作戰的心情。如此可以推測，瑪莉在這段關係中會有一個作戰對手，這個對手可能會是一名女性；也可能會是渣華本人，這名追求者可能只是把瑪莉當成是一個感情上的挑戰。

　　再看接下來兩張牌，寶劍 no.9（正位）和 No.16 塔（逆位），顯示事態展向並不樂觀，建議瑪莉應該好好再觀察對方為人，現階段不宜抱有太大期望。

6. 濫用了能量或誤用了能量

　　唱作流行女歌手 S 即將推出新曲，前來閱讀塔羅希望看看指示，以獲取演繹靈感。為 S 開了一張牌，結果是 No.2 女祭司（逆位）。

本來女祭司與 S 的形象剛好一樣，不過，女祭司以逆位出現，表示市場可能對這個形象感到厭倦，亦有可能是新曲內容與形象不合，更有機會是 S 本人對於演繹這個形象漸漸失去能量，因為這一張牌本來就是為 S 出現。

建議 S 應好好休息一下，恢復能量，演出才能夠感動觀眾；並趁着目前一個小小的空檔，與工作夥伴商量重新包裝形象，再推出新曲。

7. 與畫面意義剛好相反的能量

珍妮打算向交往七年的男朋友約翰提出訂婚建議，想在製造驚喜之前，先了解一下目前是否合適時機。為此開了一張牌。

塔羅建議是權杖 no.4（逆位），權杖 no.4 本來描述了一個慶祝或演出，逆位出現的話，顯示有機會演出不成，或不受歡迎。建議珍妮應先試探一下約翰的想法，又或者以輕鬆的方式來表達自己真實的想法，讓約翰有空間去思考這個訂婚建議。

後記：大約三個星期後珍妮陪同朋友前來，主動對我提及有關訂婚一事。原來，在她前來占問同日，約翰收到公司的通知，短期內須參與一項為期大約十個月的專業進修。珍妮不想令約翰添加壓力，打算在約翰進修期之後，才向他提出有關結婚的事。

8. 提示相關人士應注意改變目前的行事方法

表明目前的行動方式、所設定的條件或所投放的能量，似乎都不利於未來發展。逆位的畫面，正是宇宙給閱讀者的提示，是有關對未來發展的預警。提示占問者發展中的事情，應該先暫停下來，回顧一下，好好想清楚，是否該放棄，或以不同的

營運模式、人士組合重頭來過。

　　雖然，在很多情況下耐性與堅持力似乎是正向的態度。然而，當塔羅牌逆位出現，可能正要提醒占問者，目前的處理方式不利於事態發展。

　　湯美和妹妹美琪童年時移民加拿大，直至早兩年大學畢業後回香港發展，可惜兩兄妹的工作發展際遇並不理想，最後美琪返回加國，而湯美則去向未定。最近，他和妹妹有了一個想法：兄妹二人打算建立一個兩地購物平台，情況大概是由美琪在加拿大擔任採購，湯美則會在香港和加拿大兩邊穿梭，他想透過塔羅看看有關意見。

　　是次選用「十字牌陣」，正代表這個生意的發展能量。中間的一張牌，代表這個念頭的能量。外圍上、下、左和右四張牌，代表環境中的發展能量。

- 中間代表念頭能量的牌：五角星 no.8（逆位）
- 代表環境中的發展能量的牌：
  　　　上面第一張牌：權杖 no.2（正位）
  　　　右邊第二張牌：No.15 惡魔（正位）
  　　　下邊第三張牌：No.21 世界（逆位）
  　　　左邊第四張牌：聖杯 no.2（正位）

　　代表事件能量的是小阿克羅五角星 no.8（逆），本來，這一張牌用於小型創業可理解作正面良好的能量，可惜這一張牌以逆位出現，能量亦驟減。再看環境能量，除了聖杯 no.2，其他都不屬於正面而有經濟效益的畫面。

　　建議湯美雖然無需放棄創業的想法，但應該跟身處於加拿大的妹妹再從長計議，設計另一個更適合市場的方案，有關新方案內容，可以在牌陣中最後一張牌聖杯 no.2 中找靈感。

9. 目前的悶局，可能出現轉變的時機。

M早年參加電視台舉辦的歌唱比賽，雖然沒有得到冠軍，但亦跟電視台簽下了合約。可惜三年以來，演出機會不多。M打算再給自己一年時間試試看，如果再無發展，就與公司協議解約。於是，想透過塔羅看看這一年的能量。

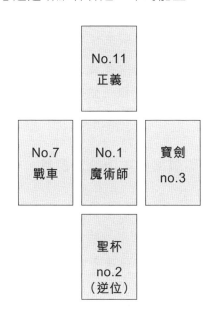

針對此問題，用了十字牌陣。

- 代表M本身能量的牌：No.1魔術師（正位），風元素。
- 上面第一張牌：No.11正義（正位），風元素。
- 右邊第二張牌：寶劍no.3（正位），風元素。
- 下面第三張牌：聖杯no.2（逆位），水元素。
- 最後左邊第四張牌：No.7戰車（正位），水元素。

魔術師正位反映了M作為一個表演者的身份，而魔術師所做的事，亦正反映着M目前的狀況，就好像魔術演出華麗的表象，背後就是虛假的真相。

　　然而，這個牌陣中值得注意的，其實是 No.1 魔術師，No.11 正義和寶劍 no.3，三張牌都具有空氣元素，而且同時以正位出現。不過，最下方第三張牌位置出現了一張水元素逆位牌，顯示未來環境能量有急轉方向的可能。慶幸，聖杯 no.2 畫面氣氛和諧愉悦，加上之後的 No.7 戰車牌，跟聖杯系列一樣，同樣是水元素。相信 M 先生即將需要面對一些新的能量轉向，假如當中能夠好好把握或會有新的發展。

　　後記：大約四個月後，M 高興地以短訊告訴我，公司即將委派他參與一套處境劇集拍攝，雖然他沒有演戲經驗，但也答應了出演，並向公司保證，一定會努力做好自己。

10. 提示當中有對發展做成阻礙的能量，或導致失敗的能量。

　　陳小姐哭喪着面前來，原來她剛剛跟未婚夫鬧翻了。據她説，他們還有六個月便要結婚，但是最近雙方經常因為生活中各種小事口角。兩天前，未婚夫更加收拾了行李，離開了二人同居的寓所。之後二人雖然仍然有簡單的溝通，但彼此語氣冰冷。陳小姐想透過塔羅知道二人關係未來的展向。

　　針對事件採用了「二者關係」牌陣。
- 代表陳小姐的牌：No.8 力量（逆位）
- 代表未婚夫的牌：No.2 女祭司（正位）
- 代表二者關係的牌：No.20 審判（正位）
- 代表前景和意見的牌：No.12 吊人（正位）

　　No.20 審判反映了二人目前的狀況。No.12 吊人，看來兩個人之間的問題並非一朝一夕可解決。

　　代表男方的牌是大阿克羅 No.2 女祭司，反映男方雖然沒

有經常在行動上展露自己的心意，但大阿克羅能量亦顯示出他心裏對關係重視，雖然性格柔和，但並不代表一定就是個包容性很高的人。真相是，他的心裏早已經有一套標準和規定（女祭司手中的書卷），雖然沒有公開，但在他的心裏是很明確的。要是有人抵觸了當中的條款，他是會認真執行處理。

而這一次，代表陳小姐的牌 No.8 力量逆位，再看整個牌陣中，就只有陳小姐的牌是逆位牌，毫無疑問事件中陳小姐誤用了自己的力量，更在無意之間觸及了未婚夫的底線。

陳小姐自白，原來七年的關係當中，二人經常都會發生衝突。與其說發生衝突，不如說陳小姐經常都會對未婚夫作出投訴，然而，未婚夫通常都會忍讓着。久而久之，便形成了一個惡性循環，一個願打，一個願捱，不知何時開始，竟成為了一種習慣，陳小姐終於失去了自覺性，變得愈來愈野蠻，索求愈來愈多。終於，導至今日的局面。

會面過後，陳小姐似乎有一些領悟。不過，他的男朋友卻不願多給她一次機會。

人們或許可以透過答案了解一些事情，甚至對事情的發展作出推測，但他不能透過甚麼去控制別人的思想和扭轉定局。希望陳小姐能夠把下一段關係處理得更好。

逆位牌解讀

　　其實，比起處理正位牌，解讀逆位牌的聯想空間會更為廣闊深遠、層次更為豐富。細讀下去，我們還可以按照逆位牌中畫面主角的面貌、環境中的陳設來聯想。

　　有時，逆位牌亦可能是一個提示，以不尋常的姿態出現，提醒解讀者留意有關畫面支配星象和現行星象情況；大家又可以按照逆位牌的提示，留意一下數字排序是否和占問人的生日號產生了衝突。

　　當逆位牌出現，最好先分清楚它在牌陣中的代表意義，究竟這牌是形容人物的心態或行為，抑或是形容一些環境中的其他狀況；當然，亦有可能是反映一些不良能量。必須先釐清每一張牌的角色或職務分配後，才會比較容易作出更有效的分析。

　　例如當逆位牌出現的位置是：

- 形容人物或當事人的心態或行為（有心無力）
- 形容狀況（現在／過去／未來）或局面（定局或推測）
- 形容能量（個人或團體或地方情緒）

　　清楚了逆位牌的潛在訊息後，再觀察牌陣內其他牌面的內容，配合相關問題和當事人的個人資料（例如性格或流年）之類作出詳細分析，就能有效地推出逆位牌的影響了。

大阿克羅正、逆位牌義聯想

　　二十二張大阿克羅牌一般排序由 No.0 愚者開始到 No.21 世界結束；亦有人覺得大阿亞克羅應該由 No.1 魔術師開始，直到 No.20 審判結束。象徵開始和結束的 No.0 愚者和 No.21 世界，應是順序以外的特別牌，除了有開始和結束的意思，亦暗示了變化與未知。

　　相對於小阿克羅，大阿克羅的畫面內容較為豐富，每張牌有一個號碼和代表名稱。主角在畫面中顯得很突出，人物通常與名稱呼應，並有詳細背景襯托，每張均有獨立故事背景，畫面隨處可見神秘象徵提示。

　　至於小阿克羅，牌背景與人物共融，畫面比較簡單，同時又表達出某一種特定的情緒。

No.0 愚者

正位：

天王星、太陽、風元素、火元素、破格、創新、輕鬆的心情、無壓力感、不拘小節、自我坦率、內心真正的追求、帶點硬朗的女性、少年、忠誠的友伴、生命力、活力、勇氣、改革、真正的戰友、突破傳統、天馬行空、對某種人事的狂熱、憑感覺做事、善良單純、容易感動、好奇心重、慈悲、健談善忘、無法限制、追求新奇、無責任心、忽冷忽熱。

逆位：

容易沮喪、經不起考驗、感情用事、不成熟、危險、任性、衝動、冒失、難以溝通、欠缺計劃、反叛、盲目追求、不容於世俗眼光、輕率、不安定、欠缺生活智慧、物質貧乏、不切實際、

過度寬鬆、愚蠢、欠缺經驗、沒有顧全大局、環境惡劣、胡鬧、渾渾噩噩、自作聰明、善變不定、浮誇、自我陶醉、不要一直勇往直前，要停下來想一想、怪癖。

No.1 魔術師

正位：

水星、土元素、風元素、善於表現自己、溝通、腦筋靈活、借助力量、改變與轉化、表演、展示、機智、聰明、吸引力、正午、男子、美麗、美麗的植物、美好的環境、豐盛的環境、齊備的工具、暫時性、計劃、討好、得到支持、靈活、自信心、年輕男性、主角、輕鬆、魔法陣式、浪漫、有才藝、容易發生秘密戀情、說話具有感染力、懂得體諒他人、有品味的人、態度優雅、經營社交圈手法幹練、博愛、蛇、精神永恆的象徵、天（上）地（下）能量的交流、新的計劃進行順利。

逆位：

玩樂過度、虛假、欺騙、虛華、不長久、欺騙感情、短暫的快樂、空有美麗的外表、算計、能力被高估、害怕寂寞、花巧欠實力、假象、狡猾、亦正亦邪、表裏不一、短暫緣份、感情問題、對不熟悉的人較為友善、關係易聚易散、看重別人、對自己的看法、女性賣弄風情、熱情地建立關係但又不想受到束縛、故弄玄虛、愛情關係着重外表、利己主義。

No.2 女祭司

正位：

月亮、水元素、知道秘密的人、守護規條、避免武力、女權、陰性、晚上、夢、潛意識、旁觀者、冷靜、過去記憶、母親、長女、獨女、深藏、安靜、因果、宗教、關於精神健康、靈性

成長、現實與物質之間、緩衝、對於知識的追求、直覺、獨身、女性獨立自主、男性優柔寡斷、博愛、靈感強、懂得體諒他人、謹慎保守、具有危機處理智慧、自制力強、旁觀者清、不隨便介入與己無關的事件中、研究心旺盛、精神上的充實。

逆位：

為形象抑壓憤怒、給人一種孤獨的感覺、容易退縮、悲觀、過於保守消極、不善於表達自己的內心感受、容易記恨、冷漠、孤獨、不合群、黑暗、陰影、秘密、隱藏、冷淡、不明朗因素、欠缺活力、未知數、忍耐、隱藏的危機、情緒、被誤解、被抹黑、被孤立、隱藏的敵人、危機感、蘊藏內心的熱、過於冷淡、過於投入某種理論、精神上的壓力、不熱情的女子。

No.3 女皇

正位：

金星、土元素、風元素、美好的環境、豐盛、生育、母親、大地之母、植物、園林、收成、黃道十二宮、愛美、已婚的女性、自在感、重視物質享受、事業有成、家庭亦是事業、女權、和平、珠寶、消費主義、愛護兒童、關注健康、女尊男卑、房地產、生活質素、愛護動物、雖受人歡迎但內心對人際關係有底線、受人愛戴、行為高尚、十二顆星星代表以十二作為單位的時間週期（例如十二個月）或以十二作為單位的派別或組織、男女結合。

逆位：

注意發胖、虛榮、等待、過分溺愛、與時代脫節、過度自我中心、浪費、欠缺責任感、利己主意、享樂主義、女性活躍社交圈疏忽家庭、慵懶、橫蠻無理、霸道弄權挑剔、極端完美主義、

No.7 戰車

正位：

水星、月亮、巨蟹座、水元素、守衛、勝利、戶外環境、特別的裝備、信心、能力、運氣、古老、埃及、統整不同的能量、旅行、搬家、轉換環境、服務他人、滿足感、行動力、作事快捷、奉命行事、外勤、前線工作、控制力、中層管理能力、選擇、常常一心二用、訂立目標全力以赴、近乎狂熱的投入、喜歡勝利的感覺、不怕艱難、能夠隨機應變、置身於高度競爭性的工作環境、工作排首位、喜歡美麗的外表、對目標顯得非常積極、意志力。

逆位：

鬥爭不安定、不和諧的關係、暗地設局、受到下屬牽連、壓力、被欺負、失去還擊能力、為人作嫁衣、不忠、過於偏激、過度辛勤工作，嚴重欠缺休息、肌肉僵硬、內分泌失調、因為壓力而變得暴躁、應注意保持放鬆、帶有自戀傾向、局面中有人機心重，小心受到陷害、感情考驗、挑戰者、關係失和、原地踏步、注意交通。

No.8 力量

正位：

太陽、獅子座、處女座、火元素、以柔克剛、勇氣、以愛心來融和不同的力量、主權、年輕男女、與別不同、獨特、自我表現、女性特有的溫柔、聰明機智、飼養寵物、母愛、威嚴、愛的力量、炎熱、爆炸力、互相體諒、和解、克服困難的勇氣、意志力強、女權、氣質、獨立堅強的女性、馴服、不畏恐懼、突破難關。

逆位：

壓力爆煲、被瞞騙、孤獨感、權力鬥爭、錯愛、錯用力量、勉強、資源錯配、容易與人發生衝突、爭奪領導地位、具有侵略性、野蠻粗魯、自大、言辭尖銳愛好批評、縱慾、受到克制、注意有關血壓、心血管、氣喘或其他心臟問題、與家人發生衝突、矛盾、關係不穩定、不斷產生變化、控制不了自己、強行開始事情會失敗收場。

No.9 隱士

正位：

處女座、土元素、有經驗的人、家中長輩、老人家、犧牲精神、安靜、享受獨處、靈修、晚上、冬天、靈性的追尋、思考、因果關係、沉思、孤獨、單身的人、大眾利益、踏實謹慎、迴避、傳統、秘密從事研究分析工作、幕後工作、對神秘學和宗教、哲學有濃厚的興趣、追求簡單的生活、探索未知的世界、害羞、內斂、靜觀、慈善事業、教學工作、遠離世俗、一心一意、追求真理、不執著。

逆位：

享受個人生活、等待機會、不被了解的寂寞、錯失良機、孤獨、難以理解、過度嚴謹、被遺忘的知識、長期的壓力、不如意的工作環境、未能建立良好的人際關係、經歷滄桑、對未來感到失去希望、未能放下過去不如意的經驗、寂寞、遇到阻止、很大的挫敗感、氣溫驟降、未能習慣獨處。

No.10 命運之輪

正位：

木星、水元素、火元素、推動力、轉變、因緣際會、旅行、人際關係、改變過去、新的組合、轉換心情、深刻的經驗、轉化、大工程、幸運、意料之外、資源充足、因果關係、匯集不同的力量、定下目標前進、懷孕、容易發胖、社交靈活、是時候吸收新的知識、提升社會地位的機會、新團體或集團形成的機會、曼陀羅、生活環境變遷或工作變遷、不穩定的關係、忙碌不停的生活、生命不斷流轉、命運是有起有落的、風水輪流轉、轉捩點。

逆位：

低潮期、時機轉壞、離開某個團體、過度擴張、錯過最佳時機、未能好好運用資源、停止運作、很多未知數、七嘴八舌的評論、不同的價值觀、失去方向、錯過了機會、對生活感到厭倦，需要短暫的獨處、減肥失敗、自然災害、地震或政局不穩、金融經濟危機、肌肉痠痛、消化不良、農作物失收、降雨量較少。

No.11 正義

正位：

天秤座、風元素、公平理性、主導人物、專業人士、整潔、執行規條、格式化、教學、自有一套標準、資料整理、需要作出決定、知情者、自信心高、專業知識、醫護、內涵、個人魅力、意見的依歸、某範疇的權威、法律、冷淡但有個人魅力、給予理性意見的人、分析能力、是時候考慮進修、地位有所提升、不近人情、小心捲入法律事件或合約糾紛、社會中的政治問題與抗爭、制裁、均衡發展。

逆位：

偏向、偏見、過於着重細節、吹毛求疵、影響事情進度、自以為是、不願聽取他人意見、傷害或被傷害、愛批評、欠缺情感交流、感情考驗、分歧、揭示秘密、揭破謊言、比較不近人情、冷漠、呆板、小心視力問題、前臂骨及腰骨等痛症、秘密進行的交易、關係破裂的危機。

No.12 吊人

正位：

海王星、土元素、水元素、火元素、風元素、宇宙的智慧、換個角度思考、宗教、天神、更高權力、奧丁、文字、魔法文字、生命樹、北歐神話、與別不同、新思維、尋求解決方法、超越物質、精神和心靈上的追求、夢想與天地連接、自我犧牲、不同的觀點、不在乎別人眼光、獨特、星期三、教職人員、文學、創作、編劇、出版、十字架、精神上的昇華、文化層次上的發展、最新資訊科技、並未真正完結、博愛主義、喜歡、服務他人、不會盲目追趕潮流、公眾利益、改變立場、自願犧牲。

逆位：

正處於瓶頸位置、欠缺行動力、自我放棄、令人難理解、欠缺自衛能力、對立、秘密調查的過程、不考慮他人立場、倔強固執、表面友好但內藏對立的心情、令人難以理解的言行和想法、僵化的想法與不良生活習慣、令人感到失去了生活空間和思想自由、陷入困境、奇怪的想法、另類。

No.13 死亡

正位：

天蠍座、水元素、宗教、轉變、轉化、轉換權力、改朝換代、重新開始、黑夜過後、旭日初升、靈性體驗、即將到來的新開始、臣服、主動出擊、新的觀點、無可避免、身體違和、負面氣氛、威嚇、恐懼、危險、即將改朝換代、嚴峻的考驗。

逆位：

處女座、金牛座、宗教、死亡、生病、恐懼、壞運氣、剝奪、暴力、負能量、難以改變、令人不安的事實、操控狂、濫用權力、不合時宜的即將過去、面對現實、不可避免的轉變、不能抗衡的強大力量、秘密組織、了結、轉變，新開始、並不如想像中可怕。

No.14 節制

正位：

人馬座、火元素、醞釀中的合作關係、科學實驗、溝通、嘗試、轉化、平衡、跨界別、行動快於思考、中間人、鍊金術、天使、使者、代表、資源充足、美好的戶外環境、因果關係、仲介、和平中立、一些非人為的事、天賦的能力、不和的人會因為別人的幫忙而和好、戀愛問題的時機、很好的談判能力、交涉人、在醫學的幫助下懷孕、施恩不望報、加深的認識。

逆位：

相處不融洽、放任、優柔寡斷、猶豫不決、欠缺溝通、欠缺立場、兩個對立的陣營、超現實主義、說話尖酸刻薄、刻意惹怒別人、責任感稍遜、虎頭蛇尾、小心腸胃問題、消化不良或肚瀉、曖昧的男女關係、情緒化、失去了節制。

No.15 惡魔

正位：

山羊座、土元素、火元素、因果關係、控制力、權力、霸權、地位、某個界別的成功例子、情感慾望、男女結合、誘惑、三角關係、魔鬼、聖經、激情、晚上、宗教、妒忌心、物質財產、把人際關係視為自己的財產、社會地位、野心、特權崇拜、疾病、小心與心臟和血壓有關的毛病、只要不再迷戀物質及名位的追求，就可以掙脫惡魔的枷鎖。

逆位：

沉迷、被束縛、墮落、解放、執迷、被控制、盜竊、犯罪、欺騙、誘惑、情慾關係、約束、不信任、錯的方向、負能量、貪婪、侵略性、一段與金錢或性愛有千絲萬縷關係的戀愛、互相猜忌、麻醉自己、過量的酒精、毒品、容易受到欺騙、奢侈、玩弄權力。

No.16 塔

正位：

火星、土元素、水元素、火元素、突發性的轉變、晚上、改變制度、突破瓶頸、爆發點、衝動、權力與慾望、野心、基礎不穩、天氣不佳、意料之外、生氣、暴怒、揭破謊言、速度極快、善變、放肆、獨裁專制帶來的失敗、過度累積、自我毀滅、野蠻暴力、極端主義、顛覆、突如其來的橫禍、自然災害、大自然的因果法則、懲罰、狂傲、不同的語言、不同的表達方式、緊張狀態。

逆位：

火元素、暴風雨前後的寧靜、過度發展帶來的失敗、受傷、疾病、打擊、壓力崩潰、過度自信、不能挽回、開始、打破權威

與傳統得到解放、收拾殘局重新開始、過度迷信、過度高估、火災、電器損壞、虎頭蛇尾、注意股市、與經濟或地產金融有關的破壞。

No.17 星星

正位：

水瓶座、水元素、風元素、星象、美麗、希望、明星、夢、種植、服務精神、與宇宙連結、靈性上的追求、年輕女性、曖昧、宗教、因果關係、純潔、夢想、關愛、教育、慈善事業、愛美、母親、女性、女性器官、與懷孕有關的事情、多才多藝、天馬行空、最近的工作運氣都比較好、真實的面目。

逆位：

期望過高、事與願違、容易受人影響自己的想法、感情發展得太快、容易受傷、不切實際、太過前衛、欠缺規劃、不明朗因素、進度緩慢、改變方向、疏懶、浮誇、引人注意、享受別人注視的眼光、還有很多變數別開心得太早。

No.18 月亮

正位：

月亮、雙魚座、巨蟹座、水元素、黑夜、月亮週期、女性、潛意識、夢、對下一代的管教、原始慾望、幻覺、因果關係、命運、宿命、母性、女性、未有實際傷害、不合群、孤獨、情緒上的考驗、被迫費心解決他人失誤所造成的問題、情緒飄忽、疏忽健康、脫離現實、白日夢、心神不寧。

逆位：

水腫、發胖或修身失敗、女性的疾病、失眠、抑鬱的心情、誤

解、功能錯配、孤獨、壓力、流言、受壓、要注意精神健康、因為明明看到局面即將失去秩序，卻未能出手干預感到懊惱、因為休假太久帶來的莫名其妙的憂慮感、在關係中太敏感、反應過度，失去安全感，又不懂表達自己的感受。

No.19 太陽

正位：

太陽、火元素、生命力、有關育兒、快樂、勝利、炎熱、夏天、過早擁有權力、良好的合作拍檔，能互補不足、保護性、太陽花、簡單、純正、和平、運氣、因果關係、美好的戶外環境、強大的支持力、氣場強大，勇於表達自己的感受、因為良好的人際關係，可以成就幹一番事業、旅行或出差、純真的心，能夠療癒他人、在沒有框架的情況下能夠發揮更好、某興趣範圍天分很高。

逆位：

處理事情隨心所好，沒有分寸忽略別人的感受、幼稚、輕率、高估自己的能力、別人一眼看穿、做事不專注容易分心、無辜受到牽連、短暫的榮耀、實力不足、心直口快、頑皮、玩弄他人、因忙碌的生活不夠休息，應該要好好關注自己的健康、小心因為不專心，最後導致考試失誤、受朋友的拖累、電器失靈、交通工具受阻。

No.20 審判

正位：

冥王星、水元素、因果關係、舊事重來、最後機會、舊朋友聚會、志同道合的聚集、團體、有關宗教、聖經故事、靈性的昇

華、傳說、群眾力量、成績表、集體行動、無可避免的現象、需應付專業考試或接受評估、放不下過去的包袱、法律、醫護、演講、教學、需要清理一下家中囤積的雜物、面對並解決因為從前的過失所造成的問題、將要面對很多的評論。

逆位：

被迫要面對一個和很多人有關的大轉變、執著過去、無辜被批評、死亡和復活、說三道四的人、不好的消息、演出不順利、企業參觀、技術交流、付出很多卻得不到預期中的收穫、曖昧混亂的情感瓜葛、童年的遭遇造成心靈創傷、被遺忘了、放下。

No.21 世界

正位：

土星、土元素、成熟的架構和營運模式、成功、成熟的女性、可產生效益的、人事聚合、結果、旅行或靈性之旅、轉變後的、昇華、循環、穩定、清楚、表演藝術、美麗的女性、具有吸引力、號召力、慶祝、享受、女權、能供養自己獨立生活的成熟女性、吸收新的知識、經歷改變了人生觀和價值觀，生命中進入另一個層次、在長期努力下，終於得到認可的專業資格、復興、成功、個人成功。

逆位：

過度限制、內心孤獨、複雜的人際關係，太多社交聚會，欠缺真實情感交流、令人感覺窒息、能供養自己獨立生活的成熟女性、要特別小心懷孕期間的意外、女強男弱、關係中女方付出較多、重整生活秩序、陶醉在自己的成就之中、忽略了其他人的感受、達不到預期目標。

宮廷牌正、逆位牌義的聯想

小阿克羅牌組每個組合都有四張宮廷牌，當中角色人物分別是：國王（King）、女皇（Queen）、騎士（Knight）和侍從（Page）。（在某一些塔羅裏面，騎士會變成了皇子和侍從會變成了公主。）

宮廷人物基本寓意

* 國王（King）：成熟威嚴、有管理能力的男性、在某特定的範疇內有權力。
* 女皇（Queen）：成熟的女性、氣質高貴、態度安定。
* 騎士（Knight）：年青，積極而有行動力的人，發展得到了初步成功的人。
* 侍從（Page）：年少的、被支配的人，一個助手。侍從亦有傳遞信息的意思。

閱讀宮廷牌時，除了要注意宮廷人物的寓意，亦不能忽略牌面本來的組別分類和星象元素。所以，當遇上了寶劍女皇，最佳方法當然是把女皇和寶劍的特質結合判斷。

當事人（寶劍女皇）會是一個性格成熟、高貴（女皇的特質）而有自我主張（寶劍的特質）的女性，喜歡以理性的方式溝通或表達自己的意見。

女皇不一定是女性，亦有可能是任何具有陰性特質的人。

如果出現了五角星女皇的話，當事人會是一個金錢觀念成熟（五角星的特質）而經濟穩定（女皇的特質）的女性，或具有陰性特質的人。

五角星組：

- 五角星國王（King of Pentacles）：山羊座、小心謹慎、商業味濃、成熟男性。
- 五角星女皇（Queen of Pentacles）：處女座、有耐性、實際、家庭型的、成熟女性。
- 五角星騎士（Knight of Pentacles）：金牛座、穩重的、勤力的、年青的男性。
- 五角星侍從（Page of Pentacles）：土之土、不介意吃苦頭、年青的、面臨轉變。

聖杯組：

- 聖杯國王（King of Cups）：巨蟹座、不願作出決定、情感豐富的成熟男性。
- 聖杯女皇（Queen of Cups）：雙魚座、容易陷入幻想、安靜、沉思、成熟的女性。
- 聖杯騎士（Knight of Cups）：天蠍座、詭計多端、秘密、熱情、年青。
- 聖杯侍從（Page of Cups）：水之土、思想與年紀不符、情感豐富的、愛幻想的、年青的。

寶劍組：

- 寶劍國王（King of Swords）：天秤座、表達方式清晰明確、專業、法治性、成熟男性。
- 寶劍女皇（Queen of Swords）：雙子座、同樣重視實用與美感、藝術、優美、報復心、成熟的女性。
- 寶劍騎士（Knight of Swords）：水瓶座、好勝心強、佔有慾強、有分析力、年青的男性。

- 寶劍侍從（Page of Swords）：風之土、欠缺計劃、容易受到別人影響、年青的。

權杖組：

- 權杖國王（King of Wands）：白羊座、情感顯露、比較年長、積極的男性。
- 權杖女皇（Queen of Wands）：人馬座、好奇心強、熱情、熱衷的女性。
- 權杖騎士（Knight of Wands）：獅子座、組織力薄弱、不願面對失敗、熱情、隨心所欲、年青的。
- 權杖侍從（Page of Wands）：火之土、自信心不足、不善於作事前準備、熱情、隨心所欲、年青的。

土（地）元素組：遊戲紙牌的「方塊」—— 金融管理、會計、地產、酒店、囤積、數字

五角星國王

正位：

不同種族的、是眾人眼中的的核心人物、團體的權力核心、豐盛的莊園、金牛座、處女座、美好外在環境、皇帝、主導、管理層、具有權力的人、對品質有所要求、有財勢的人、極為自我保護、專業人士、沉默、表面顯得不甚參與、內心卻極為緊張、地位身份應該受到眾人的歡迎、但卻常予人距離感、享受獨處卻又想受注目、勤力負責任得來善果、享受收成但工作沒有停下來、安定的工作、物質需求、崇尚享樂、穩定、專注、保衛意識、日間，正午至黃昏、實際、成熟男性、父輩、有隔膜的戀人、操控力、歐洲西北部、長輩、父親、長兄。

逆位：

冥頑不靈、過度自我保護，有時顯得拒人於千里、計較物質上的得失、重視級別、觀念、階級觀、種族歧視、排斥不屬於組織內的人、不容易同情他人、報復心強、記仇、因有機會發揮非主流所認同的才華達致成功。

五角星女皇

正位：

處女座、山羊座、白羊座、美麗的莊園、戶外環境、復活節、豐收、女皇、女性的控制力、兔子、小動物、拯救、小孩子、沉迷思考、孤獨感、歐洲北部、中年女性、生活豐盛、熱情洋溢的氣氛、慶祝活動、專業人士、管理層、享受收成、投資的意向、記掛舊有的人和事、重新投入生活的想法、美麗、華貴、在群體中享有尊貴的地位、奢華而不切實際、暫停、安定的工作、長輩、母親、長女、跨界別。

逆位：

因為不小心開罪權貴而受到懲罰、小朋友能助渡過難關、雀鳥、兔子、春天、復活節、在意別人的想法、從人群中疏離、欠愛心、女強男弱、精神空虛、佔有慾強、易吃醋、報復心強、與配偶關係不穩定、喜歡參加派對或朋友的慶典聚會、好花費、操控。

五角星騎士

正位：

處女座、和平的氣氛、安靜的環境、戶外、稍有成就、知識與經驗、代表、中間人、對抗的心情、物質、安全感、青年人、追求者、勤力、自我保護、有責任感、投資意向、目標並未達

成、仍須努力工作、既具服從性又很嚮往自由、追求、物質、地位與財富、目標、沉穩、有耐性、拍檔、朋友、支持者、鬥爭、認真、上進心、內斂、皇子、長男、二男、好拍檔、旅行。

逆位：

貪念、衝動、能量很大，不過都消耗在追逐物質或權力上、一個有目的的追求者、有了小成功之後，對投資項目產生興趣、因為嚴守紀律而變得呆板、因為考慮太多以致發展緩慢、不容易信任別人、害怕流露真正的感情、對母性依戀。

五角星侍從

正位：

年青人、抑壓了的熱情、金牛座、處女座、山羊座、美麗的環境、戶外、可發揮機會、良好的信用、迷惘的心情、勤力有耐性、踏實、對物質不滿足、投資的想法、意外之財、額外的支出、暗戀、不積極的追求者、欠缺信心、期待的心情、兒子、尋求意見、迷戀、突破瓶頸。

逆位：

已經到了適當的年紀、處事仍然不夠獨立果斷、投機、未能腳踏實地、要小心有關飲食所引起的不適、秘密、考慮欠缺週詳、容易受到欺騙、有同情心、優柔寡斷、害怕、孤獨、對親密關係有控制慾、欠耐性、瞞騙。

水元素組：遊戲紙牌的「紅心」——
感覺、感情、幻想、創造力、潛意識、記憶

聖杯國王

正位：

感情豐富、某個領域的領導人、溫柔有禮、慈父型、社會地位優良、成熟的男性、藝術、文化、宗教家、學者、權力與感情並重、英國、歐洲、游水、不穩定、基礎不穩、寵愛、處事感性先於理性、愛好和平、肥胖、愛好飲食、欣賞美麗的事物、水腫、黃昏、星期三、郊外、水上活動、情有獨鍾、緬懷舊事、曾經合作的上級，可能幫你渡過難關、海產。

逆位：

欠缺領導能力，受下屬拖累、失去理智、處理小事時過於寬鬆、處理重要事情時拖泥帶水、意氣之爭、縱情享樂、不思進取、一段忘年戀、戀愛中有人抵受不了感情的誘惑、感情的誘惑、不明朗的性關係、小心因為過度飲食所引起的健康問題、下半身水腫、長期病患、記憶力衰退、濕疹問題。

聖杯女皇

正位：

美好的收藏品、過去一段未能開始但被美化了的感情、母愛、血統、期待懷孕的心情、寵愛、依靠現代醫學科技懷孕、藝術品、美麗、因為過度重視外表美化，令物件失去了本來的實際功能、愛幻想的人、重視藝術和文化發展、專注戀愛、暗戀、愛幻想、享受感情生活、偏愛、令人陶醉的氣氛、成熟的女性、溫柔體貼、安定美好的生活環境、愛美、節食、海邊、與海洋

有關的事情、寶石、感動、女明星、愉快的氣氛、對感情投入、好妻子、好媽媽。

逆位：

明知發展可能性低仍然放縱自己的感情、自我陶醉、誤解、誤會、冷戰、因為過早投入感情而受到傷害、依賴、依戀、迷戀、懷孕失敗、飲醉酒、失控、肥胖、水腫、海邊、掛念許久沒見的人、因為未遇上能量接近的人而感覺孤單、氣氛沉悶、想哭泣的感覺、喜歡飲食、偶像崇拜、浪費、購物狂、不懂保護自己的女性、被生活折騰得十分疲倦的女性。

聖杯騎士

正位：

一個感情發展的機會、憑直覺愛上的人、浪漫的氣氛、一個追求者、為夢想全力以赴、年輕人、男士、對感情的追求、暗戀者、想再進一步但欠缺信心、工作積極有行動力、對朋友關懷有禮、終於戰勝考驗，心情稍為放鬆、出外旅遊、進修、小幸運、小成功、課外活動、興趣班、三項鐵人、品味、朋友聚會、討好的外表、演藝工作者、幻想力豐富、設計師、進度緩慢、觀察。

逆位：

以感情作為工具、愛情上追追逐逐、熱情減退、秘密戀情、第三者、辦公室戀愛、說謊、感情上的錯誤選擇、虛偽的人際關係、處理不當，影響了工作表現、收拾殘局、錯過紀念日、誤解、條件不相配的追求者、事情發展進度受到阻延、出外旅行注意交通延誤、小心眼、記仇、演出未能得到預期的反應、小心處理有關懷孕的事。

聖杯侍從

正位：

年青可愛、天真無邪、愛幻想、浪漫而靜態的活動、知己好友、兄弟姊妹、舊同事、純真的戀愛、沒有權力的人、感情中被支配的一方、基層員工、傳遞訊息、欣賞與愛慕、暗戀者、輕鬆快樂的心情、與夢想有關的計劃、聯繫、校園生活、美好的飲食活動、欣賞表演、與人聊天、愉快的交流、心智活動、天馬行空、創作、音樂、海邊活動、烹飪、日光浴、潮流、博愛、關心社會或群體。

逆位：

表裏不一、期望過高、幻想與現實不符、高估了自己的能力、愛情幻象、熱情減退、只看見愛情美好的一面、忽略了潛在的危險性、沉迷玩樂、失去了理性判斷能力、狡猾多變、不穩定、言多必失、蒐集資料、小心有關氣管、肺部或呼吸系統的毛病、附庸風雅、過度享樂、懶散、只顧在人際關係中穿梭，實際工作表現欠佳。

風（空氣）元素組：遊戲紙牌的「黑桃」——
意識、理性、殺傷力、紛爭、分配、判斷

寶劍國王

正位：

晴天、權力、管理階層、與法律有關的事情、成熟男性、在某個範疇有成就、具有判決事情的權力、專業、冷靜、成功人士、尚未產生熱情、律師、會計師、調查、統計、法律訴訟、正統、

專業認證、犯罪、警方、證據、教育、不受感情干擾、極為理智、深沉、隱藏自己。

逆位：

自我保護、孤獨、冷酷無情的人、處事過分理論化、不切實際、自視過高、囂張、調解、仲介、城府很深、政治醜聞、拖延、暗藏危機、分手、批判、説三道四、搬弄是非、暗裏交易、設計陷害、出賣、官僚制度、考試失敗、合約糾紛。

寶劍女皇

正位：

成熟的女性、在某範圍有成就的女性、時代感重、獨立自主、有個人智慧的女人、對事物有着獨特的理解力、喜歡跟有深度的人交往、表面看來理性而冷酷，但有心地善良的一面、健談、喜歡社交、與伴侶相處時比較着重思考與溝通、醫療、行事作風配合身份地位。

逆位：

聰明而帶點危險性的女人、極端的價值觀、一個性格孤獨，自我中心的人、難以捉摸、需要放鬆與充電、注意有關骨骼痛症問題、有企圖心的女性、小心辦公室秘密戀情、對人造成壓力、瞧不起他人、非常注重外表、性格自相矛盾、能夠供養自己獨立生活的女性、未婚媽媽、人工受孕、女權。

寶劍騎士

正位：

積極的年青人、為成功而付出努力、年輕有為、理性的腦筋、幹勁而充滿活力、透過征服某一些事物來印證自己能力、爽快

的決定、處理紛爭、年輕男性、性格急進、與專業有關、環球、醫療、執行、公幹、執法人員、騎警、喜歡優秀的女性、非常自信、喜歡發號司令、政治公關、欣賞、希望伴侶是個成熟獨立的人。

逆位：

感情上的決定、浮誇不實的追求者、感情上的危機、人際關係出現衝突或矛盾、廣告行銷手腕、說服別人、重視聲譽、企圖心、欺詐瞞騙、鑽研法律漏洞、考慮轉變、迷戀權力、拜金主義、注意健康、希望靠人脈成就大事業、小心捲入合約或法律問題。

寶劍侍從

正位：

欠缺安全感、從小錯誤中吸取教訓改善性格缺點、想扭轉現況但又下不定決心、雜務、通風報訊、年輕、成就比較小、因為一些消息陷入迷惘、希望釐清自己現實的處境、愛好和平、年輕有為、局面中有很多謠言、給人乖巧聽話的感覺、愛情上希望找到志趣相投的對象。

逆位：

優柔寡斷、常胡亂作出決定、幼稚、自我中心、輕率幼稚的言行經常引起紛爭、受人影響、引起誤會、感覺人生充滿挫折，想改變現狀、容易與人交心、不懂表達自己感受、怯場、自尋煩惱、焦慮、自信心不足、小心負面情緒影響身體健康。

火元素組：遊戲紙牌的「梅花」—
靈感、直覺、瞬間、動力、視覺、熱情、權力

權杖國王
正位：

生命力、勞動力、成熟的男性、做事有衝勁、資源不豐富、有威嚴、地位高、男權主義、獨立、意志堅定、豪邁、熱情的男女、愛慾、心臟、重視權力、自我中心、一個大任務、準備、父親、上級、導演、藝術家、運動型、具有膽識、偶像、處事熱情幹勁、驕傲自信、積極進取，能夠鼓舞人心、競爭對手、廚師、舊制度、郊外、鄉下、領導人物、勢力壯大、娛樂活動、賭博運動。

逆位：

荒地、說話、討論、談判、重視情慾、自我中心、帶有暴力傾向、非常衝動、物資缺乏、艱難的任務、危險、非常炎熱、小心有關心臟、血液的健康問題、睡眠質素欠佳、妒忌、猜疑、如果伴隨其他帶有負面能量的大阿克羅則可造成毀滅式的報復心情、緊張、壓力大、排除異己、霸權、風險、賭博、投機。

權杖女皇
正位：

藝術家、女性、獨特的氣質、女性掌權者、女上司、在職母親、因為母儀天下的氣度令人心生拜服、應小心局面中有不懷好意的偽支持者、充滿活力、開朗的性格、音響、不同種族、不同範疇、成功、熱情、着重生活情趣、辦事能力高、投資或投機、才藝創作、身兼多職、喜歡參加派對活動、比較關注社會聲望、中長線旅行、高等教育、性慾、靈媒、資深藝術家、準備大展拳腳。

逆位：

霸道、喜歡聽奉承的說話、人事關係複雜、工作環境中充滿壓力、溝通不良的女上司、靈媒、資深藝術家、應關注孩子成長發展、小心有關運動引起的痛症、記仇、過度玩樂、浪費、迷信、不尋常的性喜好、強烈的支配慾、現實環境局限、與家人相處不和諧、適合晚婚、嚴厲、安全。

權杖騎士

正位：

追求者、性慾強烈、愛好旅遊、外勤工作或出差、勇敢、年輕、外向、行動力高、運動家、戶外活動、鄉下地方、電單車、高速、接近大自然、面對現實、講求物質、充滿生命力、快速、義務工作者、機會主義者、愛護家庭、對上司支持、中間管理層職務、表現受到肯定、奉獻精神、積極主動、良好的社交能力、具有冒險精神。

逆位：

說話魯莽，容易開罪別人、目前的環境困難、一段建立在情慾上的關係、有勇無謀的人、過度自我保護、虛偽、喜歡用謀略達到目的、容易與人發生衝突、好批評，用詞尖銳，令人難受、性生活放縱、揮霍、自我迷戀、不知節制、考驗、年輕男性、炫耀、偏激、刺激的活動、隱藏危險。

權杖侍從

正位：

雖然經驗尚淺，不過作風踏實，值得信賴、年輕人、對任務盡力而為、暗戀、害羞、抑壓自己的慾望、對朋友關心、準備離開家人的約束，嘗試獨立成長、未成熟、興趣多多，多才多藝，

但未有專長、浪漫主義、對神秘事物感到興趣、喜歡收藏、富幻想力、有創新改造的精神，應多吸收專門知識，發揮所長、欠耐性。

逆位：

缺乏安全感，不容易相信他人、好色、輕佻浮躁、不切實際、容易與人發生衝突、因為過度自信，言談之間顯出不自覺的傲慢、短期旅行時，小心有關交通延誤、小心新任務之中潛藏危機、錯誤的投資、膚淺、孩子氣、欠缺耐性、無法忍受單調的工作，但又欠缺勇氣挑戰新環境、對權力的渴求、沉迷權力而忽略物質上的回報。

小阿克羅牌義聯想

五角星組:

五角星 Ace

正位:

美好的環境、具有實力的合作關係或夥伴、一次投資機會、一份禮物或獎金、一份可靠的友誼、穩定的關係、戶外、石、水晶、來自大地的資源、為大眾利益、付出、懷孕的機會、短期旅行、因果、天意、平易近人、商業合作、發現秘密、比別人幸運的先天條件、土地、地球、重要任務。

逆位:

與社會脫節、成功背後不為人知的付出、努力、物質上的引誘、因為不適當的運動所引起的創傷、無法作出決定、坐不定、掌握了一些不為人知的事情、運用過去的經驗解決困難、不適合短期投資的項目、鴕鳥心態、陳舊、灰塵。

五角星 no.2

正位:

木星、比較、正考慮是否繼續發展、有關投資的考慮、業務方向不明確、曖昧關係、意志薄弱、模糊不清、吝嗇、有關在住所或熟悉的環境所發生的變動、需注意輸卵管、子宮、肺、腎臟等內臟的毛病、財務調動、循環、跳舞。

逆位:

賭博、投機、搬弄是非、佔有慾強、焦慮、心情緊張、財政受到壓力、流言四起形成壓力、工作環境、有人事變動、因為用

力不當引起的扭傷或肌肉痛、應注意說話的表達方式、未找到妥協的方法、收穫不大、不應太貪心。

五角星 no.3

正位：

火星、需要透過努力工作才能得到認同、團體或業務的發展、一些與建築、美術、設計有關的事、未能達到共識、成長、工匠或藝術家、注意有關投資回報的事、珍貴的經驗、榮耀、紀念活動、裝修、教學與指導、團體合作、無止境的追求、希望能造福人群、建立新的體制、能給人安全感、基礎建設。

逆位：

事情變得失去控制、兩者雖然有共同目標但價值觀卻不一樣、投資失利、挑剔、埋怨、挫敗感、應注意好好尊重別人、失敗的制度、不恰當的教學方式、技術上的問題、隱瞞、在意別人的看法、失去自我。

五角星 no.4

正位：

安定的環境、傳統、傳承、吝嗇、自私、保護自己、非常重視物質、通過擁有更多物質而達到安全感、一些金錢計劃、分段儲蓄、累積、貪心、避免風險、不願意改變、自我封閉、與土地或建築有關的事、遇上障礙或阻滯、沒有領導才能、守護、保衛、繼承遺產、商業財務會計、地產。

逆位：

留意有人中飽私囊、盲目跟從他人投資的心態、與收購、合併、霸佔等有關的事、經濟狀況不佳、人際關係欠佳、不忠誠、下

屬運不佳、吞併、飲食過量、混亂、沉淪、惹人討厭、心胸狹窄、尖酸刻薄、商業訴訟、報復心態、性幻想。

五角星 no.5

正位：

體諒、幫忙、追隨、支持、冬天、不良的天氣、環境欠佳、並未獲得體諒、意外受傷、互相扶持、錯誤的投資、進度受阻、營商環境欠佳、大市氣氛惡劣、航班延誤、悲傷、瀰漫負面情緒、尋求解脫、希望幻滅、悲觀、放逐、無法在短期內完成目標、關係由親密轉為不穩定。

逆位：

無法振作，近乎絕望的心情、失去秩序、混亂、困境、不小心導致身體受損、經濟陷入困局、金錢或物質上的損失、雖然難得遇上了可重新來過的機會，亦應考慮自身能力是否應付得來、目前的局面應尋求合作，但不應依賴他人、焦慮、逃避責任。

五角星 no.6

正位：

天秤座、風元素、土元素、驚喜、上天送來的祝福、來自別人的幫助、因果、分享、施與、富有與貧窮、平均分配力量、管理、合作的關係、投資獲利、願意幫助別人解決問題、具有控制局面的能力、生意頭腦、感情、遇上考驗、分工合作、小心局面中有人因為妒忌對你不利。

逆位：

妒忌心、需求、階級觀念、出賣、墮入圈套、自尋煩惱、洞悉問題的根源、計劃受阻、三角戀、表面照顧他人其實另有動機、藉着幫助別人來證明自己的存在價值、舊友重聚、不公開的商業聯盟、小心有關腸道問題。

五角星 no.7

正位：

金牛座、有關種植和農業發展、忠誠、因勤力工作而得到的收穫、投資或創業需親力親為、購物或置業、分析和觀察、工作效率、聽得到讚賞或獎勵、進取心、自僱工作、可以考慮一些小投資、正考慮暫停或繼續、事情的發展進度受阻、希望增加收入或回報。

逆位：

比較悲觀、自我壓抑、呆板、想打破舊有的局限、浪費、小心有關胃部的問題、容易退縮、關係中忍耐的心情、付出與收穫不成正比、思考、分析、暫停、不滿、拘謹、多疑、希望抹掉不快樂的過去。

五角星 no.8

正位：

勤力、有強烈的賺錢動機、收穫、處女座、工匠、工廠製造業、品質管理、統一、專注工作效率、因為付出努力而得到收入、有小獎金、是時候進修增值自己、追求者、耐力驚人、保險、認真、冷靜。

逆位：

控制一下日常的開支、沉悶、乏味、專注力、暗戀者、照顧家庭的經濟壓力、財務管理欠佳、不適合投機、執行秘密任務、秘密練兵、為了得到更好的物質，努力發展、副業、缺乏幽默感、努力準備中。

五角星 no.9

正位：

處女座、土元素、慶祝豐收、社交活躍、重視社交技巧的細節、復活節、兔子、雀鳥、浮華、奢侈、享樂主義、金錢運佳、有投資運、美麗、具有魅力、害怕孤獨、重視美感、透過增加物質而獲得安全感、有囤積物質的影響、聰明、花言巧語、雖具同情心但欠氣量、成熟女性、享受一個人的時候自由放鬆的心情。

逆位：

自我防衛心重卻又怕孤獨、記仇、容易付出感情、不善於帶孩子或處理家務、熱情、具有侵略性、容易因為人際關係不順利顯得意志消沉、個人主義。

五角星 no.10

正位：

自由豐盛、幸福美滿的生活、應該要多些關注身邊的長者和幼童、動物、與關係親密的人分享時光、處女座、金牛座、傳統女性、家庭責任、保護至愛的人、因果關係。

逆位：

疏忽照顧老者、小朋友、現實生活中的負擔、不應讓孩子過度重視物質、因為一時興奮而花費過度，現在要再重新計劃財政。

聖杯組

聖杯 Ace

正位：

支持力、回復平靜、和平、好消息、愛心、小鳥、純真、自然流露、快樂、幸福、重要的人到來、比預期中更好的結果、美麗、海邊活動、讚賞、宗教、活動、靈感、與音樂有關的事。

逆位：

太多的感情反而對人造成了壓力、洪水、失望、不小心處理、感情降溫、小心有關懷孕的事、專注力不足、下雨。

聖杯 no.2

正位：

靈感、來自不同背景的人有良好的交流、交換消息、分享、約會、互動感情、組合、開始、初步了解、合作、飲食活動、懷孕。

逆位：

性交、秘密戀情、懷孕失敗、失去聯絡、回憶、容易對情緒化的人產生情感、逆轉、暫停、交換秘密。

聖杯 no.3

正位：

慶祝、豐收、分享、快樂、朋友聚會、飲食活動、成績進步、自我保留、合作關係、過度熱情、遊戲、重視健康、親密的友誼、彼此滿足、投其所好、興之所至。

逆位：

中飽私囊、過度玩樂、浪費、失去信任、小心人際關係出現問題、應注意飲食均衡、小心發胖、尋求解決方法、失去性趣、認識朋友的機會、年輕女性。

聖杯 no.4

正位：

暫停、休息、欣賞、各方面都具有吸引力、尋求轉變、選擇的機會、考慮、引誘、未有預計突然而來的好事、受歡迎、性感、美麗、魅力、年輕男性、工作受到賞識。

逆位：

不想應付的人際關係、新工作安排、生活上的新方向、想法很多不知應該專心於哪一個方向。

聖杯 no.5

正位：

失望、令人後悔、損失了重要的物件、無能為力、遇上困難、得不到幫助、誤解、需要獨處、懷念、無法面對、分離、希望得到他人的尊重和公平對待。

逆位：

走入極端、重新振作、從失敗中站起來、無法克服恐懼、束手就擒、迷失、困惑、欠缺活力、需要休息。

聖杯 no.6

正位：
小孩子、初戀、純真、舊朋友、懷緬過去的事情、興趣交流、快樂的童年、安心、平靜的環境、純粹的感情、慶祝、約會、分享、安全感、結交新朋友、樂於助人。

逆位：
孩子氣、沉溺過去、落後、能力被高估了、渴望安定、欠缺安全感、失控、無法控制的感情、沉醉玩樂之中、不成熟的表現。

聖杯 no.7

正位：
迷失、抉擇的時候、想法不實際、敏感、精神力量、幻想、不真實的表面、不安、應面對自己真實的想法、克服恐懼。

逆位：
沉迷、迷信、失眠、不肯面對現實、負面能量、胡思亂想、過度替別人操心，忽略自己的事。

聖杯 no.8

正位：
應注意月亮週期影響事情發展、對某些事情失去興趣、逃避、對孤獨的渴求、不平衡的情感交流、需要休息、逃避壓力。

逆位：
熱情冷卻、受到傷害、逃避現實、失去聯絡、想離開某個環境、麻煩複雜的人際關係、逃避責任。

聖杯 no.9

正位：

愉快的面談、早有準備、人際關係上的支持力、炫耀、展示、安定美好的生活、公眾人物、榮登寶座、說服他人、辯論人才。

逆位：

等待時機、缺乏衝勁、與機會擦身而過、準備不足、拖延、過於樂觀、環境安定、懶惰、失控。

聖杯 no.10

正位：

甜蜜的關係、快樂的時光、幸福、集體回憶、受到祝福、回歸家庭生活、美好的環境、與孩子有關的事、放假、好消息、造福人群、慶祝。

逆位：

璀璨過後的平淡、失去競爭力、放假後未能收拾心情、用家庭生活作藉口，逃避工作上的責任。

寶劍組

寶劍 Ace

正位：

環境因素幫助推動事情、一個重要的開始、需把握決定權、重要的發表、與法律或政治有關的活動、注意有關合約的事情、談判、平衡、需要安靜反思、免除感性。

逆位：

糾紛、對抗、令人反感的言論、損人利己的決定、受傷、危險、意外、騙局、出賣、更改設定、變化、批評、需要安靜反思。

寶劍 no.2

正位：

黑夜、令人失望的消息、拖泥帶水、無法作出決定、迷失、痛苦不安、欠缺發展性、拖延、真正失去信心、看不到真相。

逆位：

產生挫折感、要面對自己真實的感受、顧慮太多、害怕變化、孤獨感。

寶劍 no.3

正位：

出賣、欺騙、紛爭、哀傷、受傷、心臟病、下雨、三角關係、矛盾、揭發真相、表面和諧、後悔。

逆位：

失戀、傷心、難以彌補、法律訴訟、損失、合約糾紛、要注意有關交通所引起的意外、損失、拖泥帶水的感情造成傷害。

寶劍 no.4

正位：

宗教活動、休息、自我保護、生病、離開戰爭、靈修、四面楚歌、暫停、無法改變現狀、無奈、與死亡有關的概念。

逆位：

潛伏、危機、逃避、等待時機、沒有還擊的能力、收藏、秘密武器。

寶劍 no.5

正位：

放棄、有人從中獲利、紛爭之後的結果、言語上的鬥爭、不和諧、自私自利、不理會別人感受。

逆位：

失去戰鬥力、對人失望、吵架、人際關係出現問題、放棄、離開、失敗、不忠誠、損失、欺騙。

寶劍 no.6

正位：

安全、保護、計劃、旅行、轉變、離開熟悉的環境、家庭責任感、小心翼翼、實事求是、邁向新的方向、建立安全感和秩序、幫助別人。

逆位：

沉重的責任、未能控制大局、缺乏生活情趣、生活上的不滿、應該要為未來作好準備。

寶劍 no.7

正位：

混水摸魚、瞞騙、偷竊、出賣、想從混亂的環境中乘亂得益、不誠實的關係、別有用心、利用人際關係。

逆位：

貪得無厭、偷情、需索無度、利己主義、不安定、不斷轉換環
境、冒險。

寶劍 no.8

正位：

遠水不能救近火、失去保護自己的能力、忍耐一些事情、危機
四伏、對前景失去信心、等待幫助、困局、處理法律或合約條
款的時候應加倍小心。

逆位：

一時不小心墮入圈套、忙碌的生活、身心靈失去平衡、困擾、
應注意從麻煩的人際關係中抽身而出。

寶劍 no.9

正位：

失眠、精神困擾、工作上的煩惱、影響私生活、對現實不滿、
與伴侶發生誤會、晚上發惡夢、小心腰背痛問題、精神困擾、
麻煩複雜。

逆位：

胡思亂想、放不下過去的一些人和事、長期失眠所引起的健康
失衡、工作壓力、困在負能量之中。

寶劍 no.10

正位：

受傷、沉重的壓力、令人感覺痛苦的現況、毫無還擊能力、晚
上、背痛、針灸、遭到陷害、生病、與死亡有關的概念、非常

傷心、折磨、悲觀、黑巫術。

逆位：

看到不利自己的真相，但暫時沒有還擊的能力、因為之前的決定帶來失敗的後果、極度煩擾以致失去理智、傷心、需要休息、應要放下過去，讓心靈得到解放。

權杖組

權杖 Ace
正位：

權力上升、獎賞、短線投資、機會、新開始、突如其來的支持力、比賽、運動、勞動力、性感、魅力、炎熱、醉酒後的快樂。

逆位：

權力下降、誤用權力、一夜情、運動扭傷、血壓高、與色情有關的事、消耗體力、誘惑、壞脾氣、情緒失控、被壓迫。

權杖 no.2
正位：

深謀遠慮、觀察力強、社會地位、權力上的支持、獲得回報、展望將來、遠距離戀愛、主控全局、領袖風範、高人一等、個性很強、獨立處事。

逆位：

為將來下決定、暫停、憂慮、覺察到局面中出現問題，遺憾未能參與解決、三心兩意、玩弄權力。

權杖 no.3

正位：

離開熟悉的環境、發掘新資源、權力上的支持、擁有豐富的經驗、不美滿的環境、不滿現實、展望將來、清拆行動、發展、掩飾自己真正的感受和想法。

逆位：

背棄、出賣、逃避過去、因為錯誤的決定而破財、白日夢、被迫面對、能力有限、誤入歧途、為時已晚。

權杖 no.4

正位：

表演藝術、來得很快的愛情、愉快的性關係、幸福的感覺、希望與人分享、辦公室戀情、容易相處、忽略事實、興趣班、旅遊、與教育有關的事情、與小孩子有關的事情。

逆位：

快樂過後的平淡、沉迷性慾、經不起考驗、熱情過後、不見得光的戀愛、錯失機會、失約、未能取悅對方。

權杖 no.5

正位：

競爭、勢力均等、意氣之爭、面對挑戰、不安的環境、工作壓力、人際關係出現麻煩、很多對手、生活多姿多采、發現許多新事物、停不了腳步。

逆位：

目前局面未有勝算，應保留實力，觀察後再度出發、捲入人事鬥爭、衝突、多管閒事、危機四伏。

權杖 no.6

正位：

凱旋回歸、偶像、明星、支持者、充滿個人魅力、追求者、充分發揮自己的能力、獲得滿足感、成功人生、意見得到接受、助人解決問題。

逆位：

因榮譽招致一些奉承的人、不真實的情感、建基於利益上的關係、多角戀、工作壓力、下屬運欠佳、被出賣。

權杖 no.7

正位：

與別不同、獨自面對挑戰、抗爭、聯合起來的力量、戀人相處夾雜很多問題、生活壓力、忙碌、欠缺休息、霸氣、不輕易受人影響、勇氣。

逆位：

被誤會、誤解、失去安全感、努力工作、犧牲個人自由、不平等、打破舊制度對抗、希望得到公平的待遇、內心矛盾。

權杖 no.8

正位：

不良的溝通，造成誤會、快速、小心有關脊椎問題、傳送與接收的錯誤、交通、一時間發生很多事情、感情上的考驗。

逆位：

比賽、壞脾氣、一面倒的批評、產生對抗、經濟壓力、付出與收穫不相符、身心靈失衡。

權杖 no.9

正位：
受傷、前線工作人員、保衛、防護、自信心不足、權力上的支持、高估了能力、等待機會、未明白伴侶的需要、臨危受命。

逆位：
不安、壓力、失敗的感覺、對他人的需求、反應遲鈍、容易受人影響、需要支援、潛藏危機的環境。

權杖 no.10

正位：
貪戀權力、工作壓力、影響與家人的溝通、忽略了親密的人的感受、過度壓抑、渴望成功、力有不繼、美好的環境、目光短淺、忽略整體環境因素。

逆位：
沮喪、壓力、失控、不願接受真相、需要放鬆的心情、凡事過度，帶來反效果、應打開心扉與人溝通、檢討的時刻。

第四部分

如何運用星象資料連結塔羅

　　運用星象資料連結塔羅，可見到塔羅的應效時間，這一直以來都是個熱門的問題。亦有説，塔羅牌根本不能看出事件的時間性，我不反對這種説法，因為，塔羅反映的只是當事人目前的思考與行動結果所產生的發展可能性。要是局中人一旦改變了想法和作風，故事的發展自然就會轉向，結局亦會改變，所以，應效時間就變得失去意義了。

　　話説回來，塔羅的確可以結合很多方法和資料去推演應效時間。不過，由於涉及的資料繁多，操作複雜，自然不容易廣泛流傳。所以，鍛煉解讀塔羅應效時間的技巧，最好先從單一牌或小型牌陣開始。

　　接下來，我會跟大家分享幾個比較容易掌握應效時間的方法。

1. 最簡易的時間應用捕效方法──
「星期天法則」

表 1：「星期天法則」

星期日	星期一	星期二	星期三	星期四	星期五	星期六
日	月	火星	水星	木星	金星	土星
火／風	水	火	水／風	風火	土／水	土／水

實例 1 ──
以「星期天法則」安排分配未來一星期的工作

　　某個星期五晚上的塔羅興趣班中，學生梁小姐，三十二歲，任職行政秘書，她想按照自己的能量狀況，安排分配未來一星期的工作。於是，以星期天法則牌陣觀察自己未來一星期的情況。

　　由於開牌的時候是星期五的晚上，班內眾人的假日心情特別澎湃。為了得到更準確的結果，我請大家安靜，然後以呼吸練習帶領梁小姐先靜下心情，默想一下牌陣對應的日子。從週日開始，星期一、二，直到到星期六。每抽一張牌，內心能量連結一天。選出塔羅牌，逐一面朝下放好。

梁小姐的牌陣結果如下：

星期日	星期一	星期二	星期三	星期四	星期五	星期六
聖杯 no.3	五角星 no.2	寶劍 no.7	No.16 塔	五角星 女皇	No.2 女祭司	No.6 戀人

星期日：

聖杯 no.3，小阿克羅，水元素。

可以聯想與快樂、熱鬧、日光、戶外活動、運動，或與飲食有關的活動。

按牌面顯示，當事人會有愉快慶祝的心情。

梁小姐隨即表示，週日會與家人到酒樓吃午飯。然後，又約了幾個女性朋友到郊外遠足。

星期一：

五角星 no.2，小阿克羅，土元素。

當事人在生活上會遇上有關財務調動或需要作出考慮的花費項目。小阿克羅，事態發展情況會受當事人個人情緒影響。考慮到週一是工作日，如果當事人工作與財務或會計有關、又或者與銷售有關，即可把事情連接到工作方面處理。

如當事人工作與上述沒有明確關係，則可提示當事人要小心因為心情影響所引致的過度花費；又或者因為一時冒失忘記繳交帳單所引起的罰款。

星期二：

寶劍 no.7，小阿克羅，風元素。

畫面描述有關戰事陣營中的情況。牌面可見到環境中有三個臨時帳幕、遠處有幾個人在生起煙火。畫面主角手捧着五把寶劍，目光同時盯在另外兩把寶劍上，臉上透露出貪婪未滿足的神情。由於這個牌陣是梁小姐未來一週的能量指標，所以，畫面主角就是梁小姐本人的能量映照。

通常，戰場畫面可直接關連到當事人的工作環境。可以提示梁小姐注意當日工作環境稍見混亂，本週中甚至會與人發生爭執。不過，她本人則可乘機在亂中得益。

星期三：

No.16 塔，大阿克羅，火元素。

畫面訊息提示當事人，局面充滿混亂的負能量，而且會有突如其來的打擊，例如人事上的紛爭、高層的壓力、政策上的變化、計劃會失敗等等。應提示當事人注意一下，是否有比較重要的活動在當日前後進行？如果有的話，最好能夠從頭到尾檢查一下，當中是否有未被發現的錯配，應及早作出重整。同時，亦需要作出一些危機應變的準備。

除此之外，亦需要注意與人溝通時的用詞，以免造成誤會，誤了大事。

如果可以更改時間表，最好把重要的事情改期進行。

題外話，曾經有人抽到 No.16 塔之後遇上因火警被困升降機事件。

星期四：

五角星女皇，小阿克羅，宮庭牌，土元素。

土元素，踏實感比較強的一天。女皇手捧五角星、石製寶座、能量會為當事人帶來自主性和安全感。美好豐盛的園林景色，意味事情會在安全範圍內，有較為穩定的發展。宮廷牌，紅玫瑰的熱情，提醒當事人當日行為容易受到外人所關注。

另外，圖中的兔子與歐洲豐收女神的神話連結，需提醒當事人注意與人共融，與人合作時，多花點時間去了解對方的想法，以及想法背後的動機。

星期五：

No.2 女祭司，大阿克羅，水元素。

女祭司的身份，意味當事人於當日需要面對一些兩難的局面，像是要出來主持公道的場面；又或者需要代表某一個單位，去釐清一些有關合約條款、規例或法則等事情。圖中女祭司手中的古卷，正提示當事人在這個情況下需要翻閱有關單位之前在正統程序下所定立的明文規定，不要因為個人情感又或者一些沿用的習慣，來作為判斷的基礎，更加不要相信口頭承諾。女祭司的表情，提示當事人需保持冷靜沉穩。

另外，雖然這一張牌代表星期五的能量，但由於畫面中亦有很多有關月亮的圖案，所以，亦需提醒當事人要注意月相可能會影響事情的進度和發展。

星期六：

No.6 戀人，大阿克羅，風元素。

可能是由於週末的關係，這一張牌的能量，明顯比起星期五女祭司來得輕鬆。如果當事人正期待愛情的降臨，這個週末將有機會遇上浪漫的邂逅。畫面中，戶外的環境提示當事人應多作室外活動，又或者離開熟悉的環境，進入新的能量場。太陽底下的天使，代表一個對當事人帶有助力的使者。

雖然，戀人牌的氣氛、訊息和能量都十分正面，但亦不能忽略這一張牌的風元素，無論週末的畫面多麼美好，但由於元素性質較為虛無，難以掌握，所以，無論當日發生任何事情，都應該以愉快的心情去應對。可是，有關將來的發展，則應該以保守和沉穩的心情去面對。

由於戀人牌與雙子座關連，當事人要是想對當日某些人事發展作出更多的推演，可以參考有關雙子座的星象資料或星座人物性格。

　　上文介紹的「星期天法則」應算是最容易、最淺白的時間推演牌陣，在本書的第六部分（見 289 頁），我將會和大家分享更多、更深層的牌陣。

　　現在，先介紹一下七十八張牌獨立存在時與時間的關係。

　　每次在課堂上分享這些資料，總會有學員笑着說：又要硬記資料了。其實，這些看似複雜的關係，建基於塔羅與星象的關連和元素特性，大家只要融會貫通，慢慢就能靈活運用，無須死記。

2. 塔羅大阿克羅的應效時間暗示

大阿克羅的能量分別由個人、環境和星象三方面組合而成，能量比較強，影響時間亦比較長。有時候一張牌可以同時應效於事情的幾個階段，解讀的時候，我們可以從各種途徑去捕捉應效時間。

天氣的變化

地區中忽然有異常天氣。例如香港的颱風通常都集中在夏季出現，要是風暴忽然間在春天提早到來，又或者到了秋冬仍然出現颱風的話，就是天氣反常。

即使在解讀牌陣時，已經按照畫面資料（例如星座）取得若干時間應效資訊；然而，當牌陣中大阿克羅畫面有所關連的天氣發生異變時，亦即是代表事件的整體能量已受人事和環境以外的更大能量因素影響而產生變化，下一步，自然就會出現與本來推演結果不相符的情況，但這是當事人與解讀者都無法控制和改變的能量。

星象的活動

在上一部分曾經提及，塔羅畫面以正位出現，通常代表事件中具有與畫面相連的正面能量。相反，如果塔羅逆位出現，則代表事件中具有與畫面相連的負向能量，然而亦有例外；有時候，除了塔羅本身的正、逆向會影響能量流向外，星象亦可以影響能量流向。例如，比較為人熟悉的日食、月食、星體逆行、流星雨等，亦會有機會導致能量變得負向。

關連星座

　　解牌時，最簡單直接的應效時間捕捉方法，當然是從關連星座入手，例如：祭司牌關連金牛座，正義牌關連天秤座；然而這個方法亦會受到其他因素如天氣、特別星象等影響。

個人成長發展

　　有時候，應效時間所指的，並不一定會具體指出某年某月某日。牌面的資訊可能要提醒當事人，回顧過去成長中的某個階段，或構想一下未來發展。例如，這個畫面有否令你聯想起某個階段的自己？或者眼前的畫面是否能夠提供靈感，讓你進行一個簡單的生活發展規劃。

適時行事

　　傳統的魔法師會按塔羅的時間提示，製作魔法。靈修者會參考塔羅的提示，在不同的成長階段進行回顧或思考。

　　有時候，我們可以按照畫面的時間提示，在適當的時候進行某些活動。例如，女士們可以因應月相來節食減肥，男士們可以按照火元素牌組的提示去鍛煉身體，商人可以按照土元素的提示進行商業活動。遵照畫面的時間提示，好好整頓自己的生活，換個新氣場。

No.0 愚者（The Fool）──
風（空氣）元素

- **元素特性、氣象與環境能量**：需要注意空氣質素的變化，例如：空氣污染、沙塵暴、颱風、天空中雲的狀態等。同時，需注意生活環境中有關水元素的狀態，例如：空氣中的濕度如何？所居住的城市有沒有下雨、下雪，甚至結冰。

- **元素特性與星象**：需特別留意有關水星、天王星、木星的活動。生活在城市的人，應多注意空氣質素的指標。居住環境需注意保持空氣流通。放假的時候，到戶外多呼吸新鮮空氣。

- **元素關連星座**：雙子座 5/21-6/21，天秤座 9/23-10/23，水瓶座 1/20-2/18。

- **元素特性與人性成長發展**：與嬰兒期、幼年、青春期有關。

- **元素狀態聯想詞彙**：必需、生命力、難以掌握、片刻、當下、變化無窮。

- **元素與季節**：春、冬。

- **畫面聯想**：白天、太陽在東方升起的時間。

個案分享

占問人 Roy 準備到加拿大魁北克省升學，出發前占問生活展向，十字牌中間牌得 No.0 愚者逆位。

Roy 一見到牌中手持權杖作為擔挑的愚者，就笑說跟現實中的自己很相像。原來 Roy 熱愛行山遠足，幾乎每個星期天都會上山去。

　　我告訴他，除了畫面的提示，每一張塔羅牌都有其支配元素。像 No.0 愚者，支配元素是風。這一張牌正要提示 Roy 在適應期應多加注意有關氣象資訊。

　　Roy 樂觀表示曾經在魁北克省小住兩週，覺得自己應該能夠適應下來。

　　大約一年後，Roy 再次來訪，這一次他表示正打算轉到美國升學。

　　我好奇一問，原來他因為未能適應當地的天氣而打算遷居。Roy 雖早知魁北克省天氣嚴寒（空氣的影響），卻未有想過自己長居潮濕冰冷的環境中會導致身體失衡，常發小病；而且因為各種生活原因，亦很少去行山了（愚者逆位）。

　　活潑好動的人常常困在室內，容易引致情緒低落；後期，Roy 更產生了輕微的抑鬱症狀，例如他會經常心悸，安靜時會忽然流淚。在魁北克省要看醫生亦不容易，除了收費高昂，從家裏出發更要開車走四、五十分鐘路程才有診所，因此，當地人亦不會常常因小病看醫生。

　　Roy 多次自行服用成藥後亦未見有顯着效果。最後，他決定自救，即使未有收到任何學校的收錄通知，亦要任性出走到美國（愚者出走），先寄住朋友家，安頓身心，才另作打算。而剛好他作決定的時間，又正是水星逆行期。

No.1 魔術師（The Magician）── 土（地）／風（空氣）元素

- **元素特性、氣象與環境能量**：需注意環境中，泥土所呈現的變化與狀態，例如：肥沃、濕潤、乾涸、爆裂等。同時有關空氣質素的變化，例如：空氣污染、沙塵暴、颱風、天空中雲的狀態等。亦需要注意空氣與泥土兩者的展示狀態，有沒有違反自然定律。需特別注意保持室內空氣流通，空氣無色無味，很多人會忽略室內空氣污染所造成的影響，不良的空氣可以造成呼吸感染、心臟病、慢性阻塞性肺病等；而家居空氣質素欠佳亦能引致如哮喘、咳嗽、氣喘及皮膚敏感等各種健康問題。

- **元素特性與星象**：需特別留意有氣水星、天王星、木星、地球與土星及金星的活動。留意風速，天上雲團的狀態與顏色。

- **元素關連星座**：金牛座 4/20-5/20，處女座 8/23-9/22，山羊座 12/22-1/19，雙子座 5/21-6/21，天秤座 9/23-10/23，水瓶座 1/20-2/18。

- **元素特性與人性成長發展**：與嬰兒期、幼年、青春期有關、長期病、老年期。

- **元素狀態聯想詞彙**：難以掌握、片刻、當下、變化無窮、停滯、衝突、反差。

- **元素與季節**：春、秋、冬。

- **畫面聯想**：早上至下午

個案分享

Mandy，二十九歲，獨居。去年九月遷入新居之後，Mandy 的眼睛就經常痕癢、紅腫及流眼水。

三個多月來，Mandy 遍尋名醫未見好轉，更找不到原因，她以為自己犯邪，在朋友的建議下來看塔羅。

對於這個查詢，我使用了一張牌來看能量的方式。結果是 No.1 魔術師正位。

於是我對 Mandy 簡單解釋了有關風元素的特性，以及空氣污染可能引起的各種健康問題，並建議她以空氣這個切入點，去跟信任的醫師商量新的治療方式。

如果 Mandy 能夠積極配合，按星象資料，病情應該在山羊座時間會有好轉。

經過抽血檢驗及報告分析，醫師的結論是 Mandy 的淚管受到某種化學物質刺激所影響，由於該物質常見存在於各類生活用品之中，一時間難以找出致敏的關鍵。於是 Mandy 先更換了家中所有清潔劑和護膚品，然後棄掉了不少舊衣服和毛公仔，以及清洗了家中窗簾布。雖然有過輕微改善，但不到數天，情況又還原。

後來，Mandy 與鄰居在閒談之間發現大廈內有好幾伙住客都有同樣問題，經管理處調查後發現，原來旁邊大廈正進行大型復修工程（土元素），剛好工程進行期間與大家病發的時間非常接近，相信工程的建材物料就是致敏的關鍵。

最後，醫師建議 Mandy 買來兩部新型的空氣清新機（風元素），一部放在家裏，一部放在公司，配合藥療，十多天後，Mandy 的敏感症就慢慢消減了。

　　半年之後，旁邊大廈工程完成，Mandy 的敏感症亦沒有再復發。

　　這個例子，正正就是由於土元素和風能量不佳所引發。

No.2 女祭司（The High Priestess）——
水元素

- **元素特性、氣象與環境能量**：需注意環境中水的狀態與變化，例如：濕霧、露水、水蒸氣、下雨、下雪、結冰等。關心一下有關海洋的新聞，留意潮汐漲退的變化。城市中有沒有發生與水利設施有關的問題。留意一下國際間有關宗教團體的活動。

- **元素特性與星象**：需特別留意月相與海王星的活動

- **元素關連星座**：巨蟹座 6/22-7/22，天蠍座 10/24-11/22，雙魚座 2/19-3/20。

- **元素特性與人性成長發展**：死亡、成熟期。

- **元素狀態聯想詞彙**：血緣、清洗、幻想、敏感、改變、過去、沉溺、停滯不前、飄流、飄蕩。

- **元素與季節**：秋、春。

- **畫面聯想**：夜間

個案分享

在某個晚上的塔羅課中，授課內容主要圍繞四元素。正好學員 Tom 的女朋友 Yan 即將出遠門，於是大家為她開牌，看看旅途情況。

按一貫習慣，由學員們自行判斷牌陣方式，最後，大家議決用一張牌來看看，抽牌結果是 No.2 女祭司逆位。

Tom 表示 Yan 是次出遠門期間包含一個短期進修，女祭

司牌似乎符合現況。不過，Tom 知道出現逆位牌，亦不能掉以輕心，於是他特地為 Yan 製作了一個月相週期表，又建議她在旅途期間要多注意有關海洋或宗教活動新聞。

　　後記：原來 Yan 此行目的地是緬甸。她到達不久，當地就發生了一些大型的政治活動。幾日之間，已經有十數次民眾衝突，當中更有流血事件。Yan 唯有按當地導遊指示更改部分行程，最後敗興而返，但幸保安全。

No.3 女皇（The Empress）—— 土（地）/ 風（空氣）元素

- **元素特性、氣象與環境能量**：環境中，泥土所呈現的變化與狀態。一些與農產業有關的收成問題。例如：肥沃、濕潤、乾涸、爆裂等。同時有關空氣質素的變化，例如：空氣污染、沙塵暴、颱風、天空中雲的狀態等。亦需要注意空氣與泥土兩者的展示狀態，有沒有違反自然定律。

- **元素特性與星象**：需特別留意有氣水星、天王星、木星、地球與土星以及金星的活動。

- **元素關連星座**：金牛座 4/20-5/20，處女座 8/23-9/22，山羊座 12/22-1/19，雙子座 5/21-6/21，天秤座 9/23-10/23，水瓶座 1/20-2/18。

- **元素特性與人性成長發展**：與嬰兒期、幼年、青春期有關、長期病、老年期。

- **元素狀態聯想詞彙**：難以掌握、片刻、當下、變化無窮、停滯、衝突、反差。

- **元素與季節**：春、秋、冬。

- **畫面聯想**：午後

個案分享

　　某年初夏，一對中年夫婦來訪。案主 Linda（三十九歲）與丈夫（五十四歲）結婚九年，二人以往一直未有生育計劃，卻在 Linda 迎來四十歲生日之前，夫婦忽然興起當爸媽的念頭。雖然明知不容易，但仍然想盡力一試，但經過了數個月的努力

後，仍然未見有好消息，於是 Linda 希望通過塔羅取得一個第三者意見。

　　我明白他們二人茫然若失，但為免傾向迷信，在開牌之前，我對二人簡單解釋了塔羅的運作，亦明言一切有關身體健康的問題，應該聽取專業醫師的意見。之後，Linda 抽得一張 No.3 女皇（正位），女皇牌本來就有孕婦、母親等的寓意。

　　雖然這是一個好兆頭，但為了不讓 Linda 過度樂觀，我沒有打算以這方向作為解讀的切入點。於是，我就把幾個和女皇牌有關的星座日期告知 Linda，請他們夫婦二人在這段時間內為懷孕的事多作努力。

　　終於，在天蠍座的時候，收到 Linda 的好消息。二人推算日子，嬰兒應該會在處女座時的出生。

No.4 皇帝（The Emperor）──
火元素

- **元素特性、氣象與環境能量**：需注意有關太陽的活動，例如：日食、酷熱、夏天、天氣乾燥、熱帶旋風。需留意一下有關火山活動和地殼變動的新聞。政治方面，多留意有關各國領導人的互動。

- **元素特性與星象**：需特別留意有氣太陽與火星以及冥王星的活動

- **元素關連星座**：白羊座 3/21-4/19，獅子座 7/23-8/22，人馬座 11/23-12/21。

- **元素特性與人性成長發展**：成長、青少年期。

- **元素狀態聯想詞彙**：快捷、迅速、炎熱、未來。

- **元素與季節**：夏

- **畫面聯想**：黃昏、夏。

個案分享

　　與黃先生認識於二〇一五年初的一個企業宣傳活動中。當時眾人情緒高漲，有人慫恿黃先生抽牌，平易近人的黃先生亦配合氣氛，抽出一張 No.4 皇帝牌（正位）。

　　這一張牌原是跟黃先生的身份十分配合，然而，星象資料顯示未來不到兩個月，將分別會出現一次日食和月食，這樣的天象，必然會對皇帝牌的能量結果造成影響。由於不想破壞當時的氣氛，只好避重就輕在公眾面前簡單介紹了皇帝牌的能量會造就怎樣的性格特質。最後，附加一句「因時間關係，詳情

私下討論」。

黃先生果然具備領導者的智慧，完全明白我的意思。活動過後，特別把我留在後台，查問有關皇帝牌的其他資訊。我就把同年三月份和四月份即將出現的星象事件一一告之，並解釋當中所能造成的影響。又請他在該段時期，要特別注意人事管理和溝通，可試着擺放由花崗岩製成的物品，強化能量場。

翌年二月，有幸得到黃先生再度邀請出席同類活動。宴後，黃先生主動提起有關前年的日食事件。

原來當年三月至五月間，黃先生公司出現了重大的人事變動。因為他早有部署，才能倖免於難（但他同時笑着投訴用花崗岩製成的物品不易找）。最後，反而成為最後贏家，連升兩級。

當然，亦因為黃先生具有大阿克羅 No.4 皇帝的能力和耐力，才能過渡關鍵時期。

No.5 祭司（The Hierophant）——
土（地）元素

- **元素特性、氣象與環境能量**：需注意有關環境中，泥土所呈現的變化與狀態，例如：肥沃、濕潤、乾涸、爆裂等。國際時事方面，留意一下所有宗教領袖的健康狀況以及公開發表的說話內容。所有政教合一國家的國情。激進宗教團體的行動。君主制度國家的政治立場。

- **元素特性與星象**：地球與土星以及與金星的活動

- **元素關連星座**：金牛座 4/20-5/20，處女座 8/23-9/22，山羊座 12/22-1/19。

- **元素特性與人性成長發展**：長期病、老年期。

- **元素狀態聯想詞彙**：停滯穩定、持之以恆。

- **元素與季節**：冬

- **畫面聯想**：白天

個案分享

　　江小姐，五十四歲，資深中學老師兼任科主任。由於未來兩年有機會升任副校長，故此十分緊張自己的工作表現。奈何，這兩年學校流失不少優秀教師，而江小姐與新來的幾位教師之合作和溝通亦相當不順利，其中有兩位更明確表示未來學年將不再任教，矛頭直指科主任。

　　江小姐在覺得困惱萬分的心情下，抽出代表她的塔羅牌 No.5 祭司（逆位）。

　　首先，我向江小姐簡單解釋了在祭司牌的能量下所產生的性格特質和負向影響，江小姐似乎已經有點頭緒。最後，建議江小姐可以挑選土象星座同事作為合作夥伴。

　　後記：江小姐表示，本來打算找一個成熟的山羊座男性來合作。沒想到，幾十位應徵者當中，竟然都沒有一位是山羊座。於是，只好冒險聘請了一位二十多歲的處女座女孩。

　　江小姐笑稱，本來最害怕與處女座的人合作，沒想到跟這位新同事卻能合作愉快。

No.6 戀人（The Lovers）──
風（空氣）元素

- **元素特性、氣象與環境能量**：需要注意空氣質素的變化，例如空氣污染、沙塵暴、颱風、天空中雲的狀態、雲量多寡、雲彩變化、雲量有沒有遮蓋星象等。當事人所居住城市，甚麼時候是風季？日常生活環境中的空氣流通狀況，例如家居附近有沒有因為修路工程或建築工程而影響所住地區的空氣質素？辦公室內的空氣調節狀況如何？

- **元素特性與星象**：需特別留意有關水星、天王星、木星的活動。

- **元素關連星座**：雙子座 5/21-6/21，天秤座 9/23-10/23，水瓶座 1/20-2/18。

- **元素特性與人性成長發展**：與嬰兒期、幼年、青春期有關。

- **元素狀態聯想詞彙**：難以掌握、片刻、當下、變化無窮。

- **元素與季節**：春、秋。

- **畫面聯想**：上午

個案分享

　　Raymond，二十七歲，雙子座男生。大專畢業後，曾於航空公司任職地勤工作五年之久。因為覺得發展未如理想，最近轉職歐洲高檔品牌售貨員，不過新工上任已經有兩個多月，Raymond 仍然未能融入同事們的圈子，於是，他想透過塔羅看看是否自己待人接物的方式出了問題，還是這份工作根本不適合自己。

二者關係牌陣表中，Raymond 的位置是權杖 no.2（正位）。代表公司同事的位置是 No.14 節制（正位）。代表二者關係前景的位置是 No.6 戀人（逆位）。最後，第四張牌是聖杯 no.6。

第一位置權杖 no.2（火元素）及第二位置 No.14 節制（人馬，星象元素火）兩張牌均屬火元素，沒有衝突，兩者皆為正位牌，代表雙方營運模式均為恰當。再看第三張牌 No.6 戀人（逆位）和第四張牌聖杯 no.6，碰巧時值水星逆行（時為二〇一四年六月底，而當年其中一個水逆時段是六月十六日至七月六日。）提議 Raymond 應以低調寬容的態度面對他人，至七月六日水星逆行完畢，情況定有改善。

No.7 戰車（The Chariot）——
水元素

- **元素特性、氣象與環境能量**：需注意環境中水的狀態與變化，例如：濕霧、露水、水蒸氣、下雨、下雪、結冰等。當事人所居住的城市，水源來自哪裏？水質如何？當地天氣和溫度有沒有影響水的性態？自己所居住的地方是否臨近水源等等？時事方面，可多注意有關海陸空航運新聞。

- **元素特性與星象**：需特別留意月相與海王星的活動

- **元素關連星座**：巨蟹座 6/22-7/22，天蠍座 10/24-11/22，雙魚座 2/19-3/20。

- **元素特性與人性成長發展**：死亡、成熟期。

- **元素狀態聯想詞彙**：輸送、過去、沉溺、飄流、飄蕩、流通、載運、血液。

- **元素與季節**：秋、春。

- **畫面聯想**：下午

個案分享

　　陳小姐，四十七歲。二十九歲時為了孩子得到更好的教育，舉家移民加拿大。九個月前陳小姐和丈夫回流香港，希望能找到工作在香港定居下來，好好照顧雙方的年邁雙親。

　　數月前，陳小姐在一家百貨公司找到一份行政管理工作，生活總算安定下來。不過，新工作開始沒多久，她身體便出了些狀況，幾個月以來常有小病痛，包括氣滯引起的腸胃不適、濕疹，最近更感染了皮癬。陳小姐懷疑事件跟家居或工作環境

的風水有關（氣場與能量），故前來看塔羅。

是日，為陳小姐開了三張塔羅。第一張代表陳小姐的塔羅牌是 No.7 戰車（逆位），第二張代表陳小姐工作地方的是塔羅聖杯 no.7，第三張代表陳小姐居所的塔羅是權杖 no.2。

雖然，後兩張牌不是非常高分，但亦算是合格以上；反而代表陳小姐的 No.7 戰車（逆位），則反映陳小姐的能量狀態不良。於是，我大膽推斷陳小姐的女性週期狀況應該亦不穩定，陳小姐對此表示認同。

我向她簡單解釋了有關水元素的特性，以及戰車牌與月亮的關係。相信因為陳小姐離開香港已久，一時未能適應城市氣候及生活節奏，以致內部循環狀況欠佳。

建議陳小姐可考慮搬到空氣較為通爽的地區，又或者於室內裝設抽濕機。生活上，可請教中醫師有關去濕食療，情況應會逐步改善。

No.8 力量（Strength）——
火元素

- **元素特性、氣象與環境能量**：需注意有關太陽的活動，例如：日食、酷熱、夏天、天氣乾燥、熱帶旋風。注意一下地球南北兩極的氣候如何？有沒有特別的天文地理新聞？候鳥、昆蟲或海洋生物的異動？國際新聞最近有否提及赤道一帶的國家有沒有爆發瘟疫或戰事？

- **元素特性與星象**：需特別留意有關太陽與火星以及冥王星的活動

- **元素關連星座**：白羊座 3/21-4/19，獅子座 7/23-8/22，人馬座 11/23-12/21。

- **元素特性與人性成長發展**：成長、青少年期。

- **元素狀態聯想詞彙**：快捷、迅速、炎熱、未來。

- **元素與季節**：夏

- **畫面聯想**：下午

個案分享

　　黃太太前來進行心靈諮商後，說起會與家人於暑假出外旅行，想順道抽問塔羅有關旅程中需要注意的事項。我請她隨意抽出一張牌，是大阿克羅 No.8 力量（正位）。

　　我笑說：「看來，這個旅程，家人放鬆，黃太太妳卻一點都不輕鬆。」

　　黃太太笑着回應：「對啊，每個帶孩子的母親於家庭旅行

時應該都會有所同感。除此之外這張牌還有其他意思嗎？」

　　我說：「力量牌，背後的支配能量是火元素，當地應該會比較熱。又或者，過去曾有經驗，在出行時會遇上熱帶氣旋。」

　　黃太太：「希望只是比較熱就好，熱帶氣旋即是颱風嗎？告訴你，我們去台北，那邊那時正好是雨季。」

　　我不能不作提醒，但也不想打擾黃太大的興致，說：「正位牌還比逆位好一點。不過，出門旅行，甚麼都只是一種體驗而已，只要出門前多注意一下未來數天的天氣報告，以及帶備雨具就好。」

　　黃太太表情終於稍微放鬆一點：「畢竟小孩同行，還是應當作好準備。」

　　之後跟黃太太說起她的台灣之旅，她表示丈夫出門之前曾經看過天氣報告，說那邊會有颱風。慶幸到步之後，台北正在風眼之中，天氣反而尚算晴朗，只是比較悶熱一點，孩子都因此而悶出熱痱來。行程最後兩天，風暴終於到來，一家人留在酒店內吃餐，影響不大，只是航班稍為延遲了一點。

No.9 隱士（The Hermit）── 土（地）元素

- **元素特性、氣象與環境能量**：需注意有關環境中，泥土所呈現的變化與狀態，例如：肥沃、濕潤、乾涸、爆裂等。生活環境附近的山坡狀況如何？居家附近有沒有建築地盤或修路情況？國際新聞方面有沒有提及哪處有地震報告？哪處有因為乾旱而引致農作物失收或糧食供應短缺的情況？哪處有出現地陷報告？

- **元素特性與星象**：地球與土星以及金星的活動

- **元素關連星座**：金牛座 4/20-5/20，處女座 8/23-9/22，山羊座 12/22-1/19。

- **元素特性與人性成長發展**：長期病、老年期、長者活動。

- **元素狀態聯想詞彙**：停滯穩定、持之以恆。

- **元素與季節**：冬

- **畫面聯想**：晚上

個案分享

某年春節應邀出席一個商業活動。宣傳部的 Martin 見在場賓客們的興致未熱，就自動請纓作為我當晚的第一個客人。

當時，我為他開了一個可以觀測個人能量和未來四季能量的流年牌。代表他本人的的塔羅是權杖 no.2（正位），代表春天的塔羅是 No.21 世界（正位），代表夏天的塔羅是聖杯 no.7（正位），代表秋天的塔羅是 No.5 祭司（正位）。

前幾張塔羅所反映出的能量都很好，於是簡單解釋過就算了；反而，代表第四季的塔羅 No.9 隱士（逆位），則似乎是自然界對 Martin 所發出的提示。

由於當時是公開場合，不便和 Martin 細談，於是我就對 Martin 和賓客簡單介紹了有關土元素的特性以及土元素能量出現負向時所產生的影響，當時 Martin 只以笑回應，並沒有再追問詳情。

有趣的是，當年的冬天我竟然收到了 Martin 傳來的電話短訊，他表示在聖誕節長假期時到澳洲度假，回家的時候竟然發現住所水浸，木地板更被水浸至浮起。

本來，他以為是自己忘記關水喉引起意外，可是當他抬頭一看，更發現天花出現塌灰的情況，查明原來意外皆因樓上正進行裝修工程引致喉管爆裂所致；慶幸 Martin 早買了居家保險，大大減低了是次損失。

No.10 命運之輪（Wheel of Fortune）──
水／火元素

- **元素特性、氣象與環境能量**：需注意有關太陽的活動，例如：日食、酷熱、夏天、天氣乾燥、熱帶旋風。環境中水的狀態與變化，例如：濕霧、露水、水蒸氣、下雨、下雪、結冰等。最近是否會參加一些聯誼活動？工作的地方有否新的合作關係或甚麼合併收購活動？所居住的城市近來是否正參與某項國際性活動？國際新聞方面，最近有沒有聯合國會議？議題又是甚麼？你的潛意識和集體潛意識有沒有產生甚麼關連？

- **元素特性與星象**：需特別留意有氣太陽、火星、冥王星、月相與海王星的活動。

- **元素關連星座**：白羊座 3/21-4/19，獅子座 7/23-8/22，人馬座 11/23-12/21，巨蟹座 6/22-7/22，天蠍座 10/24-11/22，雙魚座 2/19-3/20。

- **元素特性與人性成長發展**：成長、青少年期、長期病、老年期。

- **元素狀態聯想詞彙**：快捷、迅速、炎熱、未來、過去、沉溺、停滯不前、飄流、飄蕩、反差。

- **元素與季節**：夏、秋、春。

- **畫面聯想**：無定

個案分享

張女士因為兒子 Andy 的教育問題，到來進行塔羅諮商。

　　張女士表示 Andy 正在大學修讀體育系二年級，上星期兒子對她表示想休學一年，她就此跟兒子談了一個晚上，知道他原來想先接觸社會，了解清楚自己的意向，才決定是否應該繼續餘下課程。

　　張女士跟兒子分析了這決定的利弊（當然她內心傾向希望 Andy 先完成大學課程才作他想），見兒子似乎是被説服了，二人結束第一次討論。

　　直到前兩天，Andy 又跟她再次提及有關休學一事，張女士不知如何是好，想尋求第三方建議。

　　為此開出十字牌陣以作參考，中間代表 Andy 的牌是 No.10 命運之輪（正位），順時針方向排列，上方第一張塔羅是權杖 no.2（逆位），右方的塔羅是 No.21 世界（正位），下方的塔羅是聖杯 no.10（逆位），左方的塔羅是 No.5 祭司（正位）。

　　解讀這個牌陣，有三個關鍵：

關鍵一：代表 Andy 能量的 No.10 命運之輪是（正位），這是一股正面而積極的能量，顯示他並不是因為任性而亂作決定。

關鍵二：左方塔羅是 No.5 祭司（正位），代表無論 Andy 最後的決定如何，又或者過程中曾經歷過甚麼都好。最後，Andy 的能量都會回歸正統。

關鍵三：No.21 世界和 No.10 命運之輪是一對呼應牌。建議張女士可留意 Andy 的決定是否正和身邊某些熱門時事、思想方向等有關。這樣一來可以了解 Andy 心裏的想法，同時又可以增加二人溝通的話題。

　　後記：四個多月後，張女士表示 Andy 正準備出發參與為期大約半年至九個月的亞運會義工活動訓練。雖然，她並不知道 Andy 究竟是因為想參加義工而休學，還是因為休學多了餘閒才產生當義工的想法，反正她了解兒子的想法是正向並且對生命是有助益的，就放心全力支持兒子的決定了。

No.11 正義（Justice）——
風（空氣）元素

- **元素特性、氣象與環境能量**：需要注意空氣質素的變化，例如：空氣污染、沙塵暴、颱風、天空中雲的狀態等。城內最近是否有一些關於航空業的新聞？國際新聞方面，有沒有一些空戰活動？有沒有關於空氣傳播病菌的事件？有沒有一些能引起國際輿論的裁判事件？有沒有醫療科技上的新突破？城裏的氣象有異嗎？NASA 最近有些甚麼新發表？你對外星文明的話題會否感到興趣？

- **元素特性與星象**：需特別留意有關水星、天王星、木星的活動。

- **元素關連星座**：雙子座 5/21-6/21，天秤座 9/23-10/23，水瓶座 1/20-2/18。

- **元素特性與人性成長發展**：與嬰兒期、幼年、青春期有關。

- **元素狀態聯想詞彙**：難以掌握、片刻、當下、變化無窮。

- **元素與季節**：春、秋。

- **畫面聯想**：白天

個案分享

　　生涯規劃小組教學活動中，二十三歲的 Stephanie 為自己抽得 No.11 正義。由於這一張牌的出現普遍與裁判事件有關，於是我問：「你目前的工作與法律、新聞或醫學有關嗎？」

　　Stephanie 說：「都沒有，我只是行政部的一個小職員。」

我說：「很好，這樣我們就可以把解讀這一張牌的方向，轉向行星活動方面。」

雙魚座守護星是木星，當年上課時間正值二〇一七年十一月份，而之前九至十月初木星位於天秤座，可能會因而帶動 Stephanie 有不少良好際遇，讓她思考未來的發展。

原來，Stephanie 的舅父剛從美國回來，他在美國一直經營高級室內設計工程，最近打算把業務版圖伸展至國內。首先會在香港開設公司，對市場有充分了解的時候，就會進軍國內市場。

舅父見 Stephanie 一直以來發展平平，於是提議她辭工，加入自己的公司。

雖然，Stephanie 已經從 No.11 正義中取得答案，但這個答案的能量似乎未足夠推動她作決定。

我請 Stephanie 再抽一張，這次是 No.7 戰車。其餘小組成員見到這張牌都不禁從心裏笑出來，相信 Stephanie 已得到答案和能量了。

No.12 吊人（The Hanged Man）——
水元素

- **元素特性、氣象與環境能量**：需注意環境中水的狀態與變化。例如：濕霧、露水、水蒸氣、下雨、下雪、結冰等。有沒有出現有心無力，很想充電的感覺？身邊的人最近有沒有突然改變對某種事物的看法？計劃進度有沒有受阻？生活環境中有沒有因為道路工程而引起的交通阻塞？留意新聞，最近有沒有引起國際關注的綁架或拘留事件？

- **元素特性與星象**：需特別留意月相與海王星的活動

- **元素關連星座**：巨蟹座 6/22-7/22，天蠍座 10/24-11/22，雙魚座 2/19-3/20。

- **元素特性與人性成長發展**：死亡、成熟期。

- **元素狀態聯想詞彙**：過去、沉溺、停滯不前、飄流、飄蕩。

- **元素與季節**：秋、春。

- **畫面聯想**：超越、貫穿。

個案分享

　　余先生任職金融機構的法律顧問已有四年多，因為公司架構非常穩定，所以不容易得到升遷機會。

　　碰巧，早前有獵頭公司邀請他轉職到一歐洲著名銀行工作，需要離港生活，但余先生對這新機會感到十分有興趣，於是，就同意參與面試。如是者一個月內過了三關，雙方都已經談妥了有關薪酬和福利等問題。新公司方面甚至已經向余先生問及有關正式轉職日期了。

　　一切看似水到渠成，不料隔了一個週末後，所有事情都沉寂下來，一等三個星期都沒有進一步消息。中介方面表示新公司並沒有正面否定余先生加入的機會，只是説負責人正在外遊，要繼續等消息。於是，余先生希望透過塔羅了解情況。

　　代表余先生的塔羅正是完全反映他情況的 No.12 吊人。這當然不是能夠滿足余先生的資訊，他希望知道的是：「還有沒有機會加入這一家公司？」

　　於是我嘗試從星象資訊方面探求答案。記得那是二〇一三年十月份，星象資料顯示即將出現月偏食，或許因為這個能量，令到事情發展停滯下來。

　　誠然，我們無法控制星象，只能夠透過所得的資訊來調整自己的心情。事實上，吊人牌的主角奧丁大神亦有無能為力的時候。為此，他倒吊於生命樹上，靜心等待智慧到來的一刻。

　　十月份月食，加上十一月天蠍座有不明能量，建議余先生靜候至十二月，相信消息會逐漸變得明確。吊人牌的能量本來並沒有正向或負向的分別，待星象回復，相信會延續之前的正向能量得到好消息。

　　後記：余先生終於在翌年的二月得到了入職通知。原來，之前的負責人忽然得到急病，一切因此擱置下來。近日負責人身體康復，事情恢復進度，終於確立了對余先生的聘請。不過，因為接連的公眾假期，才會一拖再拖至今。

No.13 死亡（Death）──
水元素

- **元素特性、氣象與環境能量**：需注意環境中水的狀態與變化。例如：濕霧、露水、水蒸氣、下雨、下雪、結冰等。留意城中有關傳染病的新聞，工作地點中發生權力變換事件。國際舞台上有沒有上演權力競爭事件？政教合一的國家有沒有戰事？當然，這一張牌亦有機會反映一些與死亡有關的事故。

- **元素特性與星象**：需特別留意月相與海王星的活動

- **元素關連星座**：巨蟹座 6/22-7/22，天蠍座 10/24-11/22，雙魚座 2/19-3/20。

- **元素特性與人性成長發展**：死亡、成熟期。

- **元素狀態聯想詞彙**：過去、沉溺、停滯不前、飄流、飄蕩。

- **元素與季節**：秋、春。

- **畫面聯想**：凌晨、黎明。

個案分享

　　在西方人眼中，十三是一個不祥的數字，很多人都知道週五碰上十三號就是黑色星期五。十三不祥，據說源於耶穌被最後晚餐的第十三位客人出賣致死所致。至於黑色週五，來源自聖殿騎士團大屠殺事件。據說，一三〇七年十月十三日，法王腓力四世下令捕殺聖殿騎士團，當日正是十三日星期五。這正是塔羅牌大阿克羅 No.13 死亡牌不願人遺忘的歷史段落。

　　一直以來，很多人都對十三號週五相當顧忌，有些舊思想甚至會避免在這一天起程遠行。

　　記得二〇一三年初在第一次學員聚會分享中，學生蔡先生的塔羅流年正值 No.13 死亡，使得蔡先生非常擔心。其實當時蔡先生學習塔羅牌已有三年多，對於死神牌能量所導致的影響，已經有一定的理解；只是碰巧同年是二〇一三，兩組「13」的能量一起進入生活，就顯得特別擔心起來。

　　由於蔡先生從事採購工作，經常需要到不同的國家出差，因此，為他抽牌的同學就叮囑他要特別小心。

　　其實，每個人一生都有機會遇上 No.13 死亡牌，最好的方法就是以正面積極的能量去抗衡這股來自歷史教訓的負向能量。於是，建議蔡先生每次出門前應做好保障，例如防疫注射，配備平安藥，注意飲食，錢財不露眼，多用公車，購買旅行保障等以策安全。平常亦多專注生活細節，避免出錯，一年時間，轉眼就過。

　　後來，我們並沒有特別跟進蔡先生如何度過他的二〇一三年，不過直到二〇一四、五、六、七……年見他，還是好好的，那個遙遠的二〇一三年，應該沒有大礙。

　　課堂上，我常說 No.13 死亡牌的影響，就好像中國命理中的犯太歲。通常這一年壓力會增加，心情受到影響，以致作決定時會糊塗起來，感覺運氣就會受到影響。通常我會建議當事人在元素關連星座的時期，最好避免作出重大決定或作出任何以身犯險的行為。

No.14 節制（Temperance）——
火元素

- **元素特性、氣象與環境能量**：需注意有關太陽的活動，例如：日食、酷熱、夏天、天氣乾燥、熱帶旋風。生活方面，最近有沒有被迫擔任中間人，又或者需要面對一些討好兩邊的事情？工作地點有沒有一些跨部門合作活動？甚至收到融資或合併的消息？國際新聞方面，有沒有一些氣氛友好的國際聯合會議正在舉行、又或者是國際矚目的比賽盛事？

- **元素特性與星象**：需特別留意有氣太陽與火星以及冥王星的活動

- **元素關連星座**：白羊座 3/21-4/19，獅子座 7/23-8/22，人馬座 11/23-12/21。

- **元素特性與人性成長發展**：成長、青少年期。

- **元素狀態聯想詞彙**：快捷、迅速、炎熱、未來。

- **元素與季節**：夏

- **畫面聯想**：白天

個案分享

陳先生，四十二歲，自由工作者、網球教練。陳先生本是小學體育老師，因為有感本地小學工作環境壓力甚大，七年前開始轉任自由網球教練。由於球技了得，又對教學充滿熱誠，因此家長們口碑甚佳，幾年以來，暑假未開始，下學年的工作時間表就已經排得滿滿。

可是，今年暑假已經開始了，收生情況卻仍未如理想，估計開學之後，工作應該只有往年的六至七成，未來收入當然大受影響；但陳先生更為緊張的是，是否自己的工作表現不達標以致學生流失。但觀乎去年成績，他的學生每有在公開比賽中奪獎，而且日常與家長們溝通亦見和諧，他百思不得其解，前來占問塔羅。

代表陳先生的牌是 No.5 祭司（正位），代表學生們的牌是聖杯 no.10（正位），代表雙方關係的牌是 No.14 節制（逆位），代表二者關係前景意見的牌是 No.3 女皇（逆位）。代表陳先生和學生的牌在排陣中都沒有負面能量，要了解問題的癥結，相信要從雙方關係入手。陳先生，金牛座。所以，節制牌的矛頭並不直接指向陳先生本人。

於是，我再問陳先生：「合作夥伴中有沒有人馬座的人？」

陳先生想了一會：「會合作的人很多，無法了解當中有沒有人馬座的人。但比較密切的夥伴是一位中年的女性，十月初生日。」

我說：「天秤座。」

陳先生說：「她是我以前任教小學的舊同事，很談得來。我最初出來教學，不少學生都是由她介紹的。」

我說：「去年十一月左右，你跟這位舊同事有沒有發生過甚麼特別的事情？」

陳先生說：「去年的十一月中，我跟 Lena 補祝生日，她跟我提及學校的瑣碎事，剛好那天教完球，人比較疲倦，所以就沒有很熱烈的回應。說來，臨走前她也半帶開玩笑的說我不理會她的感受。可是，因為時間已經很晚了，我沒有特別解釋

就送她回家……她是真的生氣了嗎？可是，她仍然有跟我聯絡啊！今年也有給我介紹學生。慢着……說起來，今年，她介紹過來學生，的確明顯地少了。她不會真的在生氣吧?!」

　　我笑說：「就當是『她真的生氣了』去處理吧！準沒錯！」

No.15 惡魔（The Devil）──
土（地）/ 火 元素

- **元素特性、氣象與環境能量**：需注意有關太陽的活動，例如：日食、酷熱、夏天、天氣乾燥、熱帶旋風。在有關環境中，泥土所呈現的變化與狀態，例如：肥沃、濕潤、乾涸、爆裂等。

- **元素特性與星象**：需特別留意有氣太陽與火星以及冥王星的活動。地球與土星以及與金星的活動。是否正處於充滿負能量的環境中？城中有沒有傳出由情緒病引起事故的新聞？最近有沒有聽聞宗教戰爭？赤道一帶，有否特別的新聞資訊？

- **元素關連星座**：白羊座 3/21-4/19，獅子座 7/23-8/22，人馬座 11/23-12/21，金牛座 4/20-5/20，處女座 8/23-9/22，山羊座 12/22-1/19。

- **元素特性與人性成長發展**：成長、青少年期、長期病、老年期。

- **元素狀態聯想詞彙**：快捷、迅速、炎熱、未來，過去、沉溺、停滯不前、飄流、飄蕩，矛盾、衝突。

- **元素與季節**：夏、冬。

- **畫面聯想**：黑夜

個案分享

程先生，三十六歲，加拿大籍華人回流香港，曾任職會計人員。兩年前，為理想當起有機農夫來。可是，開始了才發覺

困難重重，先是選址租地，再來是聘請員工，購置工具等。一關過了又一關，終於可以開墾耕地。可是，即使程先生已經依照傳統指示種植，但農作物生長情況仍然未如理想。兩年多來已經投資差不多三十萬，用盡方法依然未有起色，創業難守業更難，再這樣下去，可能就要放棄理想，變回一個打工仔。

為此，程先生在塔羅中抽出了 No.15 惡魔（正位）。這一張牌明顯反映了程先生目前的困境。不過，一張大阿克羅定然有更多提示。我對有機農耕了解不多，一時之間未能提供具體意見，只好先對程先生解釋有關惡魔牌帶來的負面能量有何影響，惡魔的能量，與圖中二人的故事，如何與程先生的現實情況呼應。

同時，又詳細講解有關土元素和火元素的特性以及對應生活的影響，希望能藉着這些資料刺激程先生的聯想力，助他發出具體的提問，讓我可有明確的思考方向作回應來拆解事情。

經過一輪討論和交流後，我建議程先生可以從氣溫、土質以及濕度方面着手研究，因為，目前受惡魔的火元素影響，應先選擇種植一些收成期較快的農作物。惡魔牌元素是土和火，分別支配夏天和冬天，可嘗試種植能適應這兩個季節的植物。

後記：得到惡魔牌火元素的啓發，程先生回去後在部分田地加建了地下輸水工程，又種植了一些已半成長的火龍果樹，目前情況已大大得到改善了。

No.16 塔（The Tower）──
火元素

- **元素特性、氣象與環境能量**：需注意有關太陽的活動，例如：日食、酷熱、夏天、天氣乾燥、熱帶旋風。注意自己的脾氣是否愈來愈缺乏耐性，又或者身邊熟悉的人事對象忽然變得脾氣急躁。留意有關颱風資訊，城中有沒有關於建築物倒塌或日久失修的新聞。國際新聞方面，有沒有因為惡劣天氣而引起的災難？留意一下各國最高權力階層的新聞資訊。

- **元素特性與星象**：需特別留意有氣太陽與火星以及冥王星的活動

- **元素關連星座**：白羊座 3/21-4/19，獅子座 7/23-8/22，人馬座 11/23-12/21。

- **元素特性與人性成長發展**：成長、青少年期。

- **元素狀態聯想詞彙**：快捷、迅速、炎熱、未來。

- **元素與季節**：夏

- **畫面聯想**：黑夜

個案分享

Nancy，二十七歲，與家人同住。近月有感一向開明愉快的媽媽，脾氣變得特別的古怪，對小事變得很執著，因此常常和家人發生爭執，連一向感情與她特別好的 Nancy 亦不例外。終於，日前兩個人為了誰來清潔廚房的小事又吵起來，Nancy 索性逃出去跟朋友吃飯，之後喝酒直至很晚才回家。翌日一早，

就出門上班來迴避媽媽。二人至今三天，尚未和解。Nancy 希望知道有甚麼方法可以改善彼此之間的溝通。

　　代表事件的塔羅是 No.16 塔。再看 Nancy 到訪的時間是二〇〇四年六月十三日，正是火星逆行至獅子座。獅子座正是 No.16 塔的關連星座之一，加上入夏後天氣炎熱，自然對本屬白羊座（火元素）的伯母有負面影響了。待六月尾轉換星座之後，情況應該會有所改善。

No.17 星星（The Star）──
風（空氣）元素

- **元素特性、氣象與環境能量**：需要注意空氣質素的變化，例如：空氣污染、沙塵暴、颱風、天空中雲的狀態等。天文氣象局有沒有公佈一些大眾化的星象資訊，例如特別明亮的金星，或者流星雨等。國際新聞方面，有沒有在哪裏發現了墜落的隕石？最近哪個國家正有發射衛星計劃？

- **元素特性與星象**：需特別留意有關水星、天王星、木星的活動。

- **元素關連星座**：雙子座 5/21-6/21，天秤座 9/23-10/23，水瓶座 1/20-2/18。

- **元素特性與人性成長發展**：與嬰兒期、幼年、青春期有關。

- **元素狀態聯想詞彙**：難以掌握、片刻、當下、變化無窮。

- **元素與季節**：春、秋。

- **畫面聯想**：晚上

個案分享

　　Joey，二十七歲，任職銀行貸款部職員，對新入職的上級 William 甚有好感。William 為人友善，與其溝通尚算順利，二人已經試過幾次午膳。Joey 亦試過相約 William 放工後到公司附近酒吧歡樂時光聊天，閒聊間得知對方三十二歲，剛剛才跟本來在同一機構工作、拍拖已有六年的女友分手，並因此轉工。William 熱愛運動，平常有參與扒龍舟和馬拉松訓練。

　　Joey 想知道跟 William 有否發展機會？如有，何時何地表

白比較適合？

　　二人關係牌陣中，代表 Joey 的牌是 No.2 女祭司（正位），代表 William 的牌是聖杯國王（逆位），代表二人目前關係的牌是聖杯 no.6（逆位），代表二人遠期前景的提示牌是 No.17 星星（正位）。

　　女祭司牌表示 Joey 予人印象正面，作為朋友，能量尚好；但作為戀愛對象，則稍欠趣味。

　　聖杯國王（逆位）表示 William 仍未從舊故事中走出來。若論前景，二人雖然未至於沒有發展機會，但可以肯定的是，目前並非表白的最佳時間。二人應該先維持單純（聖杯 no.6）低調（逆位）的交往方式，直到 William 能從舊情中走出來，才考慮表白一事。

　　建議二人可相約夜間活動，甚至留意近日有否看流星雨的機會，借助繁星能量，逐步推進感情發展。

No.18 月亮（The Moon）──
水元素

- **元素特性、氣象與環境能量**：需特別關注有關月食的資訊，亦要注意關於由月相引起的潮漲潮退資料。需注意環境中水的狀態與變化，例如：濕霧、露水、水蒸氣、下雨、下雪、結冰等。城裏最近有沒有因為情緒病而引起的新聞？可有見到女性主義的興起活動？

- **元素特性與星象**：需特別留意月相與海王星的活動

- **元素關連星座**：巨蟹座 6/22-7/22，天蠍座 10/24-11/22，雙魚座 2/19-3/20。

- **元素特性與人性成長發展**：死亡、成熟期。

- **元素狀態聯想詞彙**：過去、沉溺、停滯不前、飄流、飄蕩。

- **元素與季節**：秋、春。

- **畫面聯想**：晚上

個案分享

　　我授的塔羅課，通常會有一至兩天安排實習。當日，學員們需帶來朋友做「白老鼠」，提出問題予學員們作實習案例，然後，再無私分享及盡情批評。

　　林小姐是學生帶來上課的白老鼠，本來不太熱衷於求神問卜之事。只是碰巧當日有時間，加上其學員 Mandy 是她的好友，就上來支持支持。說到提問，林小姐坦言自己生活安好，沒有甚麼需要求問的事；但既已到場，要是大家都不介意的話，想試問一下有關減肥的問題。

　　林小姐表示自己本來身材窈窕，看她的舊照，顯然是個標準的美人兒，可是三年前生育之後，身材就一發不可收拾，一六二厘米身高的她，由本來的四十九千克，增磅至目前的六十千克。試過吃藥、勤做運動、找健身教練等，全都沒有改善；最極端的時候，即使連續數天不吃任何東西，只喝水，都會發胖。林小姐笑言已經試過一千種方法，相信地球已經沒有方法可以幫助自己瘦身減磅。

　　林小姐為自己抽出了 No.18 月亮（逆位），學員 Terry 自動請纓作為解讀者。有趣的是，Terry 從男性角度解釋得頭頭是道。他覺得林小姐的情況應該是產後荷爾蒙未恢復正常，於是建議林小姐嘗試按月相週期為自己定下生活時間表；同時，又細心提醒林小姐多關注自己的情緒。

　　林小姐表示之前曾經拜訪中醫師，都得到相同的説法，只是自己害怕針灸也不喜歡中藥的味道，事情就被擱置下來。至於説到月相與生活，更加一無所知。最後，我們整理了一些月相與飲食習慣關係的資料給 Mandy 轉交林小姐。

　　大約九個月後，Mandy 表示林小姐認為大家的提議的確能幫助消除水腫。不過，除了水腫，身體確實仍然有不少脂肪積聚，所以減肥仍需努力。

No.19 太陽（The Sun）—— 火元素

- **元素特性、氣象與環境能量**：需注意有關太陽的活動，例如：日食、酷熱、夏天、天氣乾燥、熱帶旋風。城裏最近有沒有發出酷熱警告？國際新聞中有沒有報道某處火山活動異常？赤道一帶國家政治情況如何？有沒有甚麼地方正因為乾旱而影響農作物失收？地球兩極的冰雪狀況如何？

- **元素特性與星象**：需特別留意有氣太陽與火星以及冥王星的活動

- **元素關連星座**：白羊座 3/21-4/19，獅子座 7/23-8/22，人馬座 11/23-12/21。

- **元素特性與人性成長發展**：成長、青少年期。

- **元素狀態聯想詞彙**：快捷、迅速、炎熱、未來。

- **元素與季節**：夏

- **畫面聯想**：白天、正午。

個案分享

劉女士想為兒子 John 占問有關比賽事宜。John，九歲，四年級生，兩年前獲挑選為學校田徑隊隊員，密集式訓練一年之後，John 在校內比賽獲得非常好的成績。今年，學校推薦 John 參加公開比賽，下月正是 John 第一次參加校外比賽，劉女士十分緊張。

我坦言：「這並不是一個好問題。其實，只要全力參與，

展示出體育精神，就是最好的賽果。況且，John 第一次參加校外比賽，當是吸取經驗，不應有太大壓力。」

劉女士說：「其實，我想…… 如果看了，可能我會比較安心。」

我說：「也有可能是更不安心。」

接着，我把塔羅放在枱面，請劉女士切牌。平常，切牌後，通常是由我去排出牌陣。不過，今次情況有一點不同，因為，我知道自己的能量可能跟這件事產生抗衡。於是，我就對劉女士說：「如果你準備好接受任何結果，就用你的能量去自己抽一張牌。」

她抽出了 No.19 太陽（逆位）。

當時，我的解讀是：「逆位太陽，當事人可能無法表現出最佳的狀態。」

大家都以為，可能 John 將會因為怯場，而未能把最好的表現發揮出來。沒想到，最後事情峰迴路轉：運動會前一日，天氣逆轉，至運動會當日清晨，天文台掛上八號風球，最後，活動會取消了。慶幸在改期之後的比賽中，John 取得了一面銅牌。

No.20 審判（Judgement）——
水元素

- **元素特性、氣象與環境能量**：需注意環境中水的狀態與變化，例如：濕霧、露水、水蒸氣、下雨、下雪、結冰等。城裏最近有沒有特別受到廣泛討論的法庭新聞？有關末日的言論是否又再流傳起來？有沒有新教派興起？國與國之間有沒有一些需要中立國調停的事務？是否有歷史遺留下來的問題需要作出檢討？

- **元素特性與星象**：需特別留意月相與海王星的活動

- **元素關連星座**：巨蟹座 6/22-7/22，天蠍座 10/24-11/22，雙魚座 2/19-3/20。

- **元素特性與人性成長發展**：死亡、成熟期。

- **元素狀態聯想詞彙**：過去、沉溺、停滯不前、飄流、飄蕩。

- **元素與季節**：秋、春。

- **畫面聯想**：日夜交替之時

個案分享

彭先生，四十二歲，於國內經營製衣廠房已超過十年。二〇一七年十二月，彭先生前來查問有關來年（二〇一八）的生意狀況。

為彭先生開了四季十字牌陣。代表製衣廠能量的是 No.20 審判牌。代表第一季的塔羅是五角星 no.8（正位），代表第二季的塔羅是大阿克羅 No.11 正義（逆位），代表第三季的塔羅是大阿克羅 No.14 節制（逆位），代表第四季的塔羅是權杖

no.3（正位）。

　　雖然，以商貿情況來説，第一季的牌五角星 no.8（正位）能量不錯。可是，接下來的三季，雖然沒有能量特別負面的畫面，但第二、三季的塔羅都是逆位。第四季的塔羅是權杖組別，對於商業活動來説，亦是比較艱難的開墾。

　　建議彭先生本年要小心處理所有與合約有關的事情，同時，亦要密切留意國際政治狀況。

　　後記：二〇一八年八月份，再次與彭先生會面。因為，同年第一季尾至第二季中，中國與美國展開貿易之戰。雖然未有影響彭先生與國外客戶的關係，訂單數字亦沒有明顯減少；可是由於人民幣貶值，而訂單是在貨幣貶值之前簽定的。所以，直接影響了利潤，預示未來一兩年，廠房經營會相當艱難，陳先生正積極尋求其他方法解決問題。

No.21 世界（The World）——
土（地）元素

- **元素特性、氣象與環境能量**：需注意環境中（空氣／土），泥土所呈現的變化與狀態，例如：肥沃、濕潤、乾涸、爆裂等。城裏最近有沒有受到廣泛關注的凱旋而歸事件？是否正參與某國際性賽事？是否比較多女性主義活動？保護地球的事務最近又被放到世界議事舞台？

- **元素特性與星象**：地球與土星與金星的活動

- **元素關連星座**：金牛座 4/20-5/20，處女座 8/23-9/22，山羊座 12/22-1/19。

- **元素特性與人性成長發展**：長期病、老年期。

- **元素狀態聯想詞彙**：停滯、穩定、持之以恆。

- **元素與季節**：冬

- **畫面聯想**：不定時

個案分享

　　梁先生與黎小姐拍拖六年，一直以來梁先生都覺得二人性格相合，感情相當穩定。去年聖誕節梁先生特地訂購訂婚戒指，向黎小姐求婚，沒料卻遭到拒絕。數月後，雙方更因為某些小事冷戰至今。

　　代表梁先生的塔羅是五角星 no.7（正位），代表黎小姐的塔羅是大阿克羅 No.21 世界。代表二人關係的塔羅是權杖 no.8（正位），代表二人關係前景意見的塔羅是大阿克羅 No.7 戰車。

　　原來，梁先生和黎小姐本來是大學同學。畢業之後，碰巧又在同一個機構工作，日久生情，成為情侶。由於之前雙方已有一定程度的了解，所以感情路上一開始的幾年，風平浪靜，以致二人習慣了這相處方式，沒有加深彼此了解。

　　工作方面，梁先生一直發展平平（五角星 no.7）。而黎小姐的際遇良好（No.21 世界），發展早已超前，但為了照顧男朋友的感受，二人相處時，黎小姐一直避談各自的工作表現，沒想到本來一番好意，更讓二人愈走愈遠。

　　幾年下來黎小姐在工作上已經取得了很大的滿足感，開始想追求另外一些事情。一年前她曾經跟梁先生提及，想趁年輕辭掉目前的工作，到國外參加工作假期。梁先生以為她說笑，就沒有深究。

　　沒想到這個想法一直都在黎小姐心內，而且愈來愈強烈。而就在這個時候，梁先生提出結婚計劃，一下子令黎小姐想到很多事情，例如二人間的溝通和尊重、成長進度的差異，生活的目標和理想等等，所有問題都需要時間慢慢去消化；可是梁先生偏偏在這數月來對婚姻的事情步步進逼，又因為近年了解不夠，二人產生更多誤會，令黎小姐感到雙方之間的分歧愈變愈大，二人陷入冷戰。

　　建議梁先生應給予空間讓二人重新認識成長後的對方，並建立一個新的相處方式。只要愛還在，不同的人都一定可以找到一起走下去的方法（No.7 戰車）。

3. 小阿克羅的應效時間暗示

　　小阿克羅四個組別共五十六張牌，因應星象關係可分幾個組別。

　　其中十二位宮廷人物，國王、女皇和騎士，分別對應四元素十二星座。而同屬宮廷人物的四個侍從，為命運留白，代表未知的因素。

　　四個工具組別的 Ace 牌，分別代表一年四季，號碼牌 no.2 至 no.10，則對應星座三分區。因此，如果想在解牌的過程中更有效掌握塔羅提示的應效時間，可多關注星象資訊，查看天文星曆，或者華人家庭常備的《通勝》（《通書》），就可追蹤星象，留意下一年的行星動向，然後做個簡單的紀錄，例如：記錄最基本的日食、月食日期，特別是創始星座時期的日、月相。每年數次的水星逆行資訊亦很常用，最好還記錄一下影響大局的特別行星相位。

　　亦有更簡單的方法：每年星象大師們都會紛紛出版簡易天文手帳，詳列行星資料並加以專業分析入門，添購一本，簡單易明。

小阿克羅宮廷人物與星象的關係

　　十六張宮廷牌組有非常特別的存在意義，牌陣中若出現宮廷人物的身影，正是要提醒當事人，局面中有人正影響着事情的發展，這個人目前可能並不顯眼，令你幾乎忽略了他的存在；又或者他一直隱居幕後，未曾出現；然而，他的能量卻能夠左右大局。

　　宮廷人物的出現，就是要給予當事人提示，按照宮廷人物的特質和性格，尋找走出這個神秘的關鍵；又或者在某個特定的時刻，關注登場人物。特別每當侍從出現，事情可能會造成決定性的逆轉。

五角星組對應土象星座：

　　金牛座（五角星國王）大約在 4 月 20 日至 5 月 20 日；
　　處女座（五角星騎士）大約在 8 月 23 日至 9 月 22 日；
　　山羊座（五角星女皇）大約在 12 月 22 日至 1 月 19 日。

聖杯組對應水象星座：

　　巨蟹座（聖杯女皇）大約在 6 月 22 日至 7 月 22 日；
　　天蠍座（聖杯國王）大約在 10 月 24 日至 11 月 22 日；
　　雙魚座（聖杯騎士）大約在 2 月 19 日至 3 月 20 日。

寶劍組對應風象星座：

　　雙子座（寶劍騎士）大約在 5 月 21 日至 6 月 21 日；
　　天秤座（寶劍女皇）大約在 9 月 23 日至 10 月 23 日；
　　水瓶座（寶劍國王）大約在 1 月 20 日至 2 月 18 日。

權杖組對應火象星座：

　　白羊座（權杖女皇）大約在 3 月 21 日至 4 月 19 日；

　　獅子座（權杖國王）大約在 7 月 23 日至 8 月 22 日；

　　人馬座（權杖騎士）大約在 11 月 23 日至 12 月 21 日。

小阿克羅宮庭牌的侍從牌，代表命運、無確實時間提示，事情發展會隨當事人選擇出現變數

五角星組侍從：

　　與你花費玩樂的友伴，對你提出投資建議的人，認識不久的新朋友，舊朋友推薦的人。

聖杯組侍從：

　　兒時相識的舊朋友，近來對你示好但動機單純的異性，一起分享美食的朋友。

寶劍組侍從：

　　近期常常主動送上秘密訊息的人，向你說三道四的人，在你身邊常常對人事作出分析或批判的人。

權杖組侍從：

　　最近常常一起談理想甚至決議行動的人，一起冒險或一起旅行的夥伴。

小阿克羅 Ace 及宮庭牌對應元素

五角星組 Ace：冬季

聖杯組 Ace：秋季

寶劍組 Ace：春季

權杖組 Ace：夏季

小阿克羅數字對應星座三分區

創始星座對應數字 2、3、4（每個季節的開始）：
　　白羊座、巨蟹座、天秤座、山羊座

固定星座對應數字 5、6、7（每個季節的中段）：
　　金牛座、獅子座、天蠍座、水瓶座

變動星座對應數字 8、9、10（每個季節的後期）：
　　雙子座、處女座、人馬座、雙魚座

小阿克羅數字對應時段

　　五角星 no.2：大約在 12 月 22 日至 12 月 30 日
　　五角星 no.3：大約在 12 月 31 日至 1 月 9 日
　　五角星 no.4：大約在 1 月 10 日至 1 月 19 日
　　五角星 no.5：大約在 4 月 21 日至 4 月 30 日
　　五角星 no.6：大約在 5 月 1 日至 5 月 10 日
　　五角星 no.7：大約在 5 月 11 日至 5 月 20 日
　　五角星 no.8：大約在 5 月 21 日至 5 月 31 日
　　五角星 no.9：大約在 9 月 2 日至 9 月 11 日
　　五角星 no.10：大約在 9 月 12 日至 9 月 22 日

　　聖杯 no.2：大約在 6 月 21 日至 7 月 12 日
　　聖杯 no.3：大約在 7 月 2 日至 7 月 11 日
　　聖杯 no.4：大約在 7 月 12 日至 7 月 21 日
　　聖杯 no.5：大約在 10 月 23 日至 11 月 1 日
　　聖杯 no.6：大約在 11 月 2 日至 11 月 12 日

聖杯 no.7：大約在 11 月 13 日至 11 月 22 日

聖杯 no.8：大約在 2 月 19 日至 2 月 28/29 日

聖杯 no.9：大約在 3 月 1 日至 3 月 10 日

聖杯 no.10：大約在 3 月 11 日至 3 月 20 日

寶劍 no.2：大約在 9 月 23 日至 10 月 22 日

寶劍 no.3：大約在 10 月 3 日至 10 月 12 日

寶劍 no.4：大約在 10 月 13 日至 10 月 22 日

寶劍 no.5：大約在 1 月 20 日至 1 月 29 日

寶劍 no.6：大約在 1 月 30 日至 2 月 8 日

寶劍 no.7：大約在 2 月 9 日至 2 月 18 日

寶劍 no.8：大約在 5 月 21 日至 5 月 31 日

寶劍 no.9：大約在 6 月 1 日至 6 月 10 日

寶劍 no.10：大約在 6 月 11 日至 6 月 20 日

權杖 no.2：大約在 3 月 21 日至 3 月 30 日

權杖 no.3：大約在 3 月 31 日至 4 月 10 日

權杖 no.4：大約在 4 月 11 日至 4 月 20 日

權杖 no.5：大約在 7 月 22 日至 8 月 1 日

權杖 no.6：大約在 8 月 2 日至 8 月 11 日

權杖 no.7：大約在 8 月 12 日至 8 月 22 日

權杖 no.8：大約在 11 月 23 日至 12 月 2 日

權杖 no.9：大約在 12 月 3 日至 12 月 12 日

權杖 no.10：大約在 12 月 13 日至 12 月 21 日

特別星相與牌組的關係

水星逆行

水星逆行是常見的現象，每年會有三數次，我們可以在天文星曆或者中國《通書》中查閱得知。每年底，坊間各位大師們出版的占星筆記，亦會清楚列明水星逆行的時間表。

水星逆行能量主要影響人的記憶力，人與人之間的溝通與交流。水星逆行障礙當事人的表達能力或接收能力，容易造成誤解，引起誤會。

水逆的能量亦會影響交通流量形成道路障礙，以及干擾資訊科技工具運作。水星逆行期間常見交通意外或不明原因的道路阻塞，在虛擬世界中的網路大塞車又或者由黑客引起的網絡混亂，在生活上亦容易發生網絡問題如電腦壞機、手機故障等。

解讀牌陣的時候，如有與水星關連的大阿克羅逆位、或若遇上聖杯牌組逆位，與此同時又出現水星逆行，應該提醒當事人出門旅行應預先了解交通狀況，與人溝通時應特別注意自己的表達方式，不要過分依賴資訊科技工具，重要的事情應該多做一份白紙黑字紀錄以作備份。減少或避免在公眾場合發言，或者為某些關係公眾利益的事情作出總結或定論。

健康方面，需注意有關神經系統的協調，頭腦智力的發揮。女性特別注意有關懷孕情況、水腫、個人情緒起伏等問題。

多作冥想可強化自身能量場，減免水逆能量帶來的影響。

曾經有一實例，在電台擔任節目主持的 A 先生，在流年牌陣有關工作的宮位中曾經出現聖杯侍從（逆位）。由於侍從牌

出現的最大意義，是為命運留白。所以，當時我並沒有在這個神聖的空白位置多給意見，只請 A 先生記錄一下該年幾個水星逆行時間，並提醒在該段期間要小心言論。

同年的暑假後，A 先生告訴我，暑假期間水星逆行時間，拍檔主持因為提及一則題材比較敏感的國際新聞並表達了自己的立場而遭到聽眾的投訴，結果事件擾擾攘攘了數星期才能平靜下來。雖然，最後上級並沒有就此事對任何人作出處分，不過亦嚴重影響了工作士氣。

慶幸 A 先生在事件中一直保持比較溫和的立場，沒有捲入麻煩當中。

金星逆行

金星象徵財富、物質、愛與美的追求，金星能量影響人對於上述各項的感受，金星逆行能量會影響人對事物的價值觀和喜惡感。

牌陣中如有與金星關連的大阿克羅（逆位），又或五角星牌組（逆位），應提醒當事人在社交場合盡量維持和諧一致的氣氛，暫時不要鋒芒過露，過度表達自己的情感，以免留下不適當的印象。

發展中的戀人們亦不應在這個階段評估愛情，以免得不償失。應該盡量避免在金星逆行的期間內作出任何審美評估。購物慾特別旺盛的朋友，更應該避免出門購物，以免在金星逆行的能量影響下購入一大堆令人後悔購買的商品。

健康方面，需注意有關腎臟、膀胱、泌尿系統的狀況。男

性要特別注意性功能問題。多關心家人，盡量和諧溝通，靜態生活，可以減免金星逆行所造成的不良影響。

　　幾年前我的好朋友李小姐在金星逆行的時候，因為要外出公幹錯過了與兒子慶祝生日。李小姐無可奈何，但感覺不安，就為此事來開塔羅牌。開出代表李小姐的塔羅是 No.3 女皇，代表兒子的塔羅是聖杯 no.5，代表二者關係的塔羅五角星 no.10（逆位），代表塔羅意見是聖杯 no.10，應該以愛和溝通作維修能量。

　　偏偏當時碰巧金星逆行，李小姐一想到兒子會因為這件事耿耿於懷，就失了分寸。直等到公眾假期，李小姐為了補償，就和丈夫一起帶着愛兒到遊樂場玩耍。平常李小姐是個十分有節制的人，偏偏那一天不知是否因為金星逆行的影響，內心的愧疚感特別強烈，對兒子幾乎有求必應。最後在遊樂場花費了特別多，連同行丈夫都覺得意外。

火星逆行

　　火星象徵慾望與衝動，火星能量過度，會造成壓力、競爭。火星逆行能量容易令人在生活中產生憤怒、衝動與不安。在社會或團體中造成互相排斥的能量，形成對立的局面，在憤怒的氣氛下，暴力與鬥爭一觸即發。牌陣中若有與火元素關連的大阿克羅，同時又有權杖牌組逆位牌，要提醒當事人凡事保持心平氣和，退一步海闊天空。

　　火星逆行除了會造成元素能量過多，亦有機會造成元素能量迅速減弱，令當事人感覺活力消減，無論做甚麼事都提不起勁。

　　健康方面，注意最重要有關血液相關的問題，以及燙傷、火傷等意外。男性特別注意性生活情況。多做運動，保持積極主動的心態，可以減免火星逆行所造成的不良影響。

　　兩年前，曾經有過這樣的例子。塔羅學員文文的朋友 B 先生是個兼職話劇演員，一直十分熱愛戲劇演出。不過，由於本地的劇場表演競爭劇烈，業餘演員發展空間十分狹窄。後來，B 先生在一個業餘劇團甄選活動中獲得了一個戲份頗重的角色，心裏十分高興，為此他特別向公司申請了一個多月大假，以作排練話劇之用。

　　文文為 B 先生的表現開出了一張權杖 no.4。火元素與表演藝術本來是一張跟事實呼應、能量正向的牌，文文特別小心，多作一問有關表演日期。原來，表演期間碰巧正是火星逆行的時間，幸而文文和 B 先生都是思想正面積極的人，他們不想大好的機會因火星逆行的訊息影響心情，決定把這一項資料當作一個生活提示，格外小心為未來演出作準備。

　　最後，B 先生演出順利，沒有任何意外損傷；可是，由於話劇的題材比較前衛，眾人努力的演出似乎只能得到小數本地觀眾的認同。

　　慶幸，劇團並沒有以經濟效益為前提，團長為了繼續推廣劇本內的訊息，劇組原班人馬在次年重演。因為有了第一次的經驗，劇組在劇本、場景、演員表達方式和音效等等都有按照市場意見作出調節，整個演出有很大的進步。第二次公演，獲得十分好的評價，票房亦有增益。

第五部分

塔羅冥想與靈性成長

　　以塔羅作為靈性成長的輔助工具，向來不是新鮮話題，大部分對於塔羅有深度研究的學者更認為，最初塔羅創作人以圖像及秘密符號記錄經書內容及神喻，目的是給修行者提供一項能隨身帶備的靜修冥想功具，而非目前流行的占卜或魔法用途。

　　一九八〇年匿名出版的《塔羅冥想：基督信仰內在隱修之旅》（Meditations on the Tarot： A Journey into Christian Hermeticism）一書中，作者以書信形式詳細地對讀者披露了塔羅的象徵系統與基督信仰的關連，從中古到現代，大量引用《聖經》內容，又提及東方宗教、卡巴拉等。偏偏當中就是沒有涉及任何與占卜有關的資訊，純粹以靈性成長作為出發點。這一部被譽為是基督信仰隱修派裏最精髓的著作，更獲得梵諦岡多位神父大力推薦，可見塔羅作為靈修工具的普遍性，及其內容的可讀性。

　　只不過，後來塔羅牌逐漸在民間流傳起來，並有用者曾經在冥想中獲得一些生活啟示或因此而開啟了某種智慧；甚至有些人更是體驗到不可思議的事情後，塔羅便逐漸被發展成一項預測未來的工具，塔羅占卜因此流行起來。

　　同時，由於塔羅占卜操作程序簡單，用者只需要幾個步驟，就能輕易從中獲得一些啟示，漸漸用者就失去了以塔羅作為靈性修行工具的耐性，當生活每遇困難，便以塔羅占卜吉凶；問題解決以後，就忘卻了從生活經驗中成長與靈性發展的重要關連性。

塔羅牌導想與冥想

塔羅導想流傳至現代，經多次世界性大型身心靈運動洗禮與滋養，已經發展出一個穩定成熟而不具備明顯宗教特徵的存在方式。佛教的禪修，是希望從專注之中察覺自己念頭。基督教的靈修，是與神相交，讓神進入寧靜的心內，聆聽神的話語，與神對話，把心事交託神，待神給出指引。塔羅導想與冥想是兩個既是獨立又可連接的思想層次。

塔羅導想能有效助人調整情緒，通過自我對話，了解自己和周遭的人事，從中組織出對應事情的更佳方案，用自己的智慧，去解決自己的問題。

導想時專注於所選定的塔羅牌，當人達到專注時，自然可以與牌建立更深的連結，在靈魂層面與塔羅聯繫，不再只是用眼睛來觀察畫面，更是用腦袋來思考連結生活中的整體情況，為生活中所面對的問題找出答案。

用心來感受當中更深層意義的關鍵，在於從自我對話中思考，了解自己的真實需要，找出內心最深層、最想要的、最渴望的東西。

每個大阿克羅畫面都是一個故事、一則教誨、一個警醒。塔羅牌就像鏡子一樣映照出真實，讓人在鏡子中看清楚真正的自己，當人真正開放心靈，就會發現未知。坦誠接納自己的想法與感受，認同現況，好好感受這個經驗當中的能量，接納與反思，然後釋放。讓這些能量化作靈性的養分，使靈性變得壯大。

當人走出困惑思想，就能突破，將靈性解放出來。當情緒

平靜，精神清晰，就可以將自己的注意力集中，進行冥想，拋除壓力和焦慮，感知真實的幸福。

在這裏我得補充一點，文字與語言是人發明的工具。生活中，文字、言語的對話內容是有限的，容量與交流量受時間、環境和精力的限制；但心靈對話的層次是一種能量交流形式，能量是自然而生的，內容是無限的，能夠超越現況的限制，因此，能瞬間填滿心靈空虛的狀態。

至於冥想的形式通常被分成兩類，集中冥想與自由冥想。由於自由冥想的練習結果是一種沒有精神內容的狀態，因此塔羅比較適用於集中冥想練習。

文明社會物資供應豐盛，供應繁茂得隨手可取，人們開始有空間將專注力轉移尋求滿足心靈的方法，愈來愈多人參與心靈課程，不受文化、種族和宗教限制的塔羅導想課，需求自然愈見熱烈。大眾對塔羅牌的功能認知亦逐漸從占卜工具，回歸其本來的出發點，塔羅牌或以塔羅原型發展出來的各種心靈閱讀卡，常見用於心靈或心理治療當中，這是令人可喜的集體靈性意識進步結果。

以下我會分享一些塔羅導想和冥想工作坊的經驗與課堂筆記，當中包括一些集中冥想的研習導引與內容，大家可以試試每天定時找一個身心空閒的片刻，給自己滋養心靈。從二十二張大阿克羅中，抽一張出來精心細讀，感受一下畫面帶來的訊息；以畫面的名稱連繫自己生活中在不同範疇的身份。又或者，可以按照下面的指引作一些生活反思。

- 畫面中主角的際遇，有否使你聯想起曾親身經歷的某個生活場景？

- 畫面的主要色調，有沒有令你產生某種情緒？

- 今天，畫面中有沒有某個小細節特別引起你的注意？為甚麼會引起你的注意？這個大阿克羅人物，有沒有令你聯想起身邊某一個人？這個人的生活如何？他的人生與你產生了甚麼連繫？你對於這個人的生活又有甚麼看法？

大阿克羅牌組的生活與靈性成長導引

No.0 愚者（The Fool）——
風（空氣）元素

正面啓示：
- 夢想的收穫，是不可量度的。

心靈對談：
- 想想自己真正追求的是甚麼？
- 心靈上的滿足感？物質上的義意？
- 沒有對與錯，只有取與捨。
- 正在滿足別人，或是滿足自己？
- 抑或透過滿足別人來滿足自己？

No.1 魔術師（The Magician）—— 土（地）/風（空氣）元素

正面啓示：

* 遇上適合的觀眾，展示更美好的自己。

心靈對談：

* 誰是你？只有你自己才知道真正的答案。
* 喜歡的是幻象，還是真相？
* 真正的力量，來自道具、形式或是本體？

No.2 女祭司（The High Priestess）─ 水元素

正面啓示：

- 信念與信仰是最大的能量

心靈對談：

- 正在為誰而活？為自己的理想或是為他人的利益？
- 在有了一定的知識後，如何應用在身心靈方面？
- 規條可以成為武器，也可以是種保護力。

No.3 女皇（The Empress）——
土（地）／風（空氣）元素

正面啟示：

- 擁有豐盛的內心，看到的都是愛與美。

心靈對談：

- 要成就美好的成果條件是：耐性、愛護和關心。
- 豐盛的生活，可以養成奢侈頹廢，也可以成就分享與關愛。
- 物質能豐富生命，愛能豐富心靈。

No.4 皇帝（The Emperor）——
火元素

正面啓示：

- 真正的實力就是最強的保護盔甲

心靈對談：

- 應當學習去管理還是控制生活中的一切？
- 應當時刻警戒守衛？還是應該拿出勇氣向前？
- 誰才是最終極的主宰？是誰在控制誰？
- 自己正掌控環境嗎？還是你已經被環境控制了？

No.5 祭司（The Hierophant）
土（地）元素

正面啓示：

- 能找到尊敬和模仿的對象，也是一個能讓人繼續前行的方向。

心靈對談：

- 執行規條，不等於倔強和守舊。
- 擁有神聖形象與樣式的人，仍然是一個人。
- 規條與真理是兩碼子的事
- 你知道，別人認同是信徒和自稱是信徒的分別嗎？

No.6 戀人（The Lovers）——
風（空氣）元素

正面啟示：
- 未來的基礎是現在，專注當下的愛才不枉相遇。

心靈對談：
- 不同的人走在一起，可以產生分歧，也可以互補不足。
- 戀愛可以是一種力量，迫使人去作出選擇，思考一些事情，又或者面對一直逃避的真相。
- 當人追求得到心中的目標以後，目標就不像是目標了。然後，該怎樣把曾經的「目標」重新定位，這就是戀人真正的課題。

No.7 戰車（The Chariot）——
水元素

正面啓示：

- 不一定是最強的人，才可以同時擁有兩種能量。能夠控制兩種不同的能量，將會成為更強的人。

心靈對談：

- 人只要還有慾望的話，就不能停下來得到安寧。
- 只要還有矛盾，就會有戰爭。
- 對手是敵人；但同一陣線卻心意不通的人，可能才是最難應付的敵人。

No.8 力量（Strength）——
火元素

正面啟示：

- 剛強與柔和互相調劑，就會變成恰到好處。

心靈對談：

- 當溫柔和勇氣結合起來，會是一種很強的力量。
- 這一種新力量，可以成為最無形、最高的領導力；甚至可成為一種最無形、最強力的武器。

No.9 隱士（The Hermit）——
土（地）元素

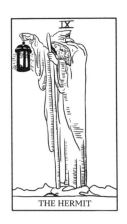

正面啟示：

* 孤獨的空間，亦是可使人變強的空間。

心靈對談：

* 只要內心已經退下來，無論去到甚麼環境，都是一個隱士。
* 有人覺得隱士放棄一切歸隱，但真實情況是：隱士抱着很多知識與經驗用心生活着。
* 隱士只是一個稱呼，隱士的生活只在擺脫一些，然後去擁抱另一些而已。

No.10 命運之輪（Wheel of Fortune）——
水 / 火元素

正面啓示：

- 有轉變，就會有新的能量注入生命。轉變，是推動生命成長前行的動能。

心靈對談：

- 有時，有些際遇會令人相信自己是被命運揀選的人。
- 其實人也可以從這些際遇中選擇自己的命運
- 你可以走進他人的生命，他人也可以進入你的生命。

No.11 正義（Justice）——
風（空氣）元素

正面啟示：

- 只要心守正義，就能作出智慧的決定。

心靈對談：

- 公平、公正、理性，不等於是最佳的安排。
- 即使是最合理的決定，亦不能滿足所有人。
- 人真正可以去維持平衡的，就只有自己的內心世界。

No.12 吊人（The Hanged Man）——
水元素

正面啟示：

• 不同的視野，帶來不一樣的思考，造就獨特性。

心靈對談：

• 當一個人倒下來，就可以從另一個角度看世界。

• 因為延誤而出現的局面和人事關係，不會維持很久。一旦有決定出現，一切就會變得不再一樣。

• 犧牲不一定是有形之物，犧牲也可是一個信念或者觀點。

No.13 死亡（Death）──
水元素

正面啓示：

- 被迫的結束，也許是命運要把人帶向另一個層次。

心靈對談：

- 結束，可能基於心態已經改變了。以前喜歡的，現在已經不喜歡。
- 當要面對結束的時候，改變心態可能比掙扎更好。
- 一個階段的結束就是另一個階段的開始

No.14 節制（Temperance）——
火元素

正面啟示：

- 達致平衡是一種狀態，這種狀態能夠產生很大的能量。

心靈對談：

- 很多人事，在協調時候會融合成一體，不協調的時候就會分開。

- 節制可以製造一種連繫，使人事介乎於融合與分開之間，在決定下一步之前，保持對立而無需分裂。

- 很多事情都是可以協調的，欠的只是能力與決心。

No.15 惡魔（The Devil）——
土（地）／火元素

正面啓示：

* 慾望亦可以是一種強大的推動能量

心靈對談：

* 人常說無法脫離的人和事，其實都是假象。真正的控制力，
  來自自己的原始獸性和貪念。
* 真正的束縛，來自心內的軟弱與糾結；若心結得到解放，
  熱情就會獲得釋放變成能量。
* 使人墮落的力量不是命運，而是沉迷。

No.16 塔（The Tower）——
火元素

正面啓示：

- 人間的地位，是別人給予的。自我的定位，是自己決定的。

心靈對談：

- 凡自覺有特權的人，很容易變得孤獨。
- 無論建得多高的死物，都不能給人真正的地位。
- 人可以站在很高的建築物仰望星空與天際，但只有心靈才能連接至高的智慧。

No.17 星星（The Star）──
風（空氣）元素

正面啟示：

● 　你對宇宙的付出，宇宙會給你回應。

心靈對談：

● 　當知識遇上機會，會變成希望。

● 　希望，只是一種良好的感覺，產生療癒心靈的力量，成為生命中一種新的推動力；但希望不等於命運的結果。

No.18 月亮（The Moon）──
水元素

正面啟示：

• 忍耐，讓你看清一切。時間，會幫你解決問題。

心靈對談：

• 月亮是最大、最原始的能量，影響着大地上所有生物，亦包括人的身體機能循環與心智。所以，沒有誰是唯一會受到影響，分別只在於有甚麼影響而已。

• 月亮與人心智的關係，是培養直覺力的關鍵。

• 人可以利用智慧，把直覺力拓展成對身心有助益的力量。

No.19 太陽（The Sun）——
火元素

正面啓示：

* 用心照亮別人的同時亦會讓你的外在發出光芒

心靈對談：

* 大地上，幾乎所有生命都需要太陽的能量，雖然各自以各
自的運作法則發展生命，但生命發展中都有同一養分，就
是太陽的能量。無論好人壞人都有這一種能量，這就是為
甚麼有些人能與萬物產生交感相會，有些人能夠憑直覺作
出有益於生命的決定。因為，這些人拓展了與萬物共通的
語言──直覺力。

No.20 審判（Judgement）──
水元素

正面啓示：

- 自我檢視，改善進步。

心靈對談：

- 我們也許沒有能力停止別人對我們的審判，但我們可以把審判的過程，變成一個了解的過程，從別人口中了解自己與事件的關係，從別人的判斷了解對方的價值觀。
- 人生中有兩個不能逃避和擺脫的審判，一個是末日的審判；另一個是自己內心對自己行為的審判。

No.21 世界（The World）── 土（地）元素

正面啟示：

- 看看你身邊的一切，或近或遠，或前或後，其實你已經擁有一切。一切，在這一刻、這一課，你所需要的一切。只要，你專注於生命這一刻的課題。

心靈對談：

- 人生有不同的階段，不同的階段有不同的課題與任務。
- 只要人生仍會繼續，人就會從一個階段走向另一個階段。
- 當某一個階段呈現圓滿的狀態，亦意味着另一個階段即將開始。
- 迴旋的路沒有高低之分，每隔一段時候又會碰上相同的風景，只是距離卻不一樣了。

心靈療癒與成長

　　在心靈療癒或成長工作中，我曾經因應個案的年齡、狀況和成長背景，因人而異地用上不同的對應方案，包括文字創作、角色扮演、花療、音樂、繪畫、曼陀羅、冥想、塔羅、食療、香草等。個案處理會面過程，通常由談話開始，內容除了特定的事件，也可能會談及案主的生活、夢境、個人歷史或家族成員的故事。

　　我們會發現，原來很多時候，同樣一個人在不同的階段、在對應不同的人事、身置不同的環境時，都會有不同的面貌。甚至有不少人，在同一天內，可以出現多種個性。

　　在這分享一下我那位美麗的客人連小姐的生活面貌——

　　從早晨睜開眼睛一刻開始，她是一隻慵懶賴床的小貓。踏出家門，跟老管理員打招呼時，連小姐是個可愛的鄰家女孩。坐在公車上，想像着一小時之後會議中的個人發表時間，會覺得自己是個特別軟弱無力的病人；然而，一踏進辦公室，就變成了幹練無敵的女強人。夕陽西下，煞氣消散，換上手工精緻的小晚裝，就變成了一隻靈氣小貓，四處玩樂。直到夜深人靜時，回家路上，望着街燈之下，投影在前方自己的身影，竟覺無比陌生。究竟哪一個才是自己?!

　　這當然並非連小姐專屬的經驗。事實上，大部分人都曾經有類似的經歷。沒有哪一個模式才是自己，基本上每一個模式都是真實的自己。

　　「九型人格學」經常被身心靈導師應用在活動中，九型人格學將人類的個性特徵分為九類而並非把人分成九種。世上每

個人，都可以同時具備九類性格特徵，有些特徵會比較明顯，亦有些特徵比較隱藏。經常而且長時間流露的特徵，會被認為是當事人的主流性格。

事實上，這個被外界認定的形象背後，其他類型的性格特徵，亦會以不同程度存在於每個人之中。這些性格特徵所造成的能量，以不同輕重的方式在整體內流動着，以便隨時應用於不同的人事和環境。這不是虛偽，而根本就是與生俱來的能力。適時應用不同的能量，跟隨直覺的訊息互動，自然流露的反應都是一種方式，以通融隨和去襄助個人成長和靈性發展。

多數人認為知識可以令人生變得豐盛，卻沒有很多人想到知識或許會成為靈性成長之旅的障礙。所有從學習、閱讀或任何資訊得來的知識，都未能真正成為屬於你的知識；只有在知識得到你自己的了解，才是為你的智慧，才是真正屬於你的知識。

又有很多人都知道有所謂的個性、天性，卻在未完全發揮特質的能量以前，就成為了某些個性特質的奴隸。為了肯定「我」的存在而執著某種個性特質，在平靜的生活中加入一些無謂的生活習慣，在人際互動當中加入無助於事的倔強與堅持，為了遵從該特質被認定的命運發展，遺忘自由意志給予生命的選擇權，放棄了靈性成長的自由展向。

從本來以某種性格能量驅動，追求心靈成長的自在感，反向變成犧牲自己的感受，放棄靈性的發展，去追求某種性格的形成，局限命運的發展，扼殺了人生的各種可能性。佛學中有「我執」一詞，心理學中亦有「限制性信念」一詞，大概多少接近這種道理。

　　我曾經遇上一位堅持「善良」的客人王先生，他的生活的確很善良，素食、不殺生、禮讓、環保、捐獻。每一個行為都很美好，可是他本人並沒有受惠於這些美好的能量，在履行善良的責任去圓滿形象的生活當中，他感到一種難以具體說出的壓力，他不明白壓力的出處，無法具體地說出不快樂的因由。明明每一個行動都是為了善良和美好而出發，為甚麼結果卻形成一種負向的能量？

- 為甚麼人要因為要完成「善良」這個目的，而作出美好的行為？
- 為甚麼人不可以純粹地因為行善而感覺美好？
- 為甚麼人不可以因為看到美好而感覺美好？
- 你們能看出王先生壓力的出處嗎？

　　這些問題不難找到答案，熟用網絡媒體的這一代只要在鍵盤上按下幾個按鍵，就會有數十萬條給肉眼去看、給頭腦去想的文字答案條文跑出來；然而，當中卻未必會有令人感悟的答案。給心靈的答案，只能在靈性成長的路上找到。

　　人有天性，亦有後天被教育出來的性格；但靈性成長並不是單一性格的重點培育，後天的教育亦可能會使人混淆了對於天性的認知。

　　不過，即使是世界上被公認為最美好的性格，一旦被過度專注發展，最後就只會成為單一孤獨的能量。只有開放頭腦，投入生活，在不同的生活場景覺察自己的行動和反應，利用本屬於自己又不同往常的性格特質能量，去發掘各種反應和變化的可能性，以警醒自覺的心，來區分不變與萬變來認清甚麼是性格和形象，甚麼才是真我的本質。

　　塔羅大阿克羅每一張都代表某一種性格特徵所形成的生活形式，二十二個畫面描繪出二十二個人物的生活形式，但並不是記錄了二十二種人的命運路徑。畫面展示了某一種行為應對，可能會造成某一種局面。

　　大阿克羅的序號由 0 至 21，但不是每個人都會順序經歷所有感覺，亦沒有一個局面是必然而長久的，這一刻的魔術師，下一刻可能會變成皇帝，每個人的心路歷程都是獨特的。

　　二十二種體驗，也是一種心靈修煉，生活情境或不一定會順序發生；然而牌面序號、次序還是有其於生命現場的意義。所有情境幾乎都是可遇不可求的，是專屬於個人成長的；而沒有遇上的畫面，亦不代表是可以忽略的畫面。我們或許會在別人的場景之中與過去或將來的自己相遇，牌面序號次序就是提示訊號，人可以把握時機與不同時空的自己一同感受，預演或回味一些場面。

　　以大阿克羅人物故事作為靈修課程或靈性探討，有助提升分析力，了解人的想法、感受和行為。以其進行內心的省思或冥想練習，有助了解自我，照亮內心的盲點，提升靈性意識，讓人獲得智慧與力量，感到平安滿足。

　　塔羅冥想可以是很個人的事，也可以是群體的事，沒有一定的答案，所有外在的人和事都是助力。最後，只有你自己才可以給自己最有效的答案。

　　在我的總體身心靈工作中，有關以塔羅或塔羅內容作冥想或心靈成長的工作，大概佔三成。又當中八成個案對象年齡介乎三十五至五十五歲，男女比例各半。處理形式方面，按統計女性比較喜歡參加小組或團體分享課，男性則傾向獨立面談。

在此跟大家分別分享一下其中一些形式與內容，以便了解如何將塔羅融入靈性成長活動中。

接下來，將會與大家分享一個以塔羅追尋靈性源頭的方法。話說在前，這個方法對靈性發展和情緒管理相當有用，是導師級別的課程內容。

整個靈性追源過程加上與當事人的互動，大約需時一百八十分鐘。當中還有能量顏色應用部分，相當有趣，每次課堂都會超時進行。

但由於篇幅所限，以及某些部分需要配合較深入的探討，需要對塔羅了解有一定的根基，不然很容易「消化不良」，所以，這一次會先為大家介紹當中可以獨立使用的部分；餘下需要深入解釋、能量顏色應用部分以及較具關連性的，會待日後有機會再與大家分享。

尋找靈性能量的源頭

我們身體的源頭，即是我們的生育者。過去，生育者通常是指母親和父親，隨着科技進步，生育科技亦創造出其他新的例子，例如：代孕母親、試管孕育等。據報道，未來科技發展正研究利用兩名同性成人的幹細胞，分別培植出精子及卵子細胞，一旦成功，就意味着同性伴侶將不需要第三者的協助，也能擁有自己的孩子。

新生兒一旦離開母體，就成了一個新的獨立個體身體的源頭；但這個體並不是真正的獨立，生育者的髮色、膚色、眼睛的顏色，都會遺傳給這個新生個體。而這個小人兒將來的身高、外貌，甚至天生才能，亦離不開遺傳的影響。即使個別例子當中發生異常和突變，亦都永遠不能和遺傳割離關係。

知道身體的源頭，可以認識自己的先天體質，當身體出現某些問題時，身體的源頭可能就是重建健康的能源母艦基地。

而每個靈性都有自己的能量源頭，知道源頭，就等於找到探索及了解自己的方向。知道自己從一開始究竟為甚麼來到這個世界上？為甚麼經常會有這樣的想法？為甚麼常會出現某些情緒反應？為甚麼會有這樣的選擇？為甚麼會有今天的自己？

靈性各有特質，一開始的時候，靈性都是單純的。

靈性與身體結合，來到世界上，開始了生命。從生育者中獨立出來，開始接觸外界。透過不同的感官，認識這個世界。從不同環境中生活見聞，累積經驗，發展心智。

　　歲月漫漫，不同的人事際遇當中，有幸亦有不幸。靈性可能會得到來自幸福感的正能量所滋養而變得壯大；也可能會因為受到冷漠煩擾的事所產生的負能量受到污染，遭受蒙蔽，迷失了本性，減滅智慧。靈性能量低落，負面情緒便會逐一出現，人逐漸深入迷惘、焦慮、不愉快，失去幸福感。

　　若能回到能量的源頭，便可以找回最初的自己。有些人在與能量源頭重遇時，可能會因為看到一些不在預期、以及無法改變的因素而不想接受自己。這個問題並不需急着解決，亦無需急着判斷當中的對與錯、好與壞。

　　藉着專注於與能量源頭重遇的瞬間，重新認識自己，靈性自會分辨善惡，讓人了解真實的需要，排除不必要的想法與感受，與源頭連結，得到能量，重新整合。

靈性能量源頭算式

　　塔羅牌組中大阿克羅分別代表二十二種靈性特質，其中No.1 至 No.9 分別代表九個能量源頭。配合特定塔羅算式，可計算出一個人的靈性源頭，讓人知道先天性格傾向。

　　不同的性格特質沒有好與壞、高與低、強與弱的分別。不同的靈性特質，在不同時期來到世上，都有特別使命和意義。每個人的特質都是十分適合自己用來應付今生課題的軟裝備。

　　「靈性能量源頭算式」是一個廣泛流傳的塔羅算式，以出生的年月日數字個位相加在一起，計算出當事人與生俱來的能量。曾經有不少學員問及，夏令時間的計算方式有否影響塔

羅算式的計算結果。正好，我可以在這裏解釋一下：塔羅算式
應用基礎為數字能量學，主要與當事人日常應用的數字能量關
連，有別於傳統占星系統。所以，建議大家只需以常用的生日
數作塔羅算式計算便可以。

　　由於靈性能量源頭只有 1 至 9 種，所以，若第一輪算式答
案超過 9，答案號碼需要再以個位拆開相加，直到少於 9，舉
例如下。

例一：

李先生的出生日期是 1980 年 12 月 25 日。
算式是 $1 + 9 + 8 + 0 + 1 + 2 + 2 + 5 = 28$
（第一輪算式答案超過 9，號碼需要再以個位拆開相加，直到
少於 9。）
$2 + 8 = 10$
$1 + 0 = 1$
李先生的靈性能量源頭是 No.1 魔術師（The Magician）

例一之靈性能量源頭

靈性能量源頭	課題或考驗
No.1 魔術師 （The Magician）	No.13 死亡 （Death）

例二：

王先生的出生日期是 1960 年 6 月 9 日。

算式是 1 + 9 + 6 + 0 + 6 + 9 = 31

（第一輪算式答案超過 9，號碼需要再以個位拆開相加，直到少於 9。）

3 + 1 = 4

王先生的靈性能量源頭是 No.4 皇帝（The Emperor）

例二之靈性能量源頭

靈性能量源頭	課題或考驗
No.4 皇帝 （The Emperor）	No.16 塔 （The Tower）

例三：

黎小姐的出生日期是 2014 年 8 月 23 日。

算式是 2 + 0 + 1 + 4 + 8 + 2 + 3 = 20

（第一輪算式答案超過 9，號碼需要再以個位拆開相加，直到少於 9。）

2 + 0 = 2

黎小姐的靈性能量源頭是 No.2 女祭司（The High Priestess）

例三之靈性能量源頭

靈性能量源頭	課題
No.2 女祭司 （The High Priestess）	No.14 節制 （Temperance）

靈性能量源頭表

組別	靈性能量源頭	課題
1	No.1 魔術師 （The Magician）	No.13 死亡 （Death）
2	No.2 女祭司 （The High Priestess）	No.14 節制 （Temperance）
3	No.3 女皇 （The Empress）	No.15 惡魔 （The Devil）
4	No.4 皇帝 （The Emperor）	No.16 塔 （The Tower）
5	No.5 祭司 （The Hierophant）	No.17 星星 （The Star）
6	No.6 戀人 （The Lovers）	No.18 月亮 （The Moon）
7	No.7 戰車 （The Chariot）	No.19 太陽 （The Sun）
8	No.8 力量 （Strength）	No.20 審判 （Judgement）
9	No.9 隱士 （The Hermit）	No.21 世界 （The World）

靈性能量源頭 / 生命的課題

組別 1 ──
靈性能量源頭：No.1 魔術師

　　魔術師是個帶着為世界解決難題使命的古老靈魂，身懷絕技再次轉世。累世的記憶和經驗已經變成一種自身能量，融入了靈性，成為今生的過人的條件。魔術師外在有一團容不下他人的氣場，是來自別有層次的思考模式，只因魔術師對宇宙的法則有特別深入的理解，知道天地之間萬物的能量流向，甚至是其中的召喚方法和技巧。

　　在靈性最佳狀態的時候，魔術師的心智和專注力特別強大，可以跟環境中任何事物產生強大連繫，以能量影響能量，操控現場氣氛，影響局面。

　　魔術師可說是吸引力法則的最強效演繹者，而這一種來自靈性能量的吸引力，亦會為魔術師帶來不少支持者。

當流向負面的時候，魔術師會因為過度的控制慾和進取心而消耗不少靈性能量，最終因為能量流失導致身邊的人物消散，徒剩下一個美麗好看的格局去應對人生。從一個真正的人物，變成一個演繹人物的人。

在助人解難的時刻，要注意不應與其他互動者建立過度深入或恆常性的能量交流，得意忘形，以致日後演變出關係與責任，偏離了最初的目的。要好好鍛煉專注力和意志力，能有助穩定靈性的能量。

課題或考驗：No.13 死亡

因為與生俱來的使命感，解決難題似乎是生活日常，魔術師的通常性思考模式，是用操控與連結局中各種能量，配用創新的方法，解決眼前的難題，讓事情重回正軌。

不過，生命是有周期，無論任何人事都不能保持永恆的狀態。最強大的能量，都逃不了變遷。最強大的控制力亦會碰上一些事情，在控制範圍以外。

放手，讓死亡發生，也許亦是一個創新的解難方法。結束的出現，會創造新開始。

組別 2 ——
靈性能量源頭：No.2 女祭司

女祭司的靈性能量來自遠古的靈魂，歷盡天地間成長，因此通曉奧秘之事。女祭司對宇宙萬物純淨無私的愛，讓她可以比其他人物更接近神性偉大的創造能量源頭。這不是一種特權，亦不是修煉而來的功夫，而是以愛的力量開啓了天賦，萬物亦因此而敬畏她，並各自向她展示自己的秘密。女祭司因此獲得真知真覺，有能力去分辨實相與虛幻，有權力去主理與釐清不恰當的人事運作。不過，女祭司並沒有把這些能量變成為自己的發展工具，她雖然知道很多，但最後只選擇把所知的轉化成智慧帶來世上。

女祭司的使命是成為宇宙法則的守護者，她對於一切都知道得很清楚，但絕不隨意利用，亦不容許人肆無忌憚。女祭司的能力只在適當的時候向人展示，出手一刻只為平衡與守護。

當女祭司的能量流向負面，會予人過於執著、善變、冷漠無情、高不可攀的感覺。關愛過度，近乎操控，令人產生抗拒

感，以致真愛的能量不能有效輸出，無法完成使命，自己亦失去了存在感。

　　這個時候，應該開放自己，重新跟宇宙連結，直接與萬物相連，接收萬物給予的提示。月亮和大海，可能是最好的媒介。高敏感的女祭司，可以憑直覺知道當中的真偽，選擇有效的素材，養育靈性。

課題或考驗：No.14 節制

　　女祭司的靈性能量與月亮和大海有着非常密切的關係，月相變化關連直覺力的發揮與海洋的狀態，影響靈性能量的穩定性。偏偏節制牌的能量與水的操控有關，局面穩定和諧的氣氛，來自背後對於水元素的純熟操作，不斷流動的水與女祭司致力維持穩定局面的力量相通。無論是通過方法去溝通了解，或是以直覺接收，都是理解真相的方法。可是，即使通曉所有，但過度執著，只會局限了靈性的成長。

組別 3 ——
靈性能量源頭：No.3 女皇

女皇的靈性集合金星、大地和天上光芒最耀眼的十二個星群的能量，關連着一年之中十二個月份裏大地的狀態。女皇帶着真善美的使命感來到世界，效法大地之母以豐富的資源養育生靈。女皇的另一個身份是母親，她了解生命的本質，知道成長的方法。

當女皇處於能量強大的時候，會發揮母性，給予萬物靈性擁抱的力量，她的能量能安慰別人的靈魂。因為本身在身心靈方面的圓滿感，女皇有足夠的能量施行給予，輸出能量，療癒別人的傷痛，指導生命的方向，養育靈性。基於使命感，勞心勞力亦不求回報，只期望成長好的靈性能回饋大地，以生命影響生命。

當女皇的能量傾向負面的時候，過度的愛會變成控制力，令本來親近的人遠離。過度張揚的幸福感，使人妒忌。過度傾向物質的滿足，執著個人物質成果，囤積物資，產生虛榮心，

忽略了靈性的養育，最終內心失去安寧，與大地的法力失去連結。

　　女皇需時刻尊重大自然的法則，感恩大地的給予，待人親切，與人分享，養育靈性，讓其時刻保持豐盛狀態，與環境建立良性的循環，才能保持身心靈的圓滿感。

課題或考驗：No.15 惡魔

　　長期美滿豐盛的生活，容易讓人沉溺在享樂與慾望之中，遺忘了感恩的心，把一切視為理所當然，自我升格，對大自然失去了尊重，為滿足一時之快，剝奪環境中的事物，摧毀了規律與法則。矛盾地又為了維持現況，強行對環境中的人事施行干擾及控制。最終靈性能量流向負面，失去了豐盛的滿足感和平安喜樂的心。

組別 4 ——
靈性能量源頭：No.4 皇帝

THE EMPEROR

　　皇帝是個深具智慧與覺知的古老靈魂，能量來自黃道十二宮的首位星座白羊座，由火元素所支配，同時擁有謹慎沉着與衝擊爆發的能量，既熱情又孤獨。先天具備上佳的領導特質，帶着保衛與作戰的使命來到世界，並一直為此而緊守崗位。熱情投入為保衛而作戰，孤獨地承擔着連串責任。

　　皇帝的作戰，除為了自己，更多是為了大眾利益，皇帝所保衛的是眾人的財產，而眾人的財產在他眼內亦是自己的版圖。有趣的是，他享受控制板圖的滿足感，而非貪婪當中的一切。他的權威並非傳承而來，亦非爭奪而來，而是從靈性而來。

　　當皇帝靈性充滿光輝，能令人心生敬畏，無須刻意宣揚與爭奪，自然得到擁護，成為環境中的王者，眾望所歸，能量自然強大。

　　當皇帝的能量偏向負面的時候，權威會變成霸道與暴力。一旦失去智慧，為大眾戰爭的心會變成為私利鬥爭的心。目標

變成企圖心，管理力變成約束力，就會令人心生畏懼。這一種畏懼不是敬畏，會使眾人因為懼怕而遠離，皇帝就會失去支持變得孤立。失去了天命守衛的對象，就彷彿生命失去了某些意義。

若要靈性恢復狀態，應當把注意力回歸於權威的出處，從關顧大眾利益開始。從心出發對應眾人的訴求，智慧顯露，靈性自然散發光輝。

課題或考驗：No.16 塔

無論多高的建築物，都只是一項沒有生命力的死物。只有當生命住進去，才變得有意義。

真正的權位，本來並非存在於高塔裏，只因有權位的人住進去，建築物才會成為權貴的堡壘。是靈性給本來沒有生命的事物賦予能量。

只有知道自己的位置，用心生活，活出生命的意義，啓動靈性的能量，用氣場創造氛圍，創建出自己專屬的能量堡壘，就無用懼怕自身以外的任何事物發生突變或瓦解。

組別 5 ——
靈性能量源頭：No.5 祭司

　　祭司是被揀選的靈魂，祭司的靈性特質是與生俱來的權利，是沒有任何人可以給予，也非能自取。若靈性能量源頭是祭司，即使其人靈性本來並不強大，到了適當的時候，都會因為得到宇宙大能的恩澤和啓發，與真理至善的最大靈性接通，最終成為了道德與真理的代表。這是一個很特別的生命職位，被賦予了重要的、嚴肅的使命，以強大的靈性，集結更多能量，完成宇宙的任務，使世人的靈性能夠得以集體昇華。

　　祭司擁有能接通上界的能力，了解宇宙的法則。當能量正面時，祭司的個人生活會成了眾人注目的真理劇場，每天親身演繹真理故事，以德服人。神聖的能量，累世的智慧與見識，加上傳承自能量家族的血脈，使祭司有能力成為眾人心靈的依歸。

　　對很多人來説，祭司具有強大的吸引力，會使人不自覺在靈性層面產生遵從心。因此，祭司應時刻警醒，心靈潔淨地過

生活，履行宇宙大能托予的責任。

當祭司的能量負向的時候，容易迷失在權利遊戲之中，逐漸遠離宇宙中的至善能量，失去了與最偉大的靈性能量溝通的能力，同時亦失去了眾人的仰望視線。

祭司不應做任何影響判斷力的事，要潔身自愛，時刻保持覺知。因為，宇宙中至高的權能是聖潔；所以，祭司的靈性必須是聖潔的，才能發揮能量。

課題或考驗：No.17 星星

希望是美好的一件事，可是希望落空，會比從來沒有希望更令人難過。

有時候，人會因為在群體中某一種身份而獲賦予特殊的能力或權力，甚至因此而獲得可以滿足別人的能力。當身處這一種境地，滿足別人的希望時，應保持覺知，這是純粹的為大地服務？還是為了滿足別人而維護自己的形象？滿足別人希望這種感覺，是滿足且平安？或是沉重而費力？

只有在真實的愛所造的願境中，才能與幸福相遇。

組別 6 ──
靈性能量源頭：No.6 戀人

　　戀人們的相遇，是宇宙能量活動的結果。戀人們的能量來自兩股力量，這兩股力量後來演變出陰與陽、日與夜、男與女、動與靜。但是戀人們最後卻是結合了，成為一個獨特的靈性狀態，帶着愛的能量來到世界上。

　　這是兩個力量合而為一的新能量，當老靈魂完成了一個課題之後，會以另一個嶄新的狀態，再次來到大地，接受另一個課題。這一趟的使命是身體力行去演繹「愛」。希望世上的人都能以心靈溝通的層次，感受得到從靈性出發的愛。這一種真「愛」是無分彼此，是各自獨立又能互相融合的關係。

　　戀人們希望世人能夠明白，因愛而發生的融合，是一種二合為一後昇華的狀況。

　　在生活上，戀人們很需要所愛的人的支持和認同，每當與親密的人溝通不順利、感受不到愛的能量，就會失去重心，心靈變得敏感又脆弱，能量消減。

　　戀人們有一個使命感，希望將愛的力量擴大出去，延展到身邊每一個有關係的人，用愛填滿整個氛圍。

　　當戀人們的能量變得負面時，會容易產生妒忌心，不容易接納他人，處事自相矛盾，害怕付出，斤斤計較。

　　在「戀人」的能量影響下，戀人們重視忠貞，但又難以抗拒誘惑。

　　戀人們相信世上有更偉大創造者，這個創造者才是真正的能量源頭，但又經常矛盾地逃避去臣服於這一種力量。

　　戀人們相信融合的能量，卻又是常分彼我。這一些矛盾與分離感，成為了今生執行「任務」的阻力。

課題或考驗：No.18 月亮

　　月亮，無言地在黑夜中為大地散發亮光。月亮射線具有強烈的陰性能量，是一種接近母性的愛，驅使人去為大地付出。這一種天職性的感覺，使人在月之能量的影響下，在人際關係中，近乎一種常規，自然而然地擔當着包容、忍耐、照顧別人的角色。

　　當付出過度，就會忽略了自己的感受。一旦失去平衡，過度的忍耐就會產生負面的能量。付出愛的同時應該關注，應感受能量對流間的平衡。

組別 7 ——
靈性能量源頭：No.7 戰車

　　來自巨蟹座的能量，意味戰士為了守衛家人或者與家庭般重要的人事，才踏上戰場。戰士帶着戰鬥心情來到世上，未來顯然是一個充滿挑戰性的人生。一般人可能會感覺無奈，但對於戰士來說，這是靈性上的選擇，因為，只有戰事才能顯出戰士的存在意義。

　　每當戰士出現，自然會產生鬥爭的氣氛，可能是挑起戰爭、可能是戰勝、也可能是戰敗。每當戰士出現，「和平」都只會是將來的事。作為戰士，最好專注自己的身份，明白到破壞和平的是氣場，想製造和平，可憑個人的能量。

　　戰士的使命似乎就是收拾完一個戰場，之後，趕上另一個戰場。戰士早已習慣了大地上的生與死、開始與結束。

　　他的秘密武器是他的戰車，從星際開出，本來不屬於大地的聖物，卻伴隨星光戰士來到世上，戰事和戰車兩股力量已經合二為一，昇華成一個新的靈性狀態。這是宇宙送給戰士的禮

物，因為，只有戰士的靈性能量可以統合神獸的力量，以宇宙中兩種截然不同、甚至具有衝突性的能量啟動戰車。例如，守恆與革新、理智與感情、勇敢挑戰與小心懷疑。只有真正的戰士才能駕馭這些矛盾，征服這些具有強烈衝突性的能量，然後收歸己用，以完成生命中一場又一場的挑戰。

課題或考驗：No.19 太陽

太陽是一種陽性能量，如父親一樣，賦予大地生命力。一旦缺少了太陽的能量，就似乎甚麼都做不成。

太陽的能量，在天地宇宙之間，象徵權力和生命力，是人克服障礙、獲得幸福、快樂與成功的關鍵要素。

人在享受成果的同時，能保持清晰的思維去理解太陽能量在眾多條件和最後結果中的貫穿作用嗎？有沒有把因為太陽而來的幸福，為大地繼續創造光明與生命力？

組別 8 ──
靈性能量源頭：No.8 力量

　　溫柔的愛是一種力量，熱情的渴望亦是一種力量。兩種力量相近，雖然不一樣，但兩者同樣可以產生強大的推動力。然而，以不同的力量去營運一段關係或一件事情，過程和最後的結果，可能完全不一樣。或是，應該同時運用兩種能量去達到更美好豐盛的結果？

　　兩種不同的力量同時存在，當然可以形成矛盾。不過同時擁有兩種力量，亦是一種天賦，與生俱來兩項特別的靈性條件，可以引發更強的內在能量。

　　擁有力量的靈性課題是：如何結合兩種的力量去解決生命中的難題。例如，目前的障礙，是因為內心的兩種力量所形成的衝突造成嗎？衝突力量可以化成動力去解決困難嗎？如何結合兩個人力量，創造一個新的關係。

　　在力量的關係中，很多時同時存在愛與渴望。人應當如何用渴望去獲得更多的愛？如何用愛去滿足不斷的渴望？如何以

力量去平衡愛與渴望？在事件之中，能夠清楚地覺知到，是想去愛？還是渴望得到的分別嗎？人與獅子能夠和平共處，是自然界中不同物種互相尊重創造出來的成果。所靠的不是征服，而是愛與包容。

課題或考驗：No.20 審判

　　愛與渴望的力量用於展望將來可以形一種驅動力；用於回顧，可以形成審視與探究的心理。

　　當力量過度而傾向負面時，人容易產生執著與偏見，無法體察全局，誤用力量於批評、罪疚和後悔，生命停滯於失敗的失落感中。

　　當力量保持正面，人可透過理解過去的經歷，得到啓發，發展智慧，以過去的經驗，成為發展未來更美滿生活的驅動力。

組別 9 ——
靈性能量源頭：No.9 隱士

　　隱士是一個來自遠古的老靈魂，累世經歷了多樣人生，建立與打破、愛與恨、堅持與妥協、失敗與成功、退縮與抗戰。綜合下來，苦樂交雜又豐盛。因為，這些都是靈性選擇。所有的經歷和感受，都是為了養育靈性，使之變得更豐盛、更強大。這一次，又是一種從生命中學習的新方法。

　　老靈魂已經對生命的意義有了一定的理解，不再急着因為尋找自我價值而去做一些事情為大地服務，這些之前都經歷過了。這一次重臨大地，不打算再為了經歷任何事情而刻意與任何人建立關係。

　　老靈魂決定成為一個隱士，只簡單地帶着一點真理之光和生命樹的枝幹來到世上，把能量轉移到內在，靜心思想，為累世收集的經驗作出分析與研究。同時，作為一個局外人，以旁觀者的視角去觀察各種人事關係，不予評論，只收集數據，感受與思考，以成為靈性成長的養分。

　　當隱士的靈性能量傾向負面，會失去智慧之光，就會產生無力感，容易陷入胡思亂想，對生活中的挫折感到不滿，逃避人際關係，從局面中撤離，逃避現實。一旦到了這個情況，應該停止分析與思考，直接收起心力，在最安靜的狀態重新儲備能量。

課題或考驗：No.21 世界

　　這世上有着各種靈性成長的路徑，其中一種被認為是最幸福圓滿的路徑叫做好的際遇。在正確的時間、地點，遇上正確的人事。只要保持開放的心，讓能量突破自己的小宇宙，與其他能量接通，就能成就大事。問題只是你會選擇繼續目前的發展方式，還是展開一個嶄新的靈性之行。

靈性發展的段落

接下來介紹的內容，並非過程中必須執行的程序。但這個做法可以有效幫助療癒師、諮商師或靈性導師去了解個案的靈性狀況。

由於當中涉及隨機抽牌，容易令人聯想起一些與占卜有關的事情，對某些抱持宗教信仰的個案來說，可能比較敏感，因而產生抗拒的情緒。建議應用之前，先向案主詳細解釋這個部分的操作，以供案主選擇是否參與其中，以避免因為信仰衝突而產生其他靈性發展障礙與迷思。

細心的朋友大概都留意到，前段以生日計算靈性能量源頭與課題的對應塔羅中，並沒有使用下列四張牌：

- No.0 愚者（The Fool）：風（空氣）
- No.10 命運之輪（Wheel of Fortune）：水／火
- No.11 正義（Justice）：風（空氣）
- No.12 吊人（The Hanged Man）：水

其實這四張大阿克羅，亦有參與其中，在過程中擔當量度能量的角色。所以，若能於個案會面時加入這一部分，整個療癒會面就會變得更加圓滿、交流更有層次感、靈性養分為更豐富。

由於這個部分反映出靈性發展的過渡時期，無論能量結果傾向正面或負面，亦不過是階段性的狀態，目的在於更深入了解靈性的需求，以便於調節。當準備充足，就可以再次展開正面積極的靈性旅程。

接下來，為大家介紹一下有關運作。

導師或療癒師可以在計算出個案的靈性組別以後，解讀訊息之前，加入以下程序。這個程序可以由導師或案主親自執行，先把上述四張大阿克羅背面朝上蓋起來，淨心洗牌。這個時候，富有帶領經驗的導師可以加入適當的引導語句。

例如：

想像請求宇宙給予答案……
深入自己的內心，感受一下每一張牌……

然後，當案主準備好，就請他「以了解自己更多的心態，選出能跟你產生連繫的一張」。

第一部分的「靈性組別」的結果是以當事人的生日資料計算出來，代表今生靈魂的屬性。而第二部分這張抽出來的牌，則反映當事人靈性狀態的指標。

No.0 愚者——
渴求期（靈性能量傾向正面）

因為從靈性成長生活中得到喜悅的感覺，因而對靈性成長產生了渴求和了解之心，卻又因為認知不夠深入，胡亂嘗試，在日常生活中捕風捉影，道聽途説，對靈性成長的生活方式充滿誤解。過度傾向關注感受，欠缺警醒之心，容易陷入迷信。一旦陷入迷信執著，靈性能量就容易因為小事不順而傾向負面，對人事質疑，充滿懷疑心，衍生出憂慮的感覺。

應保持積極思想，擴闊自己的眼光，保持中立態度和警醒之心，認識不同的靈性成長工具和方法，有了一定的了解後，才決定未來的靈性發展方向。

No.10 命運之輪——
迷失期（靈性能量中立）

　　一向熟悉的生活環境，忽然發生連串急劇的人事變化。一向沿用的溝通方式和現有的活動程序似乎已經不再適合，即使未有任何打擊，亦都使人頓時失去了方向感。同時，周圍出現了不少新的人事條件。是誘惑？是陷阱？還是機會？由於靈性已經變得軟弱迷失，已經無力為自己作出判斷。

　　當靈性傾向正面的時候，會因為機會太多，而且各有好處，使人感到過度喜樂迷失理智，無法作出理性選擇；甚至因貪念，被過多人事介入生命，時間一久會形成疲勞和壓力，使生活失去平衡。

　　當靈性傾向負面，迷失的感覺持續，會失去前進的勇氣，深陷過去無法前行。

No.11 正義——
審判期（靈性能量中立）

　　當人成長到了某一個階段，靈性關注的焦點會轉移往內探索。可能會開始審視一段穩定關係中靈性交流的親密程度。目前所擁有的物質，是否帶來真正的滿足感？自我存在，是否可以創造更大的價值？人生是否還有其他的選擇？基於各人的靈性成熟度有異，不同的人，會有不同的自問自答。

　　當靈性傾向負面的時候，會十分重視別人對自己的評價，但又不敢表露自己真正的感受。常存有比較和妒忌之心，希望能夠勝過他人。對靈性活動產生懷疑，失去直覺力，無法憑心

判斷，需要理性數據的支持。抗拒負向批評，卻又全盤接收，耿耿於懷。

應保持開放的心，與人交流，不要急於作出結論，靜待感受的轉化。

No.12 吊人──
停滯期（靈性能量傾向負面）

在靈性成長的路上遇上挫折，久久未能回復。對過去的靈修方法漸漸失去信心，同時，在生活中對很多事情都提不起興趣。正考慮放棄一些事情，甚至放棄過去努力得來的成果，但又想盡最後努力去調整自己的心態和看法。

當能量傾向正面的時候，可以從過去中抽離，在寧靜與休息之中達到專注，與更高的靈性能量連結，尋找答案。

當靈性傾向負面的時候，可能會因為無力感而放棄過去的成果，踏上未知結果的路向。

靈性發展的段落實例

實例一

組別	靈性能量源頭	課題	段落
9	No.9 隱士	No.21 世界	No.12 吊人 ——停滯期（靈性能量傾向負面）

蘇菲是一位攝影師，也是我在某個靈性成長課的同學。

蘇菲從事攝影工作已有十年，無論在合作夥伴又或是客戶口中的評價都相當高，因此，我們其中一位同學李先生就邀請蘇菲加入了他朋友發起的攝影工作者組織。當時，大家都覺得，這似乎是很好的一件事；可是，事隔半年，蘇菲忽然來找我傾訴。

「我加入攝影會大概半年，幾乎每個星期都有聚會。會員多是攝影發燒友，對攝影的熱情幾乎達致瘋狂程度。起初，我也十分享受這一種聚會。可是，最近發生的連串事件令我感到很煩惱。」

我所了解的蘇菲不拘小節，並不喜歡製造麻煩，而且也不是一個怕麻煩的人。如果世上有事情令到她感覺很煩惱，那一定是很複雜的事情。

「也不過是興趣活動，若不開心的話，就退出好了。」我以朋友的身份跟她説。

蘇菲重重地呼出一口氣，顯然這不是她要的對白。才想起，她的靈性能量源頭是有孤獨傾向的 9 號組別，隱士，課題是剛好相反的能量，熱熱鬧鬧的 No.21 世界。攝影聚會如此熱鬧頻密，難怪蘇菲吃不消。但我還是那一句對白：「只不過是興趣活動，若不合的話，就退出好了。」

蘇菲於是對我慢慢解釋，原來坊間有很多不同的攝影會，但由於攝影活動常常都有很多男女出席，自然亦有很多男女關係產生。有些影會的動機不良，美其名是攝影交流，實際上是亂搞男女關係的活動。

蘇菲雖然常常希望能夠跟人交流技術，可是總找不到適合的影會，難得這次加入了一個能量十分純淨的攝影會，本來十分興奮，可是未來攝影會管理成員即將換屆，大家就推薦蘇菲出任一個頗為吃重的職位，蘇菲想嘗試，但又感到很大壓力。而且蘇菲又怕如果推卻的話，會引起不愉快氣氛。

目前蘇菲的靈性能量段落是 No.12 吊人，能量會傾向負面。我對她解釋了隱士、世界和吊人三個能量的關係。提示她目前可能會因為吊人的靈性能量影響，想法傾向負面。加上隱士來自過去受創的靈性能量，亦會影響了她對外人的信心和自信心，不自覺間以迴避與人交往來避開受傷的機會。

建議蘇菲先問一問自己，是否真的很想繼續留在攝影會，嘗試這一個職位。如果答案是正面的話，可以先對大家表示出自己正面的意向，但同時解釋自己的隱憂，並且爭取緩衝期，來適應這個新職位。

實例二

組別	靈性能量源頭	課題	段落
5	No.5 祭司	No.17 星星	No.10 命運之輪 ── 靈性能量中立

案主 Ivan，二十七歲，任職空中服務員。Ivan 雖然年紀輕輕，但因為為人熱誠，作事投入，很快就升職成為機艙服務員的主管。

在朋友和同事們眼中，Ivan 除了是個非常有責任心的同事，亦是個徹頭徹尾的開心果，任何時間都能夠為人帶來歡樂，朋友們都喜歡找他做傾訴對象。聰明細心的他，總能夠為人找出處理問題的方法；只是沒有人知道 Ivan 也有自己的問題，聰明樂觀如他也會常常無法幫助自己從問題中走出來。

最近發生的連串事件讓 Ivan 感到非常困擾，他懷疑自己喜歡了其中一位經常找他傾訴的下屬 Zach，但他並不知道 Zach 的意向；而同一時間，自己身邊亦出現了不少追求者。亦在同一時間，公司更改了福利制度，大大影響了同事們的工作士氣，作為主管的 Ivan 成了磨心，因此感到相當困擾。

Ivan 表示自中學時期已經知道自己有同性戀傾向，直到十七歲時開始了人生中第一段同性關係，對方是同齡的 Tank，二人戀情維持了大約一年半就結束。Ivan 無法具體説出分手的原因，因為兩個人在相處中並沒有刻意作出傷害對方的事，只是感覺淡了，失去安全感，最後無疾而終。雙方至今

仍然維持朋友關係，Tank 偶然也會找 Ivan 傾訴，因為在年紀很小時就認識，感情真摯，現在即使分手，兩個人的感覺還像家人一樣。Tank 還常常讚賞 Ivan 是一個很懂得體諒人的男人。

我在旁聽 Ivan 細數着往事，心裏想，他的生活中的確每天都流露着祭司牌的能量。祭司的課題是星星，Ivan 的行為自然相當令人喜愛，他就像星星一樣，常常給人希望。可是，可愛的人卻不代表容易獲得被愛的滋味，Ivan 愛上了一個常常找他傾訴的人 — Zach。礙於身份、形象，還有世俗的眼光，聰明如他也不懂得該如何應對。

我分別將祭司牌和星星牌的能量特性告知 Ivan，他即時就明白了靈性能量源頭如何影響了自己的生活。

「關心別人，我是出於真心的。但有時因為在不同場合有不同的身份（No.5 祭司），在不知不覺間，我會做多了，付出多了，令別人好過（No.17 星星），但卻忽略了自己的感受。逐漸忘記了自己真實的想法，失去了自己。在關係之中，不知道想去愛，還是想被愛，十分迷失。就算目前我知道有人喜歡自己（No.10 命運之輪），我也覺得十分寂寞，因為我不想隨便開始一段關係，我怕開始了之後自己會後悔。」

後悔的其中一個原因，當然因為 Zach。但我還是十分感謝 Ivan 努力地把自己的想法組織好然後表達出來。在靈性諮商的過程，案主若能在導師帶領之下，按照獲得的資訊重組自己的想法，分析現狀，是一個很好的進程。我們可以了解到當事人有一定的意圖和能力恢復自己的靈性狀況。

我對他解釋了有關 No.10 命運之輪的靈性能量，並說明這不過是一個過渡時期。甚麼時候結束，取決於當事人的心態。

同時亦強調除非本人十分抗拒，否則不需要急於結束這個狀態。因為 No.10 命運之輪的靈性能量是中性的，並沒有把人拉向負面或正面情況。

通常對於 No.10 命運之輪的個案，治療師可以請當事人趁這個時間好好思想一下自己真實的需要。

注意，毫無方向的思考，可能會對當事人造成壓力。可以嘗試提出一些輔助性導引或開放式問題，例如：請當事人想像一下，希望一段時間後，自己會變成怎樣的人？又或者，在放假的時候想做甚麼？希望有一個怎樣的人陪在自己身邊？

當然，在 Ivan 的個案，大前提應先搞清楚 Zach 的性取向。最後，Ivan 從 Zach 的自述故事中得知他亦有相同性取向，但他並沒有對 Zach 表白。一來 Ivan 不想關係在這種混亂的情況下開始。二來，經過幾個星期的思考，他的內心給出了答案：未來，他希望找一個能讓自己可以依賴的人，給心靈一個休息的房間。

實例三

組別	靈性能量源頭	課題	段落
3	No.3 女皇	No.15 惡魔	No.0 愚者

　　案主張小姐任職中學老師六年，在政府學校任教音樂科，因此，和同事之間沒有太多競爭存在；加上她性格比較溫和，所以一直發展平順，自覺人際關係也不錯。

　　她十分喜歡自己的工作，並沒有打算轉換工作。只是，近來不知怎的，張小姐常常會有種莫名其妙的失落感出現，她本以為等一段時間過去，失落感會自然消失。沒想到，日常生活中出現失落的感覺愈來愈頻密。

　　兩個多月前張小姐在中學同學的介紹下，接觸到有關音樂療癒個案的資料，在朋友的陪同下又參加了幾次工作坊。她感覺相當良好而充實，漸漸失落感就沒有再出現；取而代之，是對音樂治療這一個科目產生了強烈的興趣。張小姐覺得有兩股力量在內心掙扎，一股力量是繼續留在政府學校過一些平淡幸福的生活；另一股力量是，立即跳出舒適圈，到外面進修有關音樂治療的課程。

　　靈性本來應該是自由的，因此靈性治療中並沒有太多指定答案。治療師和導師通常會藉着一些工具或行為方式，讓案主知道自己內心真實的需要，了解自己的強弱項，並按此作出靈性發展方向指引。而塔羅牌的段落牌 —— No.0 愚者、No.10 命運之輪、No.11 正義及 No.12 吊人，可以讓案主知道目前靈性能量的狀況。

　　很多時候，當案主了解到這些資料和條件之後，就能夠為自己作決定。在這一次會面中，我首先把張小姐的實際生活情況和大阿克羅女皇牌的象徵意義結合分析，再為她解釋有關當女皇遇上愚者時的能量狀態。

　　很快，張小姐已經明白到，惡魔這個和慾望有關的人生課題的意義。她帶着笑容滿有信心地離開辦公室，準備為自己作出選擇。

大阿克羅所反映的行為展現特質

二十二張大阿克羅代表了二十二種不同的人格類別。在與人交往的時候，若有某個階段未能按對方的行為表現了解他在關係中的個性展向，可以用二十二張大阿克羅協助探詢。

先找個安靜但不密封的地方安定心神，與大地連結。把注意力集中在環境中的某種自然能量，例如太陽的溫熱、風的涼意、海的流動聲等。然後洗牌，心裏想着有關的人事，請求大地給予指示。接着，為此抽出一張牌。

No.0 愚者

具有如青少年般熱情、充滿生命力的靈性狀態，性格樂天，品味獨特。任性，有時顯得非常自我中心，是不在乎別人眼光的人。破格行事，不在乎世俗的看法。言行比實際年齡幼稚，自由浪漫，甚至有點不切實際。直言，情感外露，常常都會高估自己的能力，容易受人影響。

能量出現負面傾向時，會顯得粗心大意、情緒化、魯莽、不顧後果、行為古怪、誤交損友、經常作出錯誤決定。

No.1 魔術師

具有年輕活力的心，喜歡挑戰新事物，充滿個人魅力，容易成為人群中的焦點人物。具有自信心、自大甚至有點自負。重視外表，對事物充滿慾望，頭腦靈活，企圖心和佔有心強。具有創造力和美化事物的能力，懂得如何為人創造驚喜。

能量出現負面傾向時，性觀念開放、貪念極重、作出狡詐或欺騙的行為、飄忽不定、不忠於關係。

No.2 女祭司

成熟，性格保守被動，享受孤獨，不隨便表露真實情感，對任何事物都存有戒備的心，重視精神上的滿足感，言行舉止高雅、冷淡、有修養，予人肅然起敬的感覺。外冷內熱，具有智慧，處事自有分寸。不容易被慾望蒙蔽，對神秘力量具有恭敬之心。

當能量出現負面傾向時，會顯得過度執著、敏感、容易迷信、冷漠、不近人情、令人感到難以捉摸。

No.3 女皇

母性傾向，獨立，具有成熟女性特有的智慧、善良和溫柔、耐性。在親密關係中放下了自我保護的能力，為付出而感覺快樂，滿足感來自家庭生活及物質生活的圓滿狀況。如果是一位男性，會稍欠男子氣概。愛美，追求健康優質的生活。

能量出現負面傾向時，會變得慵懶、貪念重、物慾強、在親密關係中顯出極強佔有慾。

No.4 皇帝

靈性狀態成熟，態度認真，具領導才能，積極而有智慧。解難能力高，對工作充滿動力和熱心。有應付惡劣環境的能耐。

因為在某個界別擁有權力或特定的經驗而變得有吸引力。待人接物警戒心強，有時予人嚴肅、難以接近的感覺。情感慢熱，但對親密關係具有責任感。

　　當能量出現負面傾向的時候，自我中心、不懂得尊重女性、處事態度僵化、脾氣惡劣、控制慾強、霸道專權、容易因為沉迷色情事件或賭博而迷失理智。

No.5 祭司

　　思想正面積極，言行表現成熟，理性務實，分析能力高，說話具有說服力，常獲邀擔任中介人、調解或主持公道的角色。在大部分人眼中深具魅力，有主導人的氣質，常常被推薦成為某個界別的領袖。

　　當能量傾向負面的時候，會因為極度重視階級觀念而給人處事不公的感覺、迷戀陰謀論及權力、虛偽、假慈悲、弄權。極重視自己的地位，過度執著於專業或書本上的舊知識，排斥新事物、排除異己、玩弄手段。

No.6 戀人

　　喜歡戀愛的感覺，具有藝術感，熱情但欠耐性。喜歡美麗的事物，溫柔浪漫，待人坦承，熱心助人。在親密關係方面，既重視情感交流亦重視情慾享受。對事物的看法比較理想化，不善於分析，作事愛憑直覺，不善於作出決定。害怕寂寞，重視夥伴關係。享受平淡卻又同時追求新鮮感。喜歡自由，害怕責任感。

當能量傾向負面的時候，容易因為貪戀愛情的感覺而變得濫情、無力抵受誘惑、沉迷享樂主義、懶惰、奢侈浪費。

No.7 戰車

靈性能量狀態強大，積極、具有活力。觀察力強，對環境反應敏銳，目標明確。作事主動，喜歡成為主導者的感覺，愛掌握事情的進度以控制局面。擁有強大的心理質素，面對生活挑戰，征服困難。關心別人，富正義感，熱心助人，愛照顧和保護已經建立親厚關係的人。

當能量傾向負面的時候，會表現得過度自信、反叛、忘恩負義、容易與人發生衝突。

No.8 力量

靈性能量強大而內斂，意志力堅定，心性溫柔，樂觀，具有大無畏的精神。熱情，勇於表達自己的意見，對女性尊重。勇敢，具有強大的作戰能力，但自我控制能力稍遜。對於喜歡的事物，表現意志堅定有耐性；面對不喜歡的事物，容易激發壞情緒。

當能量傾向負面時，貪心、野蠻、不講理、暴躁、產生暴力傾向、容易失控。

No.9 隱士

喜歡簡潔的事物，對宗教崇敬尊重，享受學習，追求知識。

靈性能量強大，具有智慧。對事表現冷淡慢熱，實質上觀察力強，心思細密，感情細膩，把最真的感受收於心底。不擅長於社交，享受孤獨，予人內斂古怪、難以接近之感。在親密關係中追求靈性交流，享受心靈平靜的感覺。

當靈性能量出現負面的時候，容易對現實產生不滿的感覺，人際關係中出現不少麻煩。

No.10 命運之輪

靈性能量強大而不專注，目標不明確，容易受人影響。好奇心旺，喜歡體驗新事物。有時會因為過度沉迷嘗試各種新經驗，消耗不少能量。如在適當的指導下，靈性狀態將得到更美好的發揮。具有冒險精神，熱情開朗，社交能力高，但常表現懶散，是個理想主義者。

當靈性能量傾向負面的時候，容易沉迷惡習、誤交損友、浪費時間、錯過生命中的大好時機。

No.11 正義

聰明，重視公義，具有冷靜與理性的頭腦。冷靜清晰，說話直接，詞鋒銳利，絕不拖泥帶水。表面冷淡強硬，不隨便表露真實想法；但在適當的時候，卻是一個能夠主持公道的人。面對親密關係的時候，雖然有責任感，但欠缺浪漫。

當靈性能量傾向負面的時候，表現得自私、損人利己、絕情、為了個人利益濫用條款、掩飾自己虛偽不公的行為。

No.12 吊人

　　對人事能抱持輕鬆自然心態，靈性能量狀態平靜而安詳。處於入世與出世之間，明白自我價值和生活意義，不隨波逐流，觀察力強，對事物常有與別不同的想法。對宗教或哲學知識有所追求。在親密關係方面，重視靈性溝通與價值觀的一致。比較享受孤獨，觀察人間的人際關係，但同時具有服務他人的精神。

　　當靈性能量傾向負面的時候，合作性低、容易產生懷疑及焦慮心理、對人欠缺信心、失去作事動力。

No.13 死亡

　　靈性能量強大，不過因為曾經歷過連串生活考驗，性格變得極端。性格比較自我，無視別人的目光，行為處事自有一套，比較享受孤獨離群的感覺，不喜歡受制於既有制度，有勇氣提出改革，作事偏激。

　　當能量傾向負面的時候，容易被失敗打倒。自尊心過強、記仇、報復心重、愛以大欺少、不願傾訴內心想法，使自己陷於孤獨悲傷之中，無法走出來。

No.14 節制

　　生活品味獨特，自有一套飲食習慣。有非一般的興趣或古怪的收藏興趣。靈性能量強大的時候，時常充滿喜悅感，感染身邊的人，令人感覺愉快。擅於與人溝通，在親密關係中，對

伴侶觀察入微，有深入了解。熱情投入生活，享受新嘗試帶來的滿足感。

當能量偏向負面的時候，會因為過量飲食影響身體健康。面對不順利的人際關係時，感覺無力，選擇逃避。生活不順的時候，會沉迷於迷信，智慧蒙塵，以致與人交流容易措詞不當，引起誤會。

No.15 惡魔

靈性能量強大，充滿了野心，是個既有能力又有控制力的人。形象雖然帶有邪氣，但對不少人來説又極具誘惑力。容易迷倒別人或在不自覺間引人追隨，是一個具有壞能力而又令人感到難以抵禦的人。在親密關係中，喜當主導位置，重視實質相處情況，享受色慾性愛。

當能量偏向負面的時候，權慾貪念大、放任、容易沉迷惡習、在感情上經不起的誘惑、容易與人展開不尋常的性關係，甚至會用性愛作工具。

No.16 塔

靈性能量強大而不穩定，向上心強但整體經營力不足。外強中乾，自尊心重，忍耐力不足，容易發脾氣，情緒波動很大。階級觀念重，十分重視名位，執著別人的看法。

當靈性能量傾向負面的時候，會為了達成自己的目的而犧牲了別人的感受、損人利己、對人展露壞情緒，最後被孤立，承受惡果。

No.17 星星

靈性能量平靜美好，令人感到樂於接近，予人一種不平凡的魅力、人見人愛。性格坦然溫和，令人感覺易於接受。喜歡給予，為別人解決問題，有為人帶來希望的能力。在親密關係之中，追求單純又坦誠的交流。

當靈性能量傾向負面時，會變得懶惰、過度自我陶醉、經常陷入幻想或沉迷色慾、不切實際、冒失、生活欠缺積極性。

No.18 月亮

陰性的靈性能量十分溫柔而強大，但因為對外間事物過分敏感，能量常在不穩定狀態。過度敏感，就如將心靈赤裸展示出來，沒有任何防備與保護，容易因此而受到傷害。習慣性包容他人，忽略自己的感受。

當能量傾向負面的時候，變得愈來愈脆弱，甚至失去面對生活日常的勇氣，對任何人都產生疑惑與畏懼的心、活在憂鬱中、無法安然享受生活、失去幸福感覺。

No.19 太陽

性格純真，喜歡簡單直接的交流方式。待人接物，有時帶點孩子氣。心態開放，頭腦清晰。生活態度積極明朗，充滿歡欣感。靈性能量強大而且充滿感染力，具有為人帶來希望的能力。以坦誠相向的態度面對親密關係，令人充滿信心，自己亦能坦然輕鬆生活。

當能量傾向負面的時候，容易因為過度樂觀而作出輕率的決定。

No.20 審判

靈性能量強大，觀察力強，喜歡檢討及評論生活中各種人事關係，判決別人的功過，以局外人的身份加入評論。在親密關係當中，容易看到對方的缺點，經常直接作出批評，令對方感覺到壓力。放不下過去的人和事，欠缺改過壞習慣的勇氣，無法跨越障礙前行，靈性發展停滯。與人溝通時，常要執著於言論上的勝利結果，經常不自覺地介入與自己無關的事。

當能量傾向負面的時候，理性減弱、過度依賴感覺判斷、言論和批評會變得嚴苛。

No.21 世界

靈性能量強大，擁有很大的潛力，能夠透過心念達成自己的願望。喜愛到處見聞，體驗生活，是一個有毅力、有實力、有智慧，有經驗的人，能在某範疇獲得認可的資格。人生充滿難忘的經歷，能把靈性能量提升到另一個層次。

當能量傾向負面的時候，容易陶醉在自己的世界之中，忽略了身邊的人。

第六部分

有效對應各種
問題的牌陣

塔羅牌陣

　　塔羅畫面的內容豐富，每一張牌分別在時間、人物和地點都有所寓意，豐富的閱讀層次，常常讓人覺得無從入手。

　　塔羅牌陣（spread）就是把塔羅牌以特定的形式展示出來，以預早設定的牌擺放位置來決定解讀每一個畫面的切入點，以達致更有效回應當事人現況及未來事情展向的效果。

　　現今最為歷史悠久、同時亦最為廣泛流傳的塔羅牌陣，包括有十張牌的「塞爾特十字牌陣」，三張牌的「吉卜賽占卜牌陣」，和七張牌的「主星牌陣」。

　　富有經驗的占卜師亦會按照各自的學術背景和占卜習慣，研發出新牌陣。一個設計完善的牌陣，通常都包含了人物（水）、背景（土）、時空（風）和未來展向（火）四個重要元素。牌陣的外形，有時純粹因為排列順序的展示；亦有一些特別的牌陣外形，設計概念源於某些特定宗教原因或文化符號，例如聖三角、五角星、大衛星或十字架等。

　　牌陣設計需同時配合某些與塔羅相關的神秘學資訊，以及符合邏輯性，以助當事人的直覺能夠更容易連繫某個環境空間的靈感。使用塔羅的時候，牌陣並非必然環節，很多情況下，單張牌亦都可以有效回應並解決問題。

　　使用牌陣可以更明確地分別展示出事件中人與事與背景的關係，塔羅的特定位置能讓解讀者更容易把不同的牌面故事聯合起來，連結並統一所有在過程中獲取的靈性資訊，詳細了解案情，然後，設定解決方向，針對案主的需要，作出有效的建議。

如何避免錯誤解讀牌陣

（1）欠缺信任

　　問與解是一個協作過程，人與人之間的合作，若是彼此之間欠缺信任的話，很難把工作做好。課堂上，我通常會建議大家使用塔羅時把紙牌擬人化，把紙牌看成是以畫像給予意見的無聲合作夥伴。

　　事實上，絕大部分的誤解都源自於一開始對牌陣顯示畫面的不信任。使用者基於某種原因，例如對某人外貌或打扮看不順眼，或者因為道德觀念、民族情意結、文化差異和不同的宗教理念等等，在開牌之前早已經對局面產生某些前置想法或信念。因此，開牌之後，即使塔羅已經給予明確顯示，使用者亦會因為由前置信念所產生的偏見，否定某些畫面意義，會為自己這一種行為找藉口，認為在閱讀的過程中有人因為精神不集中影響出牌結果；又或者因為環境中的某種氣場又或者能量干擾（當然，上述的種種原因亦有可能真會產生某些影響。）影響結局。

　　總之，就是要找一個藉口去迴避解讀與自己想法有偏差的牌陣結果；直到事情真的出現了，才想起塔羅早已經有所提示，只是自己否定而已。

（2）重複開牌

　　有一個常見的問題：我幾時可以再開牌？

　　閱讀塔羅本來就是很自由的一件事，沒有明確的閱讀限期，只要心靈上有真實的需求，就可以因應這股需求的能量尋

找答案。當中有一些使用者因為不願意接受牌陣結果，就找藉口去否定。然後，在很短的時間內，又再因應同樣的問題開牌再開牌，從一開始就否定第一次牌陣結果的啟示，沒有好好感受當中的意義。

重複開牌，祈求開出自己所期待的畫面，一旦開出合意的畫面，可能會稍為安靜一下；但不到半小時，又會因為不相信自己的「幸運」，重新開牌。

如此因為同一個問題開牌數次甚至數十次，思維愈來愈紊亂；混亂的能量，只會帶來混亂的回應，開出一團糟的畫面。使用者只會更加迷失，失去本來的判斷力，無法解讀牌陣結果，浪費不少精神和心力，最後會因為逃避現實，走錯方向，偏離問題的出發點，未能透過塔羅啟示取得有效意見應用於相關的問題上。

（3）靈性蒙蔽

當人集中信念去尋求答案，宇宙就會作出相對的回應。所謂命運與未來，有一定程度上都是由個人的心靈能量加上環境能量創建出來。若靈修者觸覺敏銳，往往可以從生活環境中微細的變化感應到啟示；如中國宋代靈修學者邵康節先生，隱居山林與自然合一，最後，創出東方神秘學中天人感應之術「梅花易數」。

在個人生命與環境能量的互動形式中，塔羅紙牌是感應關係中的橋樑，在無形能量之間當一個有形的媒體，將宇宙回應的能量，以畫面形式顯示出來。

在一般情況下，只要使用者或解讀者能保持一定的靈敏度，就可以有效地在塔羅畫面中取得啟示。而當靈敏度減弱或

受到擾亂，操作的過程和結果將會受到影響，牌陣結果自然會失去與未來的關連性。

（4）改變行動

　　塔羅的用途很多，有人以此作為冥想工具，亦有人不時開牌閱讀，以取生活靈感提示。不過，有更多人是因為某個特定原因、指定的問題而閱讀塔羅，心內有一個想法，然後希望透過塔羅來看看各種可能性。

　　我常常以人生的地圖來比喻塔羅，事實上塔羅圖像畫面正是描繪人生活的場景，塔羅的系統設計和使用方法整合起來，就好像一本地圖。牌陣中所展示的畫面並非命運預設的框架，這是按照發問者在事件中的取態、目前的言行、加上星象效應和環境能量等綜合推論。

　　牌陣結果可說是一種推演，當人迷失的時候，打開人生地圖，按照出發點和當事人的取態，看一看可行的路，預測一下路上會遇上怎樣的人和事，路的盡頭會是甚麼樣的風景。在這樣的情況下，牌陣結果影響可以是短暫的、事件性的，隨着使用者和相關人士的想法或行事方式而起變化。

（5）衝突的氣氛

　　這裏說的衝突，並不一定是指吵架或者不和。其實只要使用者和發問人立場不一，已經可以造成很大影響。

　　這種失誤最容易在沒有指定問題的讀牌過程中出現。即使畫面早已坦白直率地顯示出建議，使用者亦已經巨細無遺地解讀了畫面以及外在連繫所關連的各種事項，但由於沒有一個既定的問題作為方向指引，接收資訊的人也可能會因為個人的喜

好，選擇性接收資訊，直接影響對未來的想法和行動。所以，在處理這一類工作時，塔羅使用者應當與問者作出事前溝通，站在提問人的角度作考慮。而解讀的視點與方向，應貼近當事人實際生活需要，這樣才能有效地把塔羅的啓示傳達到有需要的心靈。

同樣地，提問人若發現解讀者的說法未能配合心靈的需求，應當勇敢直接提出，以求獲得更為深入、全面、恰當的解讀結果。

（6）不誠實的發問，扭曲的方向

通常塔羅解讀者會按照提問人的問題或需要，選擇適當的牌陣。一般牌陣格局通常會預設好人和事各自的位置，以便解讀的人能更全面地了解事件中不同人物的立場、環境中的能量，去推演即將發生的事情，幫助解讀者為提問人作出詳細有效的分析，並作出提示和建議。

可是，世界之大，總會有些人喜歡把簡單事情複雜化。例如有些人會刻意扭曲事實，並提出假設性的問題，去考驗一下解讀者的功力。在此想強調一下，使用塔羅並非宗教儀式，不會貿貿然有神秘能量降臨；雖然，亦有人會利用塔羅結合魔法。又，再一次強調，塔羅不是神通；雖然，亦有很多人把塔羅與神通結合。

又有一些人因為不想在同行朋友面前說出隱私，不得已在提問添加了一些誤導與矇騙。如果提問人一開始並沒有按真實需求提出問題，就會誤導塔羅使用者，這樣除了有機會導致選錯牌陣外，提問人的謊言、否定、欺瞞等等所產生的負面能量，亦會影響宇宙作出負面的回應。

　　所以，若真心想從塔羅中得到啓示的朋友們，就不要把寶貴的時間用在猜忌、瞞騙、心計等等無聊的行為上。要是你不信任一個人，便不要把人生的問題交到對方手上，倒不如另覓一個適合的塔羅操作者。

　　同樣地，占卜師亦無需要花時間去討好這些人，倒不如用寶貴的時間去幫助更多有需要的人。

（7）身份與角色

問者 1：我想問一問，哥哥的女朋友是個好人嗎？

問者 2：我跟鄰居關係非常之好，最近他的太太懷孕了，想拜託我看看這一胎是否健康？

問者 3：我姐姐都已經三十多歲了，還未交到男朋友，我想替她問一下真命天子甚麼時候會出現？

問者 4：公司最近出現一些動盪，不知道我的老闆是否能安然過渡？

　　這世上有一些人非常熱心，喜歡付錢去關心別人的命運，找人替自己閱讀塔羅的時候，順道搭問幾句別人的事。又有一些人很偉大，明知自己沒有撐起半邊天的能力，仍然會先天下之憂而憂，開牌為大眾推測股市、樓市、政局、天災人禍等等。

　　這裏並非要説明不能為自己以外的人以塔羅作推測，只是希望大家想一想，一個局外人應該以甚麼立場為別人閱讀塔羅？一個普通市民，應該以甚麼視點和能量去為大眾閱讀塔羅？又，如何把塔羅的啓示轉告每一個人，並且調節所有人的震頻來配合，以達致塔羅的啓示，共創未來的效果？

開牌程序

閱讀塔羅並沒有一個必須遵從的程序與方法。尤其不同品牌的塔羅，連繫着不同的文化與宗教背景，若要把開牌程序視為儀式嚴格執行起來，不同的塔羅自然各有一套特定的儀軌。坊間流傳了很多建議程序，在此分享一下我的通常做法。

在所有程序之前，最重要的一環，就是選擇適合自己的塔羅牌。現今資訊發達，各大銷售網絡，出版人又或者眾多塔羅愛好者，都會把不同牌子的塔羅畫面於網絡分享，以供大眾作研究及交流之用。建議大家先了解及細讀不同的塔羅牌，從中找出一些能夠與自己的感覺產生共鳴的畫面後才作選擇。

根據我自己以及眾多塔羅使用者的經驗，隨便選購一套塔羅牌，在未及詳細了解之前使用，並不會導致失準，所謂失準的原因，通常都因為前段詳述過的幾項分析（見 291 頁）。不過，如果使用者在處理問題之前，曾花上一定的時間去研究牌上的畫面，了解每個畫面當中的關連性，同時對創作者和畫師的背景都有一定的了解，那麼，整個讀牌過程必然更為豐富圓滿。

所以，對於我來說，用牌的程序應該由選擇開始。然後，打開包裝盒細閱每一個畫面，記錄對於每一張牌的感受。直到七十八張牌都有了紀錄之後，再用幾天時間把所有感覺和想法沉澱才算完成第一程序。有一些人的想法好浪漫，會把這一個程序稱為「開光」又或者「喚醒」。

問事

　　先靜心了解自己真實的追求，又或者靜心聆聽問者〔the seeker〕的問題，並為此選擇一個恰當的牌陣。我曾經在《偉特塔羅愛的魔法》一書中以頗長的篇幅，去介紹如何去確定一個問題，又或者如何把一個疑團有效分拆成幾個問題，在此就不重複了。

　　確定問題後就可以洗牌。洗牌的時間長短並沒有特定的限制，最理想的情況就是雙方都能夠在洗牌的過程中靜心與集中；又或者，最少解讀人〔the reader〕能夠達到這個狀態。然後，倒牌。用心確認問題。以覆蓋着的形態排列出牌陣，有人會請問者自己挑選出有感覺的塔羅牌，然後排出牌陣。亦有塔羅解讀者會一手一腳完成整個過程。當牌陣排好，就可以翻開塔羅，並按畫面針對問者的需要作出建議。

　　請大家務必明白一點，所有塔羅解讀人並沒有改變未來的能力（靈媒或魔法師或以塔羅結合神通使用者除外），塔羅解讀人都只是以畫面背後的各種資訊，結合分析出一個未來的建議。如何能夠改變未來、創造命運，全都在於問者的想法與行為，一念之間。

有效對應各種問題的牌陣

1. 一張牌應用法

在第五部分（見 213 頁），曾經介紹過如何以抽讀二十二張大阿克羅了解靈性狀態；除此以外，從七十八張牌中挑選一張牌出來問事的方法，亦十分適合應用於日常生活中的一些簡單的問題上。以下舉胡小姐為例。

「一張牌應用法」實例：

雙魚座的護士學生胡小姐，想知道自己考試情況如何。

面對胡小姐的提問，我們應先調節一下問題的方式。例如，向胡小姐解釋一下，讀書考試是對自身實力的一項測試，考試情況如何，與當事人的心態及行為有絕對的關連，我們可以利用塔羅幫助胡小姐了解自身能量與考試的關係；然而，真正的成績，還是關係於胡小姐的努力與付出。

塔羅牌則可幫助胡小姐從某個特定的視點出發，去看清楚目前自己的能量狀態以及問題所需的能量狀態。

結果，代表考試情況的牌是：權杖 no.3。

牌陣結果及分析重點：

(1) 代表考試情況的牌是權杖 no.3（正位），火元素，小牌。

(2) 胡小姐：雙魚座（水象星座），水元素。

(3) 醫護業所需元素：風元素（理性決定）和水元素（溫柔關心）。

結合分析及建議：

- 權杖 no.3，小牌，能量偏弱。另外，按四元素能量互動關係，水元素與火元素不和，會出現互相減弱能量的狀況。

- 因此，胡小姐的星座能量與事件能量受影響再度下調，面對考試不容過度樂觀。由於醫護業所需的元素是風和水，建議胡小姐應在未來日子多增強這兩個元素的能量。〔有關應如何增強元素能量，請參考本書第二、第七部分（見37 頁及 331 頁）〕

2. 三張牌看過去、現在和將來

　　這是一個十分常見的牌陣，傳說出自吉卜賽占卜。第一張牌代表「過去」，第二張牌代表「現在」，第三張牌代表「未來」。

「三張牌看過去、現在和將來」實例：

　　陳小姐，二十六歲，雙子座，想問有關愛情的運氣。

牌陣結果及分析重點：

(1)　1 號位置：是代表「過去」的牌。牌號是大阿克羅 No.7 戰車 (逆位)，水元素。雖是大牌，能量強，亦具有競爭力，但目前戰車未能前行，愛情未有進展。

(2)　2 號位置：是代表「現在」的牌。牌號是聖杯 no.3 (正位)。小牌能量稍弱，畫面有慶祝場面、聚會，氣氛愉快。

(3)　3 號位置：是代表「未來」的牌。牌號是權杖 no.3 (逆位)。小牌能量稍弱、畫面有開墾狀態，資源不多。

結合分析及建議：

* 　陳小姐坦承說在過去三年，一直處於一段三角關係當中，交往對象是比她年輕兩歲的男同事。直至去年底，因為對方女友懷孕，男同事準備與女朋友正式結婚，從此專注家庭生活，三角關係因此未能繼續。（No.7 戰車逆位）

- 經過多月來閉關療傷，謝絕所有社交活動後，年初，陳小姐在幾個女性好友的支持下，參加了一項社區龍舟隊活動，重投社交圈子。龍舟隊隊員熱情好客，練習後常會一起吃飯聯誼，陳小姐很快就跟大家結成好友，當中有隊員說會為她介紹男朋友。（聖杯 no.3 正位）

- 展望未來，權杖 no.3 號牌描寫開墾狀態，土地資源不算豐富，代表雖有機會遇到適合交往的對象，但不算多。另外，小牌代表能量稍弱，但影響力不會持續太久，建議陳小姐應保持積極不放棄的心態，盡量出席聯誼活動；遇上有興趣的對象時，不要太安靜，應主動爭取；如能種出愛苗，亦應小心看呵護，時間日久，感情自然能更加堅固。

- 另外，聖杯 no.3 及權杖 no.3 都是小阿克羅的 3 號牌；至於戰車，雖然是大阿克羅中的 7 號牌，但亦有三者合一的畫面。所以，再三提醒陳小姐，未來應盡量迴避三角關係，以改善個人能量場，吸引更美好的事情來到生命之中。

3. 四張牌看二者關係

　　這是一個既簡單卻又相當實用的牌陣，而名為「二者關係」而不是「二人關係」，是因為這個牌陣除了可以讓問者了解人與人之間的關係，還可以看人與物、人與事的發展情況。

1 號位置：代表問者
2 號位置：代表問者所希望了解的人或事
3 號位置：是兩者之間目前關係的能量
4 號位置：代表塔羅對於未來的一些暗示或建議

　　亦有一些塔羅用家認為，4 號位置代表未來。由於人類具有自由意志，所謂的未來，會因為人的想法改變或行動改變而變得不一樣，所以，4 號位置作為反映塔羅提示會更為適合。

　　無論是 1 號位置或者 2 號位置，代表的可以是人、可以是動物、亦可以是死物，甚至是一件事。因此，這個牌陣可以用於人與人之間的關係、寵物與人之間的關係、人與合作機構的關係，甚至是人與食物的關係。

「四張牌看二者關係」實例 1：

我曾經以這個牌陣為客人 Yonnie 小姐選擇節食的方法。根據她的回饋，資料相當有用。

牌陣結果及分析重點：

Yonnie 小姐的二者關係牌陣結果如下：

（1）Yonnie 與 A 公司的節食建議：

1 號位置：代表 Yonnie，是 No.2 女祭司（正位），水元素。

2 號位置：代表 A 公司的節食建議，是權杖 no.2（正位），火元素。

3 號位置：代表二者關係，是五角星 no.9（逆位）。

4 號位置：代表塔羅意見或提示，是五角星女皇（逆位）。

（2）Yonnie 與 B 公司的節食建議：

1 號位置：代表 Yonnie，是 No.10 命運之輪（正位），水／火元素。

2 號位置：代表 B 公司的節食建議，是 No.14 節制（正位），火元素。

3 號位置：代表二者關係，是聖杯騎士（正位）。

4 號位置：代表塔羅意見或提示，是聖杯 no.3（正位）。

這是一個相當清晰的牌陣，答案顯而易見。連一向對塔羅牌不甚了解的 Yonnie，都似乎已經知道應該怎樣選擇了。我按照牌陣結果，向她作出初步分析。

結合分析及建議：

- 代表 A 公司的節食建議牌是權杖 no.2（正位），火元素，相信內容跟運動訓練有關。不過，代表 Yonnie 的牌是 No.2 女祭司正位，水元素，背景是晚上，顯示當事人比

較靜態。加上代表二者關係和塔羅提示的牌分別是五角星 no.9（逆位）和五角星女皇（逆位），顯示 A 公司的方法與 Yonnie 的相合度不高。

- 至於另一個牌陣關係，代表 Yonnie 的牌是 No.10 命運之輪（正位），代表當事人正處於一個可以改變生命的時刻。當然，這裏並沒有直指出 B 公司的建議絕對是 Yonnie 改變命運的契機，但可以了解到 Yonnie 身邊充滿改變目前的狀態機會，無需再尋尋覓覓，反而應該細心觀察身邊早已存在的人事條件。

- 又看代表 B 本公司建議的牌是 No.14 節制（正位）。大阿克羅代表 B 公司規模又或者其建議的內容比較具有系統。而代表二者關係的牌是聖杯騎士（正位），可知當事人傾向接受 B 公司的建議。在接納的心態下進行，成功機會自然增加。而代表二者關係的牌是聖杯 no.3（正位），亦帶有慶祝的意思。

- 另有元素提示，No.10 命運之輪的元素是水和火，而 No.14 節制的元素是火。而元素關係中火＋火的組合，能量過於活躍、速度太快、難以掌握。火＋水的組合，能量性質中立，能量偏弱，速度較慢，快慢相抵。整個牌陣的能量元素就變得平衡。意味整個減肥計劃，對當事人的生活影響較為易於接受。

「四張牌看二者關係」實例 2：

　　Francis 與 Florence 是大學同學，學生時代兩人之間雖然有共同朋友，但私底下沒有交往，大學畢業後更是失去聯絡。

　　大概八個多月前，二人因為工作再次相遇，期間更分別以公司代表身份合作參與一個維時三個多星期的展覽活動。互動期間 Francis 對 Florence 了解更多，漸生好感，可惜隨着展覽結束，兩人朝夕相處的日子亦隨之結束。由於未能確定自己的想法，Francis 並未有於當時對 Florence 作出任何表示，二人只交換了社交媒體的聯絡方法，並保持基本互動。

　　直至日前，Francis 從社交媒體上得知 Florence 之前原來一直於新加坡工作，因為要代表公司負責籌辦香港區展覽活動，才回香港數月，日內就要離港。

　　得知這個消息，Francis 才能確定自己對 Florence 動了真情，本想立即告白，但不想因為魯莽行事而失去一個談得來的舊朋友。於是，希望透過塔羅牌看看二人的發展前景，以及對方的看法，才決定下一步的取態。

牌陣結果及分析重點：

(1) Francis 是人馬座，星座元屬素火。牌號是聖杯 no.2（正位），水元素。小牌，能量弱。

(2) Florence 是處女座，星座元素屬土。牌號是 No.2 女祭司（正位），水元素。大牌，能量強。

(3) 代表二者關係的牌是寶劍 no.8（逆位），風元素。小牌，能量負向偏弱。

(4) 代表前景和塔羅意見或提示的牌是權杖 no.10（正位），火元素。小牌，能量弱。

結合分析及建議：

- 代表男方的牌是聖杯 no.2，代表女方的牌是 No.2 女祭司。雖然，男方是小阿克羅，而女方是大阿克羅，不過兩者均屬 2 號牌，同時兩張牌均屬水元素支配，代表目前兩人能量相同，頻率相近，心意相通，行事有一定的默契，感覺相當良好。女方是大阿克羅，能量強，在這件事情中，較具影響力。

- 女方（No.2 女祭司）目前並未在二人關係中產生戀愛感覺，但在與男方相處之間，早已放下戒備之心；但女祭司手中的書卷暗示女方對愛情有一定的執著。

- 男方（聖杯 no.2）心中覺得二人來自不同的背景，但已產生愛情感覺；唯是小阿克羅，故感覺未算很強烈。

- 代表二人關係的牌是寶劍 no.8（逆位），代表兩者之間的會有不少由理性因素造成的障礙（八支寶劍）。小阿克羅影響力不算太大，但牌面主角是女性，若想改變目前局面，取決在於女方。

- 代表建議的牌是權杖 no.10，牌面主角是男性，視線受到十支權杖所干擾，無法看到前景。

- 建議當事人應當按捺心情，讓衝動的靈感和想法隨時間過去之後，認清自己的感覺；同時要為女方的處境設想，才作出追求。

「四張牌看二者關係」實例 3：

　　林先生，天秤座，三十六歲，離職三個多月後終於找到新工作。新職位是新科技媒體廣告銷售總監，他想知道自己能否勝任。

牌陣結果及分析重點：

(1)　1 號位置：代表林先生的牌是大阿克羅，能量比較強。No.4 皇帝（正位），火元素，是大阿克羅中的管理層人物。

(2)　2 號位置：代表工作環境的牌是大阿克羅，能量比較強。No.10 命運之輪（逆位），公司營運有頗多不恰當之處。

(3)　3 號位置：代表二者關係的牌是權杖 no.7（正位），能量比較弱，火元素。

(4)　4 號位置：代表塔羅提示或意見的牌是大阿克羅，能量比較強。No.7 戰車（正位），水元素。

結合分析及建議：

• 牌陣中 1 號和 2 號位置都是大阿克羅，代表二者能量均等。如果塔羅以正位出現，代表在正常情況之下，林先生的工作能力可以駕馭環境；可是，目前代表工作環境的牌 No.10 命運之輪是逆位，表示公司環境能量雖強，但出現負向。因此，需要提醒林先生在入職初期事事小心，以免與環境能量產生衝突。

• 另外，No.10 命運之輪逆位，意味林先生會進入一個變化多端的局面，人事或聚或散，短期內未能穩定下來。可是由白羊座所支配的皇帝牌，重視基礎、熱心投入工作，性格取向與目前的環境因素不大配合；可能亦正因為這個原因，亂局需要皇帝出現才能穩下來，因為 No.10 命運之輪

由元素水和火組成，而 No.4 皇帝正是火元素，符合了一半需求。

- 代表二者關係的牌是權杖 no.7，提示林先生需要獨自面對及解決局面內多項急切需求。火元素（正位），注意這些需求背後都具備恰當的理由；但小牌代表能量偏弱，對於持有大阿克羅的林先生來説，應該不難應付。

- 代表提示或意見的一張牌是大阿克羅 No.7 戰車，提示林先生應該暫時放下皇帝的心態，以戰士的心態和想法去應對局面。

- No.7 戰車是水元素，亦正是 No.4 皇帝和 No.10 命運之輪的關係中所欠缺的另一半元素，提示林先生應與人多作溝通，注意好好協調不同個性的下屬，將會是戰勝的關鍵。

4. 五張牌十字牌陣看事態展向

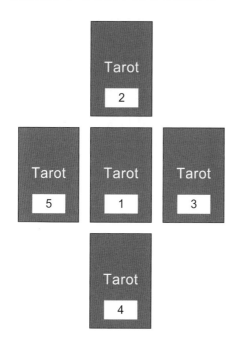

　　這個牌陣可以閱讀關於某一件指定事情的發展，亦有助問者初步掌握時間關鍵。

　　1 號位置：代表想問的事情。如出現大阿克羅，代表事情的能量較強，相關的發展條件比較優厚。若果出現小阿克羅，即能量較弱，相關的發展條件狀況只屬一般。正位牌，事情發展與原設定方向比接近。逆位牌，事情發展有違初衷。

　　2、3、4 和 5 號位置：代表當事人在事件上的際遇。解讀時除了按牌面氣氛和牌名給予意見外，亦需注意元素能量是否與中央位置相合，以及相互間的元素互動關係。若果出現大阿克羅，影響時間比較長；若是小阿克羅，則影響時間比較短。

「五張牌十字牌陣看事態展向」實例：

　　Winda，三十二歲，山羊座，任職牛仔褲設計師，工餘時間喜歡參與話劇活動。兩年來多次參與台前幕後的工作，幾年之間已經累積了不少經驗，亦結識了一班志同道合的朋友。

　　Winda 希望與好友自組劇團，由於開辦一個新劇團需要花上大量的時間和心力，她正考慮是否應該辭去正職，專心發展劇團工作，待一切上了軌道之後再決定是否重新找尋一份新工作。在決定之前她想先了解一下自己的想法是否恰當，亦希望透過塔羅看看劇團的發展前景。

牌陣結果及分析重點：

(1) 演藝表演，火元素。管理及組織劇團基礎元素是火、水、土和風。

(2) Winda，山羊座，土元素。

(3) 1 號位置：代表事件狀況是大阿克羅，能量比較強。No.7 戰車（正位），水元素。

　　代表際遇的四張牌分別是——

(4) 2 號位置：小阿克羅，能量比較強弱。寶劍 no.7（正位），風元素。

(5) 3 號位置：大阿克羅，能量比較強。No.16 塔（正位），火元素。

(6) 4 號位置：宮庭牌，能量受其他人為因素影響。聖杯侍從（正位），水元素。

(7) 5 號位置：大阿克羅，能量比較強。No.17 星星（逆位），能量傾向負面，風元素。

結合分析及建議：

- 在解讀這個牌陣之前，應先了解組織一個演藝劇團所需的元素。按傳統元素概念，有關表演藝術的元素屬火，管理一個劇團通常都需要用到四大元素：1. 營運的魄力和熱心（火）；2. 金錢（土）；3. 良好的人事關係（水）；以及 4. 理性策劃思維（風）。

- Winda 補充説由於目前尚在起步階段，是業餘性質，並未涉及租用場地和正式演出等，所以暫時無需花上太多金錢。一個以自娛為主的小型劇團，暫時亦無需建立龐大的人際關係網絡。所以初期以火元素和風的能量較為合用。

- 案主 Winda 的星座元素屬土；而代表事件的能量狀況（1號位置）是大阿克羅 No.7 戰車，水元素。綜合而言，局面中的起動能量未算最佳組合。幸好，代表事件狀況的牌是大阿克羅 No.7 戰車牌，靈性能量比較強。在劇團發展後期，能夠提供正面作用。

- 2 號位置寶劍 no.7（正位），風元素，適合策劃與開創；但要注意畫面顯示，局面中有暗戰場面，事情並不如表面和諧，對人處事，凡事留有一線，保障自己利益。

- 3 號位置 No.16 塔（正位），代表劇團成立後不久會遭到打擊，原因可能因為主幹人物之間會發生衝突又或者發現最初設定不恰當，需要重整，如果前期投入資源不多，損失亦不多，問題主要在於管理方式及目前設定不當。

- 可幸之後 4 號位置出現宮廷牌（正位），代表由 3 號位置的負面能量所造成的衝擊，將會因為得到旁人的協助而修復。聖杯侍從（正位），水元素，代表這一位協助者雖然經驗尚淺，但出於善意。

- 5 號位置 No.17 星星牌（逆位），表示事情發展下去，問者會因為 2、3 和 4 位置的經歷，變得更理性，把整個計劃從幻想拉回現實，到這個時候才是正式發展的時機。

5. 六張牌倒三角牌陣看三者關係

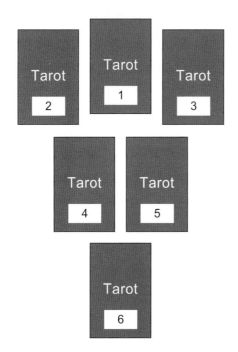

　　這個牌陣適用於觀測與比較人與人、人與事，或人與物之間的關係，以助問者作出最適合自己的選擇。

「六張牌倒三角牌陣看三者關係」實例：

　　Saily，二十三歲，白羊座，單身。她想透過塔羅了解一下與兩個男孩子的關係。選擇一：曖昧中的好朋友 Mars，二十三歲，獅子座。選擇二：追求者 Gordon，二十一歲，天蠍座。

牌陣結果及分析重點：

(1) 1 號位置：代表問者（Saily）。代表 Saily 的是大阿克羅，能量比較強。No.17 星星（正位），為人坦誠，樂於助人，

具有吸引力。

(2)　2 號位置：代表選擇一（Mars）。代表 Mars 的是宮庭牌，能量中等。宮庭牌，代表局外人能改變能量狀態。聖杯騎士（正位），為人重情，對感情保守不衝動。

(3)　3 號位置：代表選擇二（Gordon）。代表 Gordon 的是聖杯 no.10（逆位），能量稍弱，傾向負面。

(4)　4 號位置：代表問者與選擇一的關係或發展。代表 Saily 與 Mars 的關係牌是五角星 no.10（正位），能量稍弱。

(5)　5 號位置：代表問者與選擇二的關係或發展。代表 Saily 與 Gordon 的關係牌是大阿克羅，能量稍強。No.10 命運之輪，有轉變意味。

(6)　6 號位置：代表塔羅的建議及提示。牌面是大阿克羅，能量稍強。No.13 死亡，代表結束。

結合分析及建議：

- No.17 星星牌象徵希望，畫面中正在灌溉大地的的主角，給人親切可愛的感覺，代表 Saily 目前能量狀態非常好，十分具有吸引力。

- Mars 的牌是聖杯騎士，代表 Mars 覺得對 Saily 有戀愛的感覺，但他並未有為了滿足這種感覺而作出任何行動，把真實的感覺收藏起來，未打算跨越目前的關係。如想改變局面的能量，需局外人協助。例如，好朋友出來推波助瀾，又或者突然出現競爭對手，令大家的關係變得緊張起來，才會推動 Mars 有其他行動。

- 代表 Saily 與 Mars 的關係牌是五角星 no.10（正位），目前能量稍弱，關係發展欠缺推動力；可是一旦關係展開，

大家都會變得踏實起來，感覺隨時間增長，可以培養更深厚的關係。不過，目前並不是最佳發展時間。對於這段關係的意見是，若局中人心急把關係推向另一個階段，便需要外來的助力；不然的話，就要投放時間和耐性。

- 至於 Gordon 的牌是聖杯 no.10（逆位），能量傾向負面。代表某人的行動，即使開始時有好的出發點，最後亦會因為高估了自己的能力，變成虎頭蛇尾，令關係無疾而終。所以，應提醒當事人，一旦關係開始，二人應多製造甜蜜感覺，時刻保持新鮮感。

- 代表 Saily 與 Gordon 的關係牌是 no.10 命運之輪。兩個人的相遇，大有命運安排的意味。無論最後是否能夠修成正果，兩人的相遇，都會在彼此的命運中產生一定的作用，使人成長到另一個階段。

- 代表塔羅提示的牌是 No.13 死亡，死神的出現，象徵一些事情需要結束。死神坐在馬背上，代表他的腳步並沒有停下來，死神會經過，亦會離開。死神上手上的旗幟，上面的玫瑰花，象徵新生的能量。世上每天都有一些事情要結束，亦有另一些事情要開始。死神牌的出現，正要提醒當事人，目前的某一些人事狀況，應該要結束了，所謂的結束不一定要改寫和某人之間的關係，結束也可以是把關係轉化到另一層次。

6. 七張牌十字牌陣速看年度運程

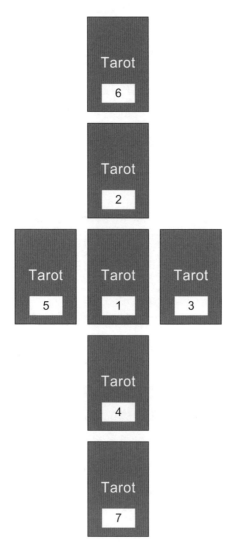

　　這是一個用作簡易觀察未來一年運氣的牌陣，最適合開牌的時間為人馬座之後直到白羊座期間。

「七張牌十字牌陣速看年度運程」實例：

Vincent，三十七歲，雙子座，已婚，中學英文科老師。

牌陣結果及分析重點：

(1) Vincent，雙子座，風元素。

(2) 1 號位置：反映當事人（Vincent）的能量狀況。是權杖王牌（正位），火元素。

(3) 2 號位置：反映春季能量。是聖杯 no.4（正位），水元素。

(4) 3 號位置：反映夏季能量。是五角星 no.7（逆位），土元素。

(5) 4 號位置：反映秋季能量。是大阿克羅 No.3 女皇（正位），土／風元素。

(6) 5 號位置：反映冬季能量。是寶劍 no.4（逆位），風元素。

(7) 6 號位置：反映上一年能量的牌。是聖杯 no.7（逆位），水元素。

(8) 7 號位置：代表未來一年能量的牌。是聖杯 no.10（正位）水元素。

結合分析及建議：

- 1 號位置：代表當事人能量，如果這個位置出現大阿克羅，代表當事人的能量狀況偏強，有較具優勢的身心條件應對環境際遇。如果這個位置出現小阿克羅，則代表當事人的能量狀況偏弱，欠缺應對環境的優勢。如果這個位置出現逆位牌，則無論是大阿克羅或是小阿克羅，都代表當事人的能量狀況很易受到干涉，容易以錯誤的方式應對環境。若這個位置出現宮庭牌，則表示當事人的想法和立場，容易因為別人的影響而動搖。

- 1 號位置出現權杖王牌（正位），若果當事人是從事表演事業或者與運動有關的工作較為有利，而案主 Vincent 從事教學工作，則可理解為能量較具活力。小阿克羅，能量強度中等。Ace 王牌比其餘九張小阿克羅的能量稍為強一些。Vincent 的太陽星座是雙子座（風元素），流年能量是權杖王牌（火元素），火 + 風能量性質非常活躍、不穩定、難以掌握。提示 Vincent 未來一年因為元素作用，情緒容易變得不穩定。

- 2 號位置：春季能量是聖杯 no.4，小阿克羅，運勢平順，心情溫柔，小吉。水元素，代表有新的機會，機會的內容與人事往來有關，特別有利於認識朋友、與人合作、和解或尋求協助。

- 3 號位置：夏季能量牌是五角星 no.7，小阿克羅，運勢平順，心情安定。逆位，小凶。土元素，代表在這一季，需特別花費心思在家庭開銷、個人收入或與投資有關的問題。

- 4 號位置：秋季能量是 No.3 女皇（土 / 風元素），運勢在大致安定中有些微起伏，心情安穩。大阿克羅，能量強。正位，中上吉。這一季運氣頗佳，從事固定薪金行業的人經濟穩定，工作上得到獎賞。從事多勞多得行業的人，收入有上升的跡象。

  - 女皇帝的出現，特別有利於家中成熟女性，例如母親或妻子。如有生育計劃可考慮在這一季中執行。

- 5 號位置：冬季能量是寶劍 no.4，運勢（逆位），風元素。運勢不穩定，心情不安，身體違和，煩惱頗多。這一季特

別容易招惹批評，作事宜低調。當處理書信或合約時，需特別注意細節，以免日後引起糾紛。由於元素能量過度活躍，加上逆位牌的關係，健康方面會出現因為季節轉換而引起的身體敏感症狀。

- 6 號位置：上一年能量是聖杯 no.7，水元素，容易胡思亂想，行動力偏低。逆位，運勢處於低水，應趁着今年元素能量轉強，好好扭轉局面。

- 7 號位置：未來一年能量是聖杯 no.10，水元素，元素與太陽星座相合。正位，元素活動有助提升個人能量。聖杯 no.10，人際關係平順，工作得到讚賞。家庭生活愉快，如有懷孕計劃，有機會收到好消息。

- 整個牌陣中水元素的比例較多，代表這一年內的環境因素，多與人際關係變化有關。

7. 九張牌速看環境能量（洋風水）

　　這個牌陣適用於某個與當事人有關的特定環境，例如居所、辦公室，遊艇或汽車等。

「九張牌速看環境能量」實例：

　　Michael，三十七歲，處女座，未婚。職業是律師，新購入樓宇作辦公室用途。

牌陣結果及分析重點：

(1)　大部分有關觀察環境能量的牌陣，多是五張牌或以上，或比較大型的牌陣，方便更詳細反映環境的元素分佈和能量狀況。

(2)　一般而言，牌陣以同時具備四元素為佳。

(3) 牌陣中大阿克羅較多，能量較強。牌陣中小阿克羅較多，能量較弱。

(4) 逆位小阿克羅，代表與畫面相關的元素能量逐漸減弱。

(5) 逆位大阿克羅，代表環境中曾經發生與畫面相關的事情，或存在與畫面相關的情緒能量。

(6) 宮庭牌，代表該環境特別適合與宮廷人物的性別、年齡或身份相符的人使用。

(7) Ace 王牌，提示應在環境中特別注入畫面元素相關能量。

(8) 1 號位置：是權杖 no.9（正位），火元素。

(9) 2 號位置：是聖杯 no.8（逆位），水元素。

(10) 3 號位置：是寶劍 no.3（逆位），風元素。

(11) 4 號位置：是五角星女皇（正位），土元素。

(12) 5 號位置：是權杖侍從（正位），火元素。

(13) 6 號位置：是五角星 no.2（正位），土元素。

(14) 7 號位置：是權杖 no.2（逆位），火元素。

(15) 8 號位置：是寶劍女皇（正位），風元素。

(16) 9 號位置：是大阿克羅 No.0 愚者（逆位），風元素。

結合分析及建議：

- 牌陣中，四元素俱備，以火和風元素比例較多，能量屬性比較快和好動，影響使用者思想活動比較多。小阿克羅較多，代表環境能量現況比較弱。一般而言，環境能力偏弱，並不代表環境中存在負能量吸引壞運氣；但若當事人想透過轉換環境來增補自己的元素能量，或改善目前某些狀況

的話，則這個環境未能符合當事人想法。

- 逆位小阿克羅有聖杯 no.8，水元素；寶劍 no.3，風元素；和權杖 no.2，火元素，提醒使用者需在使用該空間之前，先作相關元素增補（詳情請參閱本書 37 頁第二部分「四元素」）。

- 逆位大阿克羅有 No.0 愚者，代表環境中存在「愚者」的靈性能量，以致影響該空間的下一個使用者，日常容易產生與「愚者」能量相關的想法，例如經常反思自己真正的追求；相對物質，比較重視心靈上的滿足等。對於靈性與物質追求的比例，並沒有對錯之分，適合與否，視乎當事人的價值觀而定。

- 就這個案例而言，作為一個處理法律事務工作的活動空間，可能需要一些比較理性和實際的能量。應先向使用者 Michael 解釋一下 No.0 愚者的能量，商量和了解一下他的取向，才決定是否就此問題作出增補。［更多有關靈性能量的影響，請參閱本書第五部分「塔羅冥想與靈性成長」（見 213 頁）。］

- 宮庭牌有五角星女皇，權杖侍從和寶劍女皇。代表這個空間特別適合成熟、已婚的女性（女皇）；教學、醫護或法律專業人士（風元素）；演藝表演或體育活動（火元素）；或青年（侍從）使用。即符合了律師身份的 Michael 作為辦公室用途。

8. 十二張牌看個人或企業運氣

這個牌陣可以為當事人詳細分析生活中各範疇的能量狀況。亦可用於企業管理，詳細分析公司內部的能量狀況。

操作介紹例子：

(1) 憑直覺在七十八張塔羅中選出十二張。

(2) 翻開十二張已選牌，並分類排好：大阿克羅一列；五角星（土元素）一列；聖杯（水元素）一列；權杖（火元素）一列；寶劍（風元素）一列。

「十二張牌看個人或企業運氣」實例 1：

Lancy，三十九歲，獅子座，已婚，經營五間自創品牌時尚服裝店。她希望在未來一年再開設兩至三間新店，在此之前，想了解一下業務發展能量才作決定。

實例 1 牌陣結果

大阿克羅	五角星 土（地）元素	聖杯 水元素	權杖 火元素	寶劍 風（空氣）元素
No.19 太陽 （逆位） 火元素	no.8 （正位）	no.6 （正位）	no.3 （正位）	no.10 （正位）
No.1 魔術師 （正位） 土／風元素	no.9 （正位）	no.2 （逆位）		no.2 （逆位）
No.7 戰車 （逆位） 水元素	Ace （正位）			
No.20 審判 （正位） 水元素				

牌陣結果及分析重點：

(1) 大阿克羅列代表年度大事件，未來一年特別需要注意的事項。

(2) 五角星列代表有關財富管理、金錢活動、新的金錢際遇。

(3) 聖杯列代表有關情感交流、人際關係或人事管理等。

(4) 權杖列代表有關生命力、活動能力或與健康有關的事。

(5) 寶劍列反映有關條款、規則、合約或有關紛爭的事。

結合分析及建議：

- 大阿克羅有四張，佔整體比例三分之一，算是比較多大牌的組合。表示來年公司能量狀況不穩定，頗多大事即將發生，需注意防範於未然。大阿克羅包括：

  - 大阿克羅 No.19 太陽（逆位），代表過度自信，加上幼稚的想法而引起的失敗。注意不要因為之前曾經獲得的小勝利而操之過急。

  - 大阿克羅 No.1 魔術師（正位），發揮創意可助解決危機。考慮到 Lancy 所經營的業務是自家品牌時裝店，魔術師的出現表示創作人員將有令人眼前一亮的表現。

  - 大阿克羅 No.7 戰車（逆位），應多花心思在人事管理方面，關注員工的心情與想法。另外，亦須注意有關貨運的問題。

  - 大阿克羅 No.20 審判（正位），多開會檢討或公開討論等，有助加強了解和溝通。有關創作方面，可以從懷緬過去的美好事物中找到靈感。小心處理合約或法律事務，同時應考慮一下商品註冊。

- 五角星列，土元素，有三張，包括：

  - 五角星 no.8（正位），建議保持基礎的業務營運，會有平穩而正面的增長，獎勵一下經驗成熟的員工。

  - 五角星 no.9（正位），好好分配收益，建議分成三部分，其中一部分用作增加辦公室內的趣味性，另一部分用作日常營運儲備，第三部分用作新投資。

- 五角星 Ace（正位），代表新的金錢機遇，例如新方向發展帶來的收益或遇上有實力的新客戶。

- 聖杯列，水元素，有兩張，包括：

- 聖杯列 no.6（正位），與年輕僱員交流良好，並建議考慮設立一些小獎勵回饋舊客戶。

- 聖杯列 no.2（逆位），多關注年資比較長的員工。

- 權杖列，火元素，有一張：no.3（正位），暗示有關開發新發展方向。

- 寶劍列，風元素，有兩張，包括：

- 寶劍列 no.10（正位），注意有員工因為工作壓力影響表現或因為過勞而影響健康；同時亦需關注任何有關條款、條例或合約的處理。

- 寶劍列 no.2（逆位），失去直覺，不容易作出決定。

- 總結：業務的整體運氣不錯，頗多新發展的新機會。土元素比例較多，適合保持平穩中再尋求發展和突破。不過，人事管理方面會出現問題，開分店一事應該按部就班。另外，要特別注意小心處理所有往來的合約。

「十二張牌看個人或企業運氣」實例 2：

Jossie，二十七歲，人馬座，瑜伽教練。她想了解一下未來一年的情況，同時，她覺得個人發展到達瓶頸，希望找到突破的方位。

實例 2 牌陣結果

大阿克羅	五角星 土(地)元素	聖杯 水元素	權杖 火元素	寶劍 風(空氣)元素
No.0 愚者 （逆位） 風元素	no.5 （逆位）	女皇 （逆位）	no.5 （逆位）	no.1 （正位）
No.21 世界 （正位） 土元素		no.5 （逆位）	no.2 （逆位）	
No.3 女皇 （正位） 土／風元素		no.10 （正位）		
No.19 太陽 （正位） 火元素		no.3 （正位）		

牌陣結果及分析重點：

特別解讀技巧：同實例 1（見 324 頁）。

結合分析及建議：

- 大阿克羅列有四張，代表 Jossie 在未來一年，生活上有不少大變化。慶幸四張大阿克羅中，其中三張都是能量強大而正面的牌，所以，只要 Jossie 可勇於面對新轉變、接受新事物，未來一年所發生的事情都可看成是環境能量把人推向進步的方式。

- 再看四張大阿克羅列：

  - No.0 愚者（逆位），風元素，如果想尋求轉變或突破，建議先放下經濟效益，考慮如何達到身心平衡或先照顧靈性上的滿足感。試着重拾遺忘已久的夢想，又或者起動嘗試一直想試的活動等。

  - No.21 世界（正位），土元素，在熟悉的範疇得到成功和鼓勵。建議到國外旅行，開闊眼界，洗滌心靈。

  - No.3 女皇（正位），土／風元素，建議在未想到下一步方向之前，放慢腳步，好好享受目前的成果。沉澱可感受到另一個能量，放鬆可以得到靈感。

  - No.19 太陽（正位），火元素，個人能量仍然處於良好狀態，充滿活力和生命力，特別有利於 Jossie 目前的工作。

- 五角星，土元素：只有一張 no.5（逆位），金錢活動沒有驚喜。注意不利於投資。

- 聖杯，水元素，有四張，包括：

  - 聖杯女皇（逆位），反映當事人看法有點不設實際。

  - 聖杯 no.5（逆位），遇上令人失望的人事。可幸同時亦因為這一件事情而看清，誰是支持你的人。

  - 聖杯 no.10（正位），親密關係既圓滿又美好。

  - 聖杯 no.3（正位），有機會出席一些氣氛愉快的慶祝活動，人際關係豐收。

- 權杖，火元素，有兩張，包括：

  - 權杖 no.5（逆位），過多活動或運動，引起身體疲累。注意工作上，小心捲入權力鬥爭。

  - 權杖 no.2（逆位），對於未來發展欠缺完整的計劃，未能有效執行。

- 寶劍，風元素，只有一張 no.1（正位），代表會得到讚賞和鼓勵，建議作專業進修。

- 總結：回應 Jossie 的提問，牌陣顯示未來一年 Jossie 的能量既強大亦正面，因為一向表現良好，所以既有發展範疇，還會得到讚揚或獎賞；但若想突破瓶頸，應先作進修。

第七部分

塔羅與儀式

塔羅與宗教

　　塔羅的創作靈感集幾大宗教及各地民間故事之大成，我們會在本書第八部分（見 381 頁）分享更多資料。

　　傳統的塔羅，畫面所描述的故事原型，多取材自歐洲各國的不同宗教故事。早期塔羅牌幾乎是只有貴族、學者和藝術家才有機會接觸的玩意。

　　後來，印刷技術日漸進步，印刷品廣泛流傳。歐洲經歷文藝復興時期、宗教改革等，塔羅牌逐漸普及於民間，發展出包括占卜等其他用途，亦因此而產生了不少誤會，並招來傳教人員抨擊，這是十三世紀以前，塔羅所沒有的負面現象。

　　現存最古老的威斯康提塔羅（Visconti Tarot），按考證應是十三世紀時，由當時歐洲顯赫的威斯康提家族專門聘請宮廷畫家所繪製，以威斯康提家族成員的肖像融入大阿克羅畫面之中，畫風極其細緻華麗。後來，更有人製作出奢華的鑲金版本，此版本目前為私人藝術收藏家所收藏。若想一睹其面貌，坊間亦有燙金版印刷品出售。

　　有別於現今普遍流傳的七十八張塔羅，威斯康提塔羅特別之處在於牌組共有八十六張，多出的部分在宮庭牌。由於年代久遠，部分已經散失，現存共六十七張原畫，目前被收藏在耶魯大學的圖書館裏；而坊間流傳的完整牌套，是由後世藝術家按作者風格補畫而成的。

　　近代的塔羅牌，愈來愈多元化，當中除了有大量依照各種宗教體系所設定的塔羅，亦有很多其他特別的題材，例如：二〇〇五年出版的《童話塔羅》（*FAIRYTALE TAROT KIT* by

Karen Mahony, Alex Ukolov, Irena Triskova），將世界各地的著名童話故事，收錄在大小阿克羅七十八個畫面中，當中完全沒有任何宗教元素，卻又充滿了睿智。

馬賽塔羅牌

　　馬賽塔羅牌（Tarot of Marseilles）與萊德偉特塔羅牌（Rider-Waitet Tarot）被認為是現今流傳最廣、影響最大的兩大塔羅。萊德偉特塔羅一般簡稱「偉特塔羅」。按可考證的文字紀錄，馬賽塔羅比偉特塔羅更早面世，畫面取材自當時意大利撲克牌設計畫風，初設為遊戲卡，後發展出靈性用途。關於作者，有一說法為馬賽塔羅原始木刻圖像由法國佚名神秘學者所製作；另一說法是，目前流傳的這組原始完整木刻圖板，是由尼古拉斯・康弗（Nicholas Conver）於一七六〇年製作。

　　馬賽塔羅十六世紀開始流傳，於十七、八世紀時，由法國第二大城市馬賽（Marseilles）遊戲紙牌生產商印製發行，於是，這一套牌就被稱為馬賽塔羅牌。

　　馬賽塔羅牌流傳至今已有數百年，激發了後來許多塔羅牌組的設計。牌組最初只有黃色、紅色、綠色和藍色四色，內容表達有別於偉特塔羅，牌組詳細描述主要集中在大牌人物和宮廷牌，當中包括基督教圖像和具有靈性意義的花卉圖案。四組小牌內容則是以元素象徵符號數量及排列方式表明，含意極為抽象。用者須具備開放心靈，去感受與畫面的連結性，同時亦要具備相當神秘學修養，才能操作自如。

萊德偉特塔羅

　　為了能更多面性了解塔羅牌，本書選用了極具歷史參考價值和環球認知的偉特塔羅作解說素材。偉特塔羅由亞瑟•愛德華•偉特（Arthur Edward Waite）所設計，作者為十九世紀末英國著名的神秘學團體「黃金黎明協會」的活躍人物。偉特塔羅最初版本只是黑白線條，後來經由史密斯女士（Pamela Colman Smith）精改及上色。牌組內容極其豐富，充滿了各地神話，包括北歐神話，猶太教靈性發展概念及《聖經》故事，例如小阿克羅的五角星 no.10 和大阿克羅 No.2 女祭司，就隱藏了猶太教的卡巴拉生命樹圖案。

　　早期有不少學者曾以偉特塔羅和馬賽塔羅牌，結合《聖經》寫過不少研究文章，雖然中文譯本不多，但對此話題有興趣的朋友，可以在網上搜索一下，定有收穫。大家更可從畫面的符號和奇特用色中找到不少與占星和數字學的關連。

　　由於作者的神秘學會員背景，有研究學者亦指出偉特塔羅記載了不少神秘儀式的資訊。例如 No.1 魔術師、No.2 女祭司和 No.5 祭司，至今仍是為人熱烈討論的畫面。所以，即使後來出版的塔羅多如恆河星星，甚至當中亦有不少曾掀起一陣熱潮，例如奧修禪卡、易經塔羅牌和托特塔羅，但是直到目前為止，偉特塔羅仍然是業界推崇，與馬賽塔羅齊名，而且幾乎是每位專業塔羅師都曾擁有的殿堂級塔羅。

托特塔羅牌

　　托特塔羅牌（Thoth Tarot）是由另一「黃金黎明協會」會員亞歷斯特・克勞利（Aleister Crowley）以《律法之書》（*The Book of the Law*）中的內容設計，與芙瑞妲・哈利斯女士（Lady Frieda Harris）共同執行而成。托特塔羅牌有別於傳統塔羅體制，作者以埃及遠古神話作為創作基礎，內容精密而豐富，一出版即廣受歡迎。

　　由於克勞利曾被稱為是世界上最邪惡的男人，加上畫面用上頗多的神秘學的象徵符號，充滿了黑魔法式神秘的色彩，使托特塔羅牌曾引起一陣爭議，甚至被認為是加強了大眾對塔羅與黑魔法連繫的誤解；但種種傳言，亦無損托特塔羅的受歡迎程度。

　　托特塔羅豐富的內容、嶄新的視點，令使用者愛不釋手。百年來，有不少追隨者以這個體系的架構創作出多副廣受歡迎的塔羅牌，形成了托特體系與馬賽體系和偉特體系並列三大。

使用塔羅的方法

　　來到這裏，相信大家都了解到塔羅本身不是宗教，亦不屬於任何宗教產物。或者我們可以這樣理解：塔羅是一種表達形式，任何宗教或文化的人都可以利用這個形式去表達內涵，把塔羅結合其中（後文會為大家分享一些塔羅結合某些宗教儀式的資料）。因此，塔羅的使用方法，基本上是自由的，每一位塔羅愛好者都可以創出牌義和自己的牌陣，甚至自行創作一套專屬的塔羅。

　　以塔羅進行靈性活動時，靈性隨着直覺帶領於多維度自由飛翔。然而，當塔羅用於助人療癒或占卜的時候，由於涉及他人的事，為了尊重彼此，互動之間就應該存在一些道德標準了。美國塔羅協會（American Tarot Association，簡稱：ATA）有一套給塔羅師的指引，大家可以在網上尋找細讀。平常教學，我都會給學員派發一張道德參考指引，內容大致如下。

　　首先，希望大家使用塔羅時，能夠抱着助人之心，心存善念。我們可以選擇拒絕個案，但一旦接受了個案之後，就應該不論問者的背景、性別、性取向、年齡、宗教，無論對方是哪一個民族、來自哪一個國家，都用真誠的態度對待對方，誠實地傳達透過塔羅所得到的訊息的內容。應盡力提供其他參考資訊，照顧問者身心靈上的各項需要，例如個人意見、個案經驗、匿名案例或生活建議等，同時清楚地向對方劃分上述與塔羅意見非一體。至於其他專業知識範圍以外的問題，應建議對方同時尋求相關專業協助。除非得到對方的允許，否則不應擅自以塔羅窺探他人之事。談話內容應予以保密，保障私隱。若問者要求停

止，應即時停止解讀。即使雙方事前早有約定，亦不應繼續追逼對方。

　　接觸塔羅的時候，應保持身心整潔。事前清潔雙手，保持衛生，讓牌更為耐用，為環保出一分力，減輕大自然的負擔。潔淨心靈，不應有壞念頭，產生負能量，吸引負面的人與事。

　　會面進行的時候，盡力去了解問者的需求，如有需要，應以理解的心情結合經驗重組問題的方向和發問的層次。要是對方茫無頭緒，可以先行開出一些觀測能量的牌陣作為溝通的切入點。按照問者的問題，選擇適合的牌陣。

　　開牌以後，盡力傳達有關諮詢，並讓問者了解問題與身心之間的關係。感謝彼此之間的交流，獲得豐富的體驗。

創造自己的神性空間

以下內容建議使用偉特塔羅（Rider-Waitet Tarot）。

在進行塔羅閱讀會面之前，解讀者應準備一個神聖的能量場，此舉除了可以增強直覺，獲得更多靈感外，亦可以保護有關人等免除不必要的能量干擾。

一個有修行功夫的塔羅解讀者，可以透過自行調息內在能量，創造神聖空間，甚至以能量感染周遭的人和環境。由於修行功夫到家，即使在鬧市之中，仍然能夠以強大的個人氣場，創造特殊氛圍。在神聖的能量場之內，讀與問雙方既能受到保護，亦可以與萬物連結，從宇宙中獲得更多的資訊。

沒有修行習慣的人，亦可以透過特定的呼吸節奏，配以適當的環境佈置，達到安靜心神，集中心智的效果。情況跟學習打坐冥想有些相似。很多冥想練習者都表示，適當的冥想練習，能夠讓人從煩憂中解脫出來，甚至忘記身體的痛楚。深入的冥想，能夠讓靈性得到自由，脫離物界的枷鎖，穿越不同的層次，感受生命的奧秘。

靈性工作者在日常靈性指導或療癒工作時，其實無須達到這個境界，亦可創造靈性能量場。只要內心達到寧靜和諧，專注於自己的身體，讓每一部分的感覺都變得敏銳。開放每一個感官，接受宇宙中每一個念頭，以能量去感受能量，就能獲得很好的效果。

以下，會為大家介紹幾個簡單易行的靜心方法，環境許可的話甚至可以即時跟着做。請記着，我們不是要進行冥想，達到出神狀態。我們只是為靈性調頻，無須執著認為要在過程之

中看到那位大神或天使才是成功。過程中，最重要是看到自己。

在靈性能量未達到強大至可以影響環境之前，可以利用環境能量的幫助達致靜心。有些人喜歡在創造神聖空間的時候，穿戴一些水晶和法器，甚至打扮得像個巫師一樣。無可否認，美麗的水晶在地球上存在已久，可說具備了最純正、最強大、最原始的能量；而對於擁有特定宗教或文化背景的人來說，穿上特別的服飾打扮，就如能量加持，對心理狀態有一定的助益。但這並非練習靜心的指定造型，如果你沒有水晶和巫師袍，只要穿上讓自己感覺舒服的衣飾，就是最好的打扮。

至於身體狀況，在不覺得飢餓的情況下，先喝點水。然後，找一個安靜清潔、空氣流通、不被打擾、讓人感覺舒服自然的地方坐下來。有些人喜歡播放一些柔和的音樂又或者是自然界的聲音作為背景音響；然而，沒有其他刻意製造出來的聲音，會更加好。雖然我們都知道聽音樂對於身心靈成長有很大的效益，美好的音頻能夠使人心情快樂起來，幫助恢復身心健康。然而，若果採用不恰當的音樂，亦有機會使人產生煩躁或失落等負面情緒。任何音頻，都可以刺激能量中心。若希望能量場維持中立，一個安靜的環境會更好。

- 先安坐，開始的時候，嘗試輕微活動一下身體，直至找到一個感覺最舒服的坐姿後，閉上眼睛，把注意力轉移到兩眼中間。

- 用鼻子吸氣，一下比一下吸得更深入。在這一個階段，暫時無須執著那一口氣是否已經走到丹田，只是自然而然地一呼一吸，一呼一吸。

- 直到呼吸有了一個自然的節奏，就開始放鬆自己的身體：

從頭腦開始，然後是額頭、眼睛、鼻子、兩頰、嘴巴、頸部肩膊、雙手、背部、胸口、腹部、下身、雙腿直到腳尖。毋須刻意去想要放下任何念頭，只要把注意力集中在呼吸和放鬆，其他念頭自然就跟不上來。

- 感覺放鬆之後，可以想像身體四周被一道白色發光的能量包圍，光的能量帶有微微的暖意，這是由愛而生的暖意。請深深的吸一口氣讓自己放鬆，讓毛孔放鬆。讓愛與光進入你之內，填滿身體，讓心裏感到安靜，讓愛與光充滿靈性，直至心靈感到滿足。然後，保持着這一個狀態。懷着感恩的心情，張開眼睛。感受一下由光和愛所注滿的神聖空間。

- 每天在特定的時段進行練習，又可以在過程中加入一些個人專屬的小細節。日子有功，往後進入狀態就如按鈕開動般簡單。

常用水晶與塔羅

　　有說每一顆天然水晶都是宇宙的記憶棒。不僅記錄了宇宙的意識，亦儲存了意識所含的能量，更是傳遞自然能量的媒體。靈性敏銳或體質特別敏感的人，當接觸到水晶，就會感覺到當中的能量。晶瑩美麗的天然水晶，幾乎是每一位靈性工作者的日常必備工具。有治療師會以不同的水晶能量來療癒各式個案，甚至有些修行者能夠透過接觸水晶而產生幻視。

　　作為人類與宇宙溝通的媒體，水晶和塔羅牌一直合作無間。我們可以依照本書第五部分「塔羅冥想與靈性成長」（見213頁）中所得知的靈性能量源頭，經常使用相關水晶所製作的飾物或擺設來增補能量，強化和宇宙之間的連結；又可以在讀牌的過程中，依照塔羅大阿克羅的能量指導，來挑選適合自己的水晶飾物或靈擺。同樣地，亦可以用水晶來對應或增補大阿克羅所反映的能量不足。

挑選水晶

　　各種靈性條件，指出了選擇水晶種類的方向。然而，當一百顆同類的水晶放在眼前，我們應該如何挑選？如果只是單純地如選擇一件飾物，事情就簡單得多，合眼緣就是好；如果是從挑選工具的角度來考慮，便除了眼緣，還要加上溝通。

　　當很多水晶放在一起，各自有各自的能量，必然會產生干擾，障礙識別。建議大家可先選出合眼緣的幾顆，另置別處。然後，逐顆放在左手掌心，再以右手的五個手指尖點觸晶石，感受當中的能量互動：以大拇指尖是能量補充區，食指尖是思

考區，中指尖是自我對話區，無名指尖是心靈直覺區，尾指尖是外在能量連繫區。靈性導師可以嘗試凝視晶石的石紋、切割面和天然虹彩來連繫直覺。

治療師在選擇療癒棒的時候，可先把水晶棒握在手中，輕輕揮動，以確定手感。然後。才去感受當中的能量。當選定了水晶以後，最好還加上淨化和活化兩個程序，才讓晶石正式投入工作。

淨化水晶

四元素的洗禮的淨化儀式，需準備下列各項：

- 風元素——空氣流通的地方，以香草淨化過的空間。
- 土元素——準備一些石頭，也可以是一組繪上完整如尼（Runes）文的石子，又或是一個水晶洞。
- 水元素——準備海水、天然海鹽水和大貝殼以作盛物之用。
- 火元素——能接觸陽光的空間，又或者是一支蠟燭。

先燃燒香草淨化室內氣場，常見用檀香、乳香、秘魯聖木或者白色鼠尾草。最好能讓東方的陽光射進空間。燃起小蠟燭，在桌面或地上放些石子；不用石子的話，也可以放一個白水晶簇或水晶洞。用海鹽水好好清洗晶石，抹乾。把晶石放在石頭上面，或者水晶洞內，又或者以大貝殼作為盛器放在石子上。放於環境之中經歷一日一夜後，收起水晶放於盒子內備用，完成。

活化水晶

　　淨化後備用的晶石，可應用於不同工作。例如，日常佩帶以增強直覺力或補充靈性能量；作為護身符，免於負面能量影響；作為靈擺與環境能量溝通；作為工具用於療癒心靈；又或者以之許願，增強念力。無論打算以晶石作為甚麼用途都可以加入一個活化程序，增強目的感。

　　活化水晶的儀式十分簡單。首先，找個安靜的地方讓自己進入靜心狀態。之後，把水晶放在掌心，由於每個人的能量感應區域都不一樣，所以並沒有規定要放在左手或右手，多數人都能夠以掌心來感應水晶能量；亦有些人，兩眼之間的區域比較敏感，總之自然就好。

　　當能量區感應到水晶能量之後，可以跟水晶說明一下你的想法，你希望它未來為你完成的工作。如果晶石以能量作出正面回應，就可以使用。否則，應換一顆。

大阿克羅對應石／能量補充表

大阿克羅	對應石／能量補充
No.0 愚者	白水晶、電氣石、瑪瑙、綠松石、白珊瑚化石。
No.1 魔術師	白水晶、黃水晶、紫水晶、綠寶石、紅珊瑚化石。
No.2 女祭司	蛋白石、瑪瑙、月亮石、拉長石、珍珠。
No.3 女皇	祖母綠、石榴石、瑪瑙、黃鐵礦、橄欖石。
No.4 皇帝	琥珀、黃玉、紅寶石、瑪瑙、血石。

續：大阿克羅對應石 / 能量補充表

大阿克羅	對應石 / 能量補充
No.5 祭司	鑽石、青金石、綠松石、黑鐵礦。
No.6 戀人	紅寶石、玫瑰石英、瑪瑙、月亮石、紅珊瑚化石。
No.7 戰車	黃鐵礦、月亮石、虎眼石、螺化石。
No.8 力量	虎眼石、貓眼石、鑽石、石榴石、玫瑰石英。
No.9 隱士	螺化石、藍寶石、石化木材、藍色電氣石、玉。
No.10 命運之輪	玉、黃玉、黃水晶、鑽石、紅色電氣石。
No.11 正義	石化木材、翡翠、白珊瑚化石、白水晶、瑪瑙。
No.12 吊人	青苔瑪瑙、海藍寶石、綠色方解石、石化木材。
No.13 死亡	黑曜石、血石、黑碧璽、琥珀、黑色鑽石。
No.14 節制	紫鋰輝石、白珊瑚化石、白水晶、紫水晶、珍珠。
No.15 惡魔	熔融石、黑色鑽石、黑瑪瑙、黑曜石、黑色電氣石。
No.16 塔	磁石、石榴石、紅寶石、孔雀石、赤鐵礦。
No.17 星星	捷克隕石、白水晶、月亮石、拉長石、紫鋰輝石。
No.18 月亮	月亮石、拉長石、蛋白石、藍色電氣石、珍珠。

續：大阿克羅對應石／能量補充表

大阿克羅	對應石／能量補充
No.19 太陽	琥珀、鑽石、太陽石、虎眼石、白水晶。
No.20 審判	紫水晶、化石、黑曜石、黑碧璽、琥珀。
No.21 世界	綠松石、珍珠、瑪瑙、紅珊瑚化石、鑽石。

古歐洲魔法師使用礦石的法則

　　每當魔法執行者有感於能量減弱的時候，就會把具有相關能量的礦石製成的飾物帶在身上，作為能量增補之用。

- **黃金或金色礦石**：象徵太陽或天上來的陽性力量。可以提升智慧，啓動靈性力量，抵禦負面能量。

- **銀或銀色礦石**：象徵月亮或天上來的陰性力量。具有啓發力，增強第六感。配帶銀飾或銀色物件可抵禦邪惡力量。

- **黑色的礦石**：是力量之石。

- **閃亮透明的水晶**：是智慧之光。

- **白色的礦石**：能將智慧化成行動。

- **海床中白色的石灰岩**：由海洋生物所形成，代表遠古生命的智慧力量。

- **當綠色和紅色的石頭放在一起**：可以帶出愛的力量，溫暖心靈。

常用符號與塔羅

　　符號，可說是文字的起源。不過，當各種文字發展成熟以後，初始文字——符號始終沒有被遺忘；甚至後來，複雜的文字又被人重新設計成簡單的符號來表達意思。

　　符號，承載意義，激生聯想，是一個可以跨越文化、跨越國界的認知媒介。塔羅牌的創作者巧妙地運用了大量畫象和符號，把訊息儲存在畫面的任何角落。

　　塔羅牌大、小牌之所以叫做阿克羅（Arcana），意味用者每翻開一個畫面，都揭示一個秘密。每一張牌都是一個壓縮秘密資料庫，用者只要願意發掘、聯想，就會有不少發現。

　　接下來會跟大家分享一些常見符號、圖形、色彩和線條在神秘學中的意義，方便大家在解牌的時候，可以多一個思考方向，同時可以之應用於某些儀式之中。（本書以偉特塔羅牌為參考塔羅）

塔羅常見符號

表一：動物類

蜥蜴（lizard）	火元素、視覺、啓發、重生、生命力。
蝸牛（snail）	穩定、小家庭、緩慢發展、耐力強、能量小。
蛇（snake）	誘惑、魔鬼的使者、成長、蛻變、靈活適應力、狡詐。
翼（wings）	風元素、解放、自由、旅行、遊歷、穿越空間、穿越生死的交通工具、迅速的行動力。

續表一：動物類

白羽毛 （white feather）	風元素、自由、個人提升、進步、對個人成長的訴求、心靈成長。
紅羽毛 （red feather）	風元素、自由、爆發能量、激情、願望實踐。
鳥（bird）	風元素、自由和高尚、輕鬆、休閒、傳遞訊息、外來者。
蝴蝶（butterfly）	轉化、美麗、短暫、死亡後的新生、自由。
魚（fish）	感情、直覺、來自遠古的生命、神的恩賜、感情關係。
獵鷹（falcon）	更高的視野、力量目標、深謀遠慮、行動迅速、捕獵。
鴿子（dove）	希望、愛、和平、好消息、傳達訊息、風雨後的平靜。
公牛（bull）	力量、穩定、固執、僵化、情緒緊張、執行力、工作狂。
貓（cat）	感知、與神秘連結、夥伴、使者。
馬（horse）	火元素、動作、活力、交通工具、外遊、合作夥伴。
兔子（rabbit）	試探性、快速行動、狡黠、受保護。
狼（wolf）	原始慾望、負面情緒、發洩。
龍蝦（lobster）	水元素、巨蟹座、史前生物、月亮週期、自我保護。

表二：神聖／符號

無限符號（infinity）	無盡的能量、永恆、持續、靈活、行為和結果的關係、彈性、變化、轉化、∞、無限。
三角形（triangle）	智力、轉化、能量集結、提升、鍊金術。
球體（globe）	土元素、匯聚、能量集結。
五角星（pentacle）	希望、保衛、魔法、巫術、能量匯聚、與大自然連結。
螺旋紋（spiral）	順時針、回歸中心、反思生命的意義、行動與結果的關係。
生命樹 （tree of life）	發展性、生命力、古老的傳承、神聖。
天使（angel）	信息的使者、靈感、神聖力量的干涉、更高的思想和理想。
獅身人面像 （sphinx）	監護、保護生命、秘密、謎語、挑釁。

表三：自然天象

雪（snow）	寒冷、惡劣條件、結晶、安靜。
閃電（lightning）	火元素和水元素、瞬間、神聖能量干預、覺醒、關注、破壞性、力量。
海洋（ocean）	無限的可能性、神秘、具有深度的、偉大的自然能量、還有更強的力量掌握了控制權。
太陽（sun/gold）	火元素、陽性能量、生命力、正面積極、無止境的能量、擴張、增長、創造力。
雲（cloud）	水元素、雨、更高能量的干預。
新月與星（crescent & star）	陰性、海洋力量、女性、生理循環、情緒化、親子關係。
雨（rain）	水元素、清潔、降雨、清理、重新開始。
星星（star）	指引方向、指導、光明、導航、內心的光。
噴泉（waterfall）	水元素、噴泉、懷孕、豐盛、情感、流露、潛意識。
山（mountain）	挑戰、成就、實現、目標、障礙。
月亮（moon）	水元素、自然能量、月亮週期、影響情緒、海洋、女性、柔和。
冰（ice）	孤立、耐心、等待、距離、反對。
火（fire）	火元素、創造、破壞、能量、轉化、激情、靈感和力量。
燭光（candle）	火元素、生命力、能量、動力、與神聖連結。

表四：人物

工作人員（staff）	支持力、穩定性、工作。
蒙眼（blindfold）	猜測、無法接受事實、隱藏起來、無法看清。
兒童（children）	兒童、希望、新開始、幼稚、生命力、有待發展。
手（hand）	力量、統治、保護、傳播。
心（heart）	火元素、愛、喜悅、感情、真理、心臟。

表五：植物

向日葵（sunflower）	快樂、光明。
玫瑰（rose）	純潔、承諾、美麗、希望、刺痛、熱情。
石榴（pomegranates）	豐盈、生育力、美感、慷慨、結合、生育力、愛情、女性、豐富。
百合（lily）	健康、生長、純潔的品質。
農作物（agriculture）	土元素、多產及豐收、奉獻、回饋大地。
葡萄（grapes）	生育、豐富、祝福、救贖、豐盛。
盛滿花果的羊角（cornucopia）	土元素、豐收、好回報、農作物、環保、回饋大地、經驗、領悟、畢業。

表六：工具

板凳（bench）	停下來、檢查、放鬆。
有手柄的容器（pitcher）	表達、展現。
旗幟（flag）	宣告、轉變、領導、小組活動。
螺殼（cowrie shell）	多產、好運、健康、古老、傳承。
雙蛇權杖（caduceus）	平衡、健康、二元性（對立統一）、合作、權威。
鏈（chains）	惡習限制、束縛、衝突、奴役。
錘子（hammer）	重點、力量、行動、完成工作。
鋤頭（hoe）	成就、收穫、工作、工具。
號角（horn）	公告、勝利、召集。
天秤（scale）	平等、衡量、糾正、設定措施。
書卷（scroll）	知識、古老智慧、神聖、秘密、教育、閱讀。
盾牌（shield）	防禦、保護、掩護。
繩索（ropes）	約束力、限制、捆綁、不採取行動的狀態、緊密。
鑰匙（key）	揭露潛力、知識。
燈籠（lantern）	光、智慧、真理和照明、生命、信仰和警惕。
小船（boat）	水元素、交通工具、外遊、機會、情緒上的歷練。
輪船（ferry）	水元素、交通工具、旅行、跨越視野、成長的機會、環境上的轉變。

表七：建築

村莊（village）	集會、團隊、合作、中心思想。
拱門（arch）	通道、新方向、新出路、未知的將來。
磚牆（brick wall）	壓抑、阻隔、隱藏在背後的事情、保衛、區別。
城堡（castle）	目標、堅實、建設、保護、限制、慾望。
橋樑（bridge）	轉移、另一個階段。
已整理的田（plowed fields）	土元素、收穫、領域、等待回報、獎勵、期待結果、工作。
彩色玻璃（stained glass）	視覺、信仰。
墓（tomb）	死亡、埋葬、封閉、演變、過去、經驗、收藏。
路徑（path）	路徑、選擇、人生路向。
支柱（pillar）	平衡、選擇。
房子（house）	私隱、親近的人、秘密、保護、關心。

表八：其他符號

水晶球 （crystal ball）	土元素、改變視層、靈性連結、來自大自然的力量、遠古記憶。
魔法結 （majick knot）	風元素、結集能量、啓動能量、保存能量。
安赫 〔Ankh（埃及）〕	不朽和平衡、生命、循環、男性、日出。
珍珠（pearl）	水元素、生育、生命、純淨。
豆（beans）	辟邪、收穫、傳承、生命、願望。
鎖匙（key）	啓動能量、解除、銀色鎖匙～來自大地的力量、金色鎖匙～來自上界的力量。
馬蹄鐵（horseshoe）	保衛、防邪惡。
蜘蛛（spider）	經營、財富。
補夢網 （dreamcatcher）	保衛小孩、隔阻邪念、停止惡夢。
響鈴（bell）	靈界溝通、召喚。
扇貝殼 （scallop shell）	水元素、保衛、淨化、組織家庭。
扇貝殼（scallop shell） ＋珍珠（pearl）	水元素、生育。
面具（mask）	召喚能量、轉換身份。
箭（arrow）	發放能量、動力、戰爭、傷害、快速。
全能之眼 （all seeing eye）	來自更高層次能量的監察力、防衛、保護。
生命之花 （flower of life）	生命的本質、生命力、創造、能量場。

續表八：其他符號

四葉草（clovers）	幸運、幸福、愛的結合、和平、希望。
直線（vertical line）	風元素、陽性能量、生長、改變、快速、集合性。
橫線（horizontal line）	土和水元素的引流、陰性能量、發展、交換能量。
正方形（square）	土元素、保持、積聚、生育。
菱形（lozenge）	靈性通道、女性、生育、靈視、通靈。

表九：色彩

啡色（brown）	務實、以人為本。
灰色（gray）	穩定、謙遜。
綠色（green）	希望、幸運、大地能量、生命力。
彩色（motley）	豐收、享受自我。
橙色（orange）	太陽、性慾、活力。
粉紅色（pink）	女性化、健康、愛。
紫色（purple）	皇者、神秘主義、健康。
紅色（red）	力量、性感、熱情、怒火、快樂。
金色（gold）	神聖、生命力、高貴、智慧。
黑色（black）	黑夜、純粹、智慧、成熟。
藏紅（saffron）	幸運、靈性。
藍色（blue）	平靜、靈性、智慧、忠誠。
紫蘿蘭色（violet）	平靜、智慧、靈性。
白色（white）	純淨、循環。

表十：數字與塔羅

Ace	接觸點、開始、方向、重心、命運、更高能量的干預、統一、焦點、新的行動、志向。
2	平衡之道、雙重標準、對立與共融、二元性、能量交換、對流、變換、聯合、合夥、機會。
3	聯合力量後所產生的結果、家庭、家族、三位一體、結構體、過去現在將來之間的因果關係、合作關係、力量變化後再開始。
4	穩定性、基礎、結構體、實際、四元素、四個方向、一年四季、成熟、平衡。
5	容器的內含物、由四元素組成的整體加上精神力量、中間中央中位、人體、一半、五角星。
6	守衛、保護、協調、六角星、兩性關係、融合、平衡、和諧、完美。
7	魔法、神聖轉化、彩虹、鍊金術、七個音頻、七個顏色、天空中七個主要行星的週期、宇宙法則、完美、研究、幸運、結構體。
8	滿足、循環、收成、尋求進步、平衡、變化無限、擴張、重複、持續發展、完美分割。
9	宇宙循環、接近完成、三位一體、回到起點、從物質轉向靈性、檢討回顧。
10	完成、結果、答案、轉變、即將面對新局面、新發展、聯合。

塔羅與自然魔法

　　每逢自然魔法課開講，學員們的神經就會變得緊張起來，就算是平常表現得比較理性沉着的，亦會因為受到氣氛影響，心情變得既緊張又期待。看到桌面上為儀式準備的道具，又敬又畏，渴望能夠看到甚麼、又怕真的會看到甚麼、各種有趣的問題，紛紛跑出來。

- 我們需要裸身在海邊跳舞嗎？

- 接下來就要看到哪位天使嗎？

- 做不好會召喚出惡靈嗎？

- 這儀式會跟甚麼宗教產生衝突嗎？

　　當然，最後我們沒有從課室溜出去海邊裸身跳舞（戶外跳舞倒是有）。可以肯定的是，在愈接近自然的環境操作自然魔法，效果會愈好。至於安全的室內空間，亦並無不可。

　　自然魔法的運作是藉着對應自然規律的儀式，逐步將靈性調頻達致與自然同調。藉着選定的工具，連結萬物的靈性，在整個神聖界域之中，萬物平等和諧共處，彼此感受。

　　自然魔法通常被稱為白魔法，與黑魔法的分別是，自然魔法當中並不帶有傷害性和強迫性，亦不能召喚惡靈或者與魔鬼結交。

　　在自然魔法儀式界域之中，萬物的靈性坦誠相對，人類通常以禱告或祈求等方式表達自己的意願，有深厚修為或靈通力的祭司，則會以能量形式與大自然溝通。然後，慷慨的大自然會以各種形式來回應人類心靈的需求。

　　儀式結束後靈界的回應結果，會反映在物質世界。現實中獲得多少，視乎靈性交流的強弱度。祭司們自然能意會靈性能量交流的結果，初階操作者則可透過某些媒介與自然能量溝通，常見應用媒介除了塔羅牌外，還有金屬探測棒、靈擺和如尼石等等。

　　因此，有人覺得白魔法的強度不如黑魔法，亦十分容易失敗，歸根究底，其實是操作者的靈性能量狀況不佳，以致在自然界中欠缺感召力。情況有點像人類物質世界中的投票選舉活動或目前很流行的眾籌活動。某一天，某某站出來表示希望得到支持來達成某個目的。於是，對大眾表達自己對事情的的想法和目標，交代一下背景，描繪一下未來的藍圖，希望尋求共鳴，然後得到支持來完成目的。大眾的選擇和回應都是自由的，最終結果如何，就要看某某的表達方式能夠感動多少人。

　　現實中，人類可能會為了達到目的，不擇手段，作出過度吹噓或虛假描述。不過，在自然魔法儀式下的界域內，不管禱告中的造詞是甚麼，操作者的所有目的和意向都會坦白地以能量形式呈現出來。最後能否與其他靈性取得共振，視乎操作者的真實意向的明確性和靈性狀態優劣。故此，在操作自然魔法過程中，應該坦白面對自己的感受和真實需求。

　　任何自欺欺人和自相矛盾所產生的能量，都會影響靈性的感召力，最終導致偏差或失效。這是一種宇宙之間靈性需求與回應的關係結果。近年流行起來的「吸引力法則」，其實就是自然魔法的舊酒新瓶。

　　自然魔法儀式，是一種表達訴求和呼召集合能量支援的方式。除非操作者自行許諾，或向宇宙定出交換協議，不然，即使是通過魔法儀式來達到目的，人與自然之間仍是沒有存在任

何約束或傷害關係，最終，宇宙萬物的慷慨回應，無論是給予或是無視，全都是出於自由意願。萬物既然選擇回應，亦不祈求回報。

很多人都不相信自然魔法現象，為甚麼單憑一個念頭，就能得到宇宙的回應，說來就像無本生利般不可思議，猶如對樹許願，願望達成，根本就是屬於孩子的童話世界。

其實，人類在現實世界每天都演出着這些被認為不可思議的故事。有時候人類看到其他人有需要，亦會自然伸出援手。如果你問當事人「為甚麼要幫助別人」，他們可能會回答這是一種自然反應。背後當然不會存在任何回贈的計劃，這是一種成全，背後就只有一個推動能量——就是「愛」。所以有說，真誠的愛，是世上最強大的能量。因為，孩子般純真的心能改變信念。愛，能夠改變靈性的狀態。

自然魔法的儀式，可能會傳承自某些文化而有所分類。但自然魔法並不屬於任何組織，亦非一個教派，操作者無需向任何人宣誓或者歸順，當一個人進行自然魔法，他只是單純地和自然界建立關係。最後，對祈願回應的是宇宙萬物。因此，任何自然魔法操作者都應對自然界抱着感恩尊重的心。

魔法工具

中國人有句説話「工欲善其事，必先利其器」。意思是工匠如果希望把工作妥善處理，首先要把自己的工具打磨得鋒利。一個好的廚師，一定十分着重廚房內的工具，例如利刀、鍋具，細心如上菜用的碗碟都兼顧到。一個好的裁縫，必然具備量身用的軟尺、鋒利的剪刀、性能良好的縫紉機。

若想塔羅和魔法操作獲得理想效果，個人能量的穩定性固然是一個很重要的因素，而作法常用的工具亦不容忽視。

會操作自然魔法的塔羅師，通常都會配備一個魔法工具箱，除了常用的幾套紙牌，裏面通常還包括了十幾種常用香草以及用香草製作而成的魔法精油、一卷用作魔法繩結的繩子、畫上如尼（Runes）的小石塊、用作書寫符文的紙和筆、火柴、蠟燭、一些幸運符、常用水晶、海鹽、儀式桌布、小香爐，以及四元素象徵物：土元素的象徵物有古老錢幣、五角星或繪上五角星圖案的碟子。水元素的象徵物有聖杯或貝殼。火元素的象徵物有權杖、魔法棒、蠟燭或燈。風元素的象徵物有小匕首、小刀或開信刀。

正式使用各種工具之前會有一個啓動儀式，目的是把所有工具的能量去負淨化，然後調校到某一個能夠與操作者共融的特定頻率。

啓動儀式

- 日子應當選擇滿月晚上，最好的時間是晚上六時至十時，最好的滿月是巨蟹滿月或天蠍滿月，地點可以是室內或室

外的明淨的空間，可是如果當日碰上下雨或準備刮風的日子都不適宜。

- 操作者應當先行沐浴更衣，換上用自然材質製成的白色衣服。以規律性呼吸安靜心神，直至感到身心靈狀況和諧，就可以開始以香草淨化空間。

- 在平闊的空間鋪上儀式地墊布，地墊布桌的四個角落應對應現實中東南西北四個方位，四個方位都點起同等分量的白色無味蠟燭，蠟燭的分量不用太大，大概燃燒時間為一個小時左右為佳。

- 在這個儀式之中，燭火扮演着非常重要的角色。白色無香味的蠟燭代表純淨，所點燃的火光象徵創造力與生命力。在自然魔法儀式之中，火焰具有淨化能量與驅邪的作用。

- 四角火焰連結起來象徵建構神聖空間，把準備淨化和啟動的工具放在布上東南方位，人坐進神聖空間的西北方面朝東南方。坐好以後，好好觀察、觸摸和感受每一件工具，未來幾十分鐘，在神聖界域之內，彼此認識了解。

- 當儀式完成，離開界域之後，彼此就是合作夥伴的關係。你亦可以不要勉強自己用心力去與工具建立關係，只需保持心情放鬆，放空。讓靈性與靈性溝通，亦可以得到同樣的效果。

- 待蠟燭燃燒淨盡，儀式便完成，人可以離開魔法空間，收拾工具。如儀式中斷，則需重新進行。

自然週期與能量恢復

本書第五部分及第六部分（見 213 及 289 頁），分別介紹了幾個以塔羅鑑別能量狀況的方法。人的能量，就像蠟燭的晃光，從不定型。隨着環境變化，不斷轉換形態。能量狀況良好的時候，應當保養；能量狀況不佳的時候，亦可以借助自然力量助以恢復。

太陽象徵父親的陽性能量，代表希望與生機，是萬物賴以生長和生存的重要能量之源。華夏醫學早就有理論記載，多接觸陽光可增補人的元氣。西方醫學亦有不少理論提及，經常呼吸清新空氣與接觸適量的陽光，能提升人的自癒能力。三歲小孩都知道，當天高氣爽，太陽清朗的時候，到郊外走走，呼吸新鮮空氣，有利於身心健康。

以塔羅大阿克羅 No.19 太陽牌放於室內近窗位置或室內當眼處，可助連結陽性能量。月亮的能量對於靈性，就像母親一樣親和，依從月亮週期養生，有助身心恢復和諧，滋養靈性。月亮的完整週期約二十八天，月相大致會呈現七種狀態，而當中有兩種月相會用於魔法。

第一種——

- 新月時，難以看到月亮的光華，能量作用處於休息狀態，適合用作告別負面能量。

- 在新月天下午四時至六時，最適合進行負面能量斷捨離。

- 建議儀式進行當日盡量獨處

- 在早上十一時前盡量素食，午後盡量不進食，多喝水。有需要的時候，可在水中加入少量食鹽或天然蜂蜜。

- 在窗前或當眼處，放置塔羅牌聖杯組 Ace 牌；有需要的話用水晶棒按摩痠軟的肌肉，幫助釋放當中的負能量記憶。

- 能量師們，若果想趁這個時機消減一下平常工作中接觸的負能量，可以在環境中燃點白色鼠尾草，同時用天然的海鹽配合少許橄欖油或葵花籽油清潔雙手。然後，好好休息或保持身心放鬆，可助淨化靈性，能量快速恢復。

第二種——

- 滿月的時候，月亮能量與生物交流關係最為密切，萬物大量釋放能量同時又大量吸收能量，每月滿月的前後三天，是自然界能量互換的重要日子。

- 古代的祭司女巫都會趁着月圓的日子進行香草收割和藥劑調配備用。現代身心靈工作者和治療師，都喜歡趁着這一天來養生，找個能量和諧自然的地方獨處，做一些既簡單又可以令自己感覺輕鬆快樂的事情。例如玩玩音樂又或者以最新鮮的蔬菜做一個簡餐來和大自然互換能量，滋養身心。

- 據説，月圓的黃昏，享用玫瑰花茶或以玫瑰花水洗臉，能夠增加個人魅力。

魔法師的膏藥配方

以下分享幾個魔法師的膏藥配方，有幾點需注意：

- 每次使用一項
- 材料於衛生狀況良好之下，通常可放置至下個月圓。
- 如加入現代化的抗菌劑，則可放置半年至九個月不等。

（1）去除負面能量的敷面水

材料：
- 蘆薈凝膠四湯匙
- 甘菊花純露兩湯匙
- 薄荷花純露一湯匙
- 有蓋玻璃小瓶

做法：
將材料拌勻並放入玻璃瓶中蓋好，月圓日起計，連續七天早晚使用。

（2）增強個人魅力的敷面水

材料：
- 粉紅色岩鹽少許
- 清水少許
- 有蓋玻璃小瓶
- 玫瑰晶石一小顆
- 礦泉水一湯匙
- 玫瑰花純露一湯匙

做法：

1. 以粉紅色岩鹽混和清水，清洗玻璃瓶和玫瑰晶石。
2. 玫瑰晶石先放進玻璃瓶，後以一湯匙上好的礦泉水混和一湯匙優質的玫瑰花純露，倒入瓶中，每天晚上使用。
3. 玫瑰晶石不宜重複使用於同一儀式，建議使用後的晶石用作盆景裝飾，心懷對大地感激之情，或把水晶埋於郊外土壤之中，讓礦石重歸自然亦可。

（3）簡易清洗負面能量

材料：
- 一茶匙橄欖油
- 一茶匙天然海鹽

做法：
1. 先用清水清洗雙手，將橄欖油和海鹽放於掌心之中混和。
2. 然後，像清潔液般塗滿兩手，輕輕按摩一兩分鐘，再用清水徹底沖走。

（4）簡易製造短暫抵抗負面能量的氣場

材料：
- 一茶匙檀香粉末
- 一茶匙葵花籽油

做法：
1. 先用清水清洗雙手，將檀香粉末和葵花籽油放於掌心之中混和。
2. 然後按摩兩手一兩分鐘，再用清水徹底沖走。

（5）重建社交自信

材料：
- 清水少許
- 白色海鹽少許
- 有蓋玻璃小瓶
- 黃水晶一小顆
- 蘆薈凝膠三湯匙
- 依蘭依蘭純露一湯匙
- 薰衣草純露一湯匙

做法：
1. 將清水混和白色海鹽，清洗玻璃瓶和黃水晶石。
2. 黃水晶石先放進玻璃瓶，再將餘下材料拌勻並放入玻璃瓶中蓋好。
3. 月圓日起計，連續七天塗於面上，早晚使用。

（6）特別有助職場發揮潛能的軟膏

材料：
- 海鹽少許
- 清水少許
- 有蓋陶瓷盛器一個
- 金髮晶一小顆
- 小型隔熱盛器
- 米糠油兩湯匙
- 白色蠟燭
- 蜂蠟一湯匙

- 薑精油一滴
- 白色鼠尾草精油一滴
- 薄荷精油一滴

做法：

1. 將海鹽混和清水，清洗陶瓷盛器、金髮晶和小型隔熱盛器。清洗後的容器放入金髮晶陶瓷盛器備用。
2. 米糠油放入小型隔熱盛器置於燭火上至油微溫，加入蜂蠟於米糠油中直至完全熔化。依次序加入薑精油、白色鼠尾草精油和薄荷精油，拌勻。
3. 將混合後的溶液，倒進有蓋陶瓷盛器。
4. 許願日起，連續七天早晚塗於面上及手上。小童請於成年人指導下製作，由於涉及燭火及加熱，使用者需謹慎。

補助環境能量的儀式

本書第六部分（見 289 頁）有介紹檢測環境能量的牌陣，一般而言，牌陣應以同時具備四元素為佳。可是，如果牌陣顯示環境能量欠缺其中一種元素，又或者整個牌陣以小阿克羅較多，就代表環境能量不佳。在這一種情況下，我們可以開設一個祭壇來恢復環境的能量。

開設祭壇，需具備下列材料：

1. 少量白色鼠尾草或秘魯聖木
2. 小桌子及一片祭壇布。如果只是室內環境祭壇便無需太大，大約一條頭巾般大小的祭壇布即可。
3. 半杯海鹽
4. 兩支蠟燭作日月能量的象徵
5. 一支小權杖或指揮棒作火元素象徵
6. 一隻高腳杯作水元素象徵
7. 一個水晶材質的圓形球體作土元素象徵
8. 一把未開封的小劍或開信刀作風元素象徵
9. 祈願塔羅一張，建議使用：
   - 五角星 Ace，土元素，集結豐盛、穩定和健康能量。
   - 聖杯 Ace，水元素，集結和諧能量，增強受孕機會。
   - 寶劍 Ace，風元素，提升辦公室工作效率。
   - 權杖 Ace，火元素，集結健康、生命力、活力能量。
10. 適量香薰，建議香氣：檀香（淨化空間，靈性滿足）、乳香（守護空間，淨化氣場）、迷迭香（勇氣，驅邪）、肉桂（強化精神能量，療癒）、玫瑰（個人魅力，愛情）、檸檬（增強活力）、薰衣草（純淨和平）。

設立祭壇

　　選一個有陽光的早上，在環境中找一個空曠潔淨的空間，最好是近窗口，陽光可以照射進來的地方。燃燒白色鼠尾草或秘魯聖木淨化能量氛圍。

　　枱面上鋪上神壇布，神壇布的四個角落各放一小撮海鹽，兩支蠟燭分別繪上太陽和月亮圖案後，再在操作者面向祭壇右手上前方放太陽蠟燭，左手邊上前方放月亮蠟燭。

　　太陽蠟燭下方放小權杖或指揮棒，月亮蠟燭下面放高腳杯。高腳杯和指揮棒正中前方（近操作者）放水晶球。水晶球的前方（近操作者）橫放一把小劍，選用的祈願塔羅放在劍前。（見圖 1）

圖 1

　　燃點蠟燭和香薰，為整個空間的能量調頻。有特別宗教背景的朋友，可以在這個時候安靜心神，向宇宙說出你的希望。儀式便完成。

　　有宗教背景的朋友可以把祭壇放着直至蠟燭燒完，若你覺得整個環境能量已經因為自然融合而變豐滿，就可以安心收起祭壇。

　　如果覺得效果未夠，可連續七天在祭壇點蠟燭，完成後可把祭壇收起。

塔羅牌能量重組

當發現與塔羅牌交流時能量受阻，很多塔羅師都會用以下方法作能量重組。重組儀式需要預備以下工具：

1. 白色鼠尾草或秘魯聖木
2. 儀式桌布
3. 檸檬薄荷香薰或蠟燭
4. 常用塔羅

在陽光普照、清風送爽的日子，找一個有對流窗的環境，以鼠尾草或秘魯聖木淨化空間能量。

安坐桌前，翻開桌布。如果平常有用魔法配合塔羅的話，可以選擇鋪上畫有正位五角星圖案的桌布；不然，只用普通天然材質桌布亦可。

燃起檸檬薄荷香薰或蠟燭，把慣用的塔羅拿出來，從五角星組 Ace 開始排到五角星 no.10；跟着是五角星侍從、騎士、女皇和國王。之後是聖杯組，寶劍組和權杖組，每一組完成後放在之前一組上面。

完成後，處理大阿克羅，從 No.0 愚者開始，順序排到 No.21 世界。排好後，整組放在五十六張小阿克羅上面。用右手掌心放在已排好的七十八張牌上面，好好感受彼此之間的互動。

塔羅的回應不會像水晶般強烈，只要感覺不是疲勞無力，能安心就可以了。如果無力感依然存在，可把塔羅收起數天再拿出來感受一下，通常能量都能回復。

消除負能量的儀式

日光儀式

大家可能都有過這一種經驗，在到訪某處或見過某人之後，就感到能量被掏空，作事提不起勁，更壞的情況是頭頭碰着黑。如果靈性能量狀態處於比較強勢的時候，這些情況大概會持續幾分鐘或者半日就會自然恢復過來。然而，當靈性狀態處於比較弱勢的時候，情況可能就會持續好幾個星期，甚至吸引更多壞能量到來，在生活中引發不好的人事狀況。這個時候應當進行能量大清洗，盡快恢復狀態，以免負面狀況一發不可收拾。

在晴朗的早上，時間最好是上午七時至十一時，到一個可以接觸陽光的地方，例如海邊、山上、野外，又或者簡單如家中的陽台。穿上由天然材質製成的簡單衣服，以舒適的狀態坐在陽光之下。慢慢呼吸，直到心情平靜下來。

靜靜感受陽光的溫暖，然後想像此刻陽光跟你已經建立了一個特定的連繫頻道。在這一個秘密界域中，你可以盡情對宇宙中最強的陽性能量訴說出最真實的感受。無論是何等叫人感到羞愧或者失落的事情，都趁着這個時刻盡情吐露出來。

安心地傾出負能量，溫暖的陽光會一直在你的後頸輕輕安撫着，輕輕包圍着你的兩臂，保護着你整個人。這是人生其中一個奇妙時刻，在這個只屬於你和大自然的界域中，可以盡情任性地展示出你的想法和感受，直到你覺得已經放下所有情緒擔子後，重新把注意力轉回呼吸節奏，待心情再次平靜，想像陽光能量化成一道白光，從你的頭頂進入你的身體。你可以盡

情吸收，直到覺得滿足為止。

　　如果你心目中出現一些想法，建議暫時保存着，另定日子再向宇宙祈願。專注地恢復靈性，直到靈性狀態強大起來，再向宇宙祈願。

　　儀式之後，應當進食當季的農作物，慢慢享受食物的美味，直到獲得飽滿的感覺。然後，去做一些讓自己感覺輕鬆舒懷的事情。可以的話，盡量避免與其他人接觸，除非對方是跟你有慣常而良好溝通的建議者或靈性導師；不然，最好讓靈性在單純而正面的能量之中慢慢恢復過來。

　　天黑之前回家，以玫瑰花瓣或玫瑰精油加上海鹽入浴，徹底清除負面能量，迎接新的氣場。

月亮儀式

很多時候，人會因為生活中受不如意的人事又或者壓力影響，情緒變得負向，感覺無力、被掏空。這種情況下，可使用以月亮儀式作能量轉換。較之太陽儀式，月亮儀式限制比較多，因為操作時間需要在月亮射線最強的月圓之夜。同樣應選擇一個天氣晴朗的晚上，雲量較少，最好能夠看到星星。如果只是暫不下雨但天空仍然暗泛紅光的日子，則不適宜。

找一個可以躺在地上的平面空間，例如沙灘上，又或者廣闊的青草地上。如果選擇室內環境，應該先好好清潔地板。然後以白色鼠尾草、檀香或秘魯聖木淨化空間能量。

環境準備好之後，穿着舒適及感覺溫暖的服裝和襪子平躺在地上。閉上眼睛，專注自己的呼吸。然後想像有一道能量流，在身體內流動不斷。循環流向全身，推動全身的身心活動。這是主導情緒的水元素能量，水元素會受月亮射線影響，美好的月夜，正好就是交換能量的時機。

你終於能夠感受到有一股新生的正能量慢慢進入在靈性之內。為了能夠讓更多正面能量進入，你用意念把令人疲倦的負面能量集結起來，然後集中轉移到背部，你會慢慢感覺到負面能量從背部滲進地下，大地無私地吸收了這些由情緒製作出來的垃圾。你已經慢慢強壯起來，吸收着月的能量，你的心靈覺得愈來愈輕盈。

這個晚上，你可以盡情休息，直到你覺得滿足於能量轉換的效果，就起來，清潔一下自己的身體。感恩大地的能量，好好放鬆，休息一下。

以塔羅能量填滿空間的儀式

於室內闢出一個不被打擾的靠牆小角落，先以白色鼠尾草或者聖木淨化空間。鋪上儀式桌布，桌布的四個角落對應現實中東南西北四個方位。

靠牆位置正中放一張祈願塔羅，按元素方位擺放工具：北方（土元素）放五角星盤；西方（水元素）放聖杯；南方（火元素）放魔法棒；東方（風元素）放開信刀。由於這一個儀式需配合塔羅牌操作，所以應使用與塔羅小阿克羅畫面對應的四元素工具。

最後，是啓動環節。祭壇中央燃點起對應大阿克羅的香草或鮮花，四個角落分別燃起同等分量的白色無味蠟燭，直至蠟燭和香草燃燒淨盡，儀式便告完成。把火熄滅，收起香爐和蠟燭。其他工具繼續擺放在神聖角落。收拾時間可參考下列大阿克羅牌對應時間。

表一：常用祈願塔羅與魔法能量

大阿克羅	魔法能量	香草	鮮花	儀式執行時間	擺放時間
No.1 魔術師 土／風元素	增加男性魅力、腦袋的靈活性、創意、演出的信心、危機應對技巧、提升職場上的人際關係。	迷迭香、橙花。	玫瑰、百合。	日夜交替之時、晚上。	九天

續表一：常用祈願塔羅與魔法能量

大阿克羅	魔法能量	香草	鮮花	儀式執行時間	擺放時間
No.2 女祭司 水元素	增加靈性能量、連結其他能量、直覺力、心靈平靜、感受神聖、提升女性在職場的營運能力和個人形象。	檀香、乳香。	鈴蘭、月亮花。	晚上、新月。	一個月
No.3 女皇 土／風元素	增加豐盛滿足感、讓女性增加財富、增加懷孕機會、保護孕婦平安、家庭生活和諧。	薑、茉莉。	牡丹、向日葵。	每月第三個星期的午後、日落前。	三個月
No.5 祭司 土元素	為男性增加吸引力、工作運、管理及領導能力、解決危機的能力、廣納支持者、改善父子間的溝通。	沉香、檀香。	康乃馨、蓮花。	每月第一個星期、日間。	五星期

續表一：常用祈願塔羅與魔法能量

大阿克羅	魔法能量	香草	鮮花	儀式執行時間	擺放時間
No.6 戀人 風元素	增加個人魅力、提升戀愛運、加強與朋友或同事之間的溝通、提升人緣、改善人際關係。	玫瑰香、薰衣草。	玫瑰、櫻花。	滿月	一星期
No.7 戰車 水元素	保衛在旅程中的人、改善職場人際關係、提升解難能力、提升生活動力。	薄荷、馬鞭草。	滿天星、蒲公英。	逢星期三或星期五	二十一天
No.10 命運之輪 水 / 火元素	迎來轉變、加強學習能力、擴闊社交圈子、開拓視野、保衛旅途中的人、增加團隊合作性。	香橙、肉桂。	繡球花、菊花。	任何一天	十天
No.14 節制 火元素	發展靈通力、加強連繫接收上界信息、改善職場上的溝通能力、維繫身心靈平衡、脫離不良習慣。	松香、迷迭香。	天堂鳥、吊鐘花。	每月中、日間。	兩星期

續表一：常用祈願塔羅與魔法能量

大阿克羅	魔法能量	香草	鮮花	儀式執行時間	擺放時間
No.19 太陽 火元素	增加活力、現實生活中的踏實感、提供健康快樂的能量、特別保衛十二歲以下兒童。	薄荷、薑。	向日葵、雛菊、粉色百合、薰衣草。	每天正午	不限
No.21 世界 土元素	保衛旅途中的人、擴闊社交圈子、增加女性魅力、演出的信心。	玫瑰、洋甘菊。	粉色百合、薰衣草。	每月最後一個星期	二十天

表二：自然魔法儀式中不同顏色的蠟燭所代表的意義

金色	火元素及土元素：增加懷孕機會、增加金錢際遇、增加個人魅力、使生活變得幸福和諧、與太陽能量連結。
銀色	風元素及土元素：許願、保持健康、增加個人魅力、使生活變得平安幸福、與月亮能量連結。
紅色	火元素：增加生活的熱情、處事的勇氣、增加生命力、活力、個人吸引力、性生活和諧。
黑色	土元素：輔助冥想、增強靈性、驅除邪惡能量及負面能量。
紫色	火元素：與更高的能量接通、增加精神能量、保衛、免除負能量入侵。
粉紅色	火元素：增加個人魅力、使人際關係和諧。
綠色	土元素：帶來幸運、社交生活和諧、增加學習運、增加對事物的理解。
藍色	水元素：使情緒變得平靜、增強靈性、提升智慧。
黃色	火元素：增強個人自信、與太陽能量連接、增加與較低層次靈性接通的能力。
橙色	火元素：增加自信心和上進心、驅邪、保護孩子免除負面情緒入侵。
白色	風元素：使情緒變得平靜、消除負能量、帶來好運。

第八部分

趣味分享

大阿克羅與神話

一直都有研究者認為，最初期的塔羅牌，是作者受到《聖經》啓發的創作，內容包含了作者對《聖經》的反思以及有關《聖經》故事訊息內容的傳播。

事實上，我們不難在牌組中發現有關《聖經》故事的點滴。像我學習塔羅的初期，老師曾經建議我們嘗試從《聖經》中找出與二十二張大阿克羅的關係。

這是一個既有趣又難忘的經驗，為此，我和另外幾個組員曾經有好幾個星期廢寢忘餐地閱讀新舊約《聖經》，每有新發現，就急不及待與大家分享。後來，更發展到探討各自文化中神話的某些共通性。就在這個機緣巧合底下，我特地向其他組員介紹中國傳統的求籤文化。

求籤是中國道教的特有人神溝通方式，神明通過靈媒傳達訊息，為大地上的人送上一個又一個的故事，當中有部分是歷史故事，又有部分是神話傳說，當中隱含神諭。靈媒會把神明的意思譯成文筆簡潔的籤文，配以特定的序號，形成了求籤系統。幾乎每一位神明都有專屬的籤文系統，而求籤的方法則大致類同。

每當生活中遇上疑難，很多人就會帶着祭品到大廟祈求神明給予指引。在竹筒中抽取寫上序號的竹籤，交與解籤的人。解籤人就會按靈籤的序號，找出對應的故事為求問者解讀神的意思。過程就像長輩對後輩講述寓言故事，當中完全沒有任何詭秘氣氛，但求籤的結果往往是精準得令人驚訝。明明是千百年前的故事，民眾卻總是能夠在當中找到與現實生活關連之處，並從中得到啓發。

　　我覺得情況有點像塔羅和當中所記載的傳說，於人生活中的啟迪有着異曲同工之妙處。而我們亦發現，世界各地的神話亦頗多類同之處，在這裏會和大家分享點滴；但在分享之前先說明，以下資料只是一些興趣搜集而非任何主題研究結果，目的旨在拋磚引玉，引發大家在日後繼續研究或討論，以發掘更多相關資料。

洪水的神話

相關牌：小阿克羅聖杯 Ace
**　　　　小阿克羅聖杯 no.10**

　　世界各地，都有流傳有關洪水的神話。雖然有考古學證據證明，早於《聖經》之前，在美索不達米亞文化中已經流傳洪水滅世傳說。不過，説到最為大眾熟悉的洪水故事，一定是《創世紀》中的挪亞方舟。按《創世紀》的記載，上帝因為見到人類變質，行為充滿了暴力，大地充滿罪惡。於是計劃以大洪水來消滅地上的惡人。

　　上帝知道地上有一位叫做挪亞的好人，於是就請他建造一艘方舟，帶上挪亞的家人，以及地上走禽飛鳥各一對避開水難，以免絕種。

　　挪亞方舟工程耗時四十年，當方舟建成，一切準備就緒。挪亞帶着家人、動物，以及大約一年的食物儲備避到方舟上。上帝開始降雨，畫夜連連，一共四十天，淹沒了最高的山，沒有生物能夠生存，只有方舟上挪亞一家，以及被揀選的動物得以存活。

　　方舟在水上漂流二百多天，終於停在阿勒山上。挪亞首先放出一隻烏鴉來測試水退的狀況，但是烏鴉沒有回來。過了數天，挪亞又放出一隻鴿子。這一次，鴿子叼着橄欖葉回來。挪亞一家知道災難已過，終於又可以回到地上生活了。

　　這一次之後，上帝與人以彩虹立約（《創世紀 9：11-13》）：説明不再以洪水滅世，並以雲中彩虹為立約記號。因此，白鴿、橄欖葉和彩虹就成為了幸福和幸運的象徵。

女媧與洪水

相關牌：大阿克羅 No.21 世界

　　中國一直流傳着兩個關於女媧與洪水的傳說，當中都有大船和彩色天空的情節。比較早期的一個，描述女媧和伏羲在幼年時曾經幫助過天神雷公，剛巧原來這一位雷公奉命要以雷雨毀滅大地，為報答兄妹救命之恩，就送他們一顆牙齒，並囑託要把牙齒種在後園。

　　隔天，牙齒果然長出了葉子，不久更長出了一個葫蘆，而且愈長愈大，簡直可以當成一隻小舟。這時候，天空中忽然打大雷，隨即降下大雨，很快形成洪水淹沒了大地。女媧和伏羲於是躲在葫蘆之內，終於避過了這一次水難。可是，大地上的人都死光了，上古世界只剩下了女媧和伏羲。

　　另一個傳說就是家喻戶曉的「女媧煉石補青天」。遠古的某一天，支撐着天空和大地之間的大柱忽然斷裂，天空因此崩了一塊下來，冒出一個大咕窿。天氣反常，水從天空傾瀉，地上洪水氾濫，到處都是災難之火。女媧不忍看見地上人民困在水深火熱之中，決心到崑崙山上以五色彩石煉石補青天，人民的生活才得以回復正常。

女媧造人

相關牌：大阿克羅 No.21 世界

　　有關女媧造人的情節，一共分為貴民和平民兩個不同的故事。

　　大洪水之後，上古大地就只剩下女媧和伏羲二人，二人雖然是兄妹，但為了繁衍人類，最後亦結成了夫妻關係，並誕下十二個兒女。由這十二個兒女再衍生出來的後代，身體內流着伏羲和女媧的血，是神聖血統一族，是貴民。

　　至於平民誕生的故事，可從盤古開天闢地説起。傳説記載，盤古用自己的身體造成了日月星辰山川草木，餘留在天地間的氣息，則化成了鳥獸蟲魚。簡單説就是盤古把自己化成了宇宙萬物，而女神女媧碰巧經過這個由盤古化成的小宇宙，覺得相當驚艷，於是就索性留在這美麗的大地上遊玩。

　　玩了一陣子，女媧坐在池塘旁邊休息，她忽然間覺得這個世界有點寂寞。她望着池塘中自己的倒影，心生了造人的念頭。她就用手在池塘邊取了一些泥土，按照自己的樣子造出了幾個小人型。然後，她又教導這些泥造小人繼續造出其他人。最後，世界終於變得熱鬧起來。

所羅門神殿

相關牌：大阿克羅 No.2 女祭司

　　所羅門神殿（又稱「第一聖殿」）是《聖經》記載的一個建築物，建成於公元前九五七年，毀於公元前五八七年，由於至今也沒能挖掘出遺址，所以未能確認傳說真確程度。

　　在偉特塔羅牌中，No.2 女祭司身穿藍和白衣坐在海邊聖殿中一個立方體石頭上。兩根柱子從左至右排列，上刻了 B 和 J。因有記載所羅門神殿的北門和南門也刻有類近的符號，所以，有研究者認為偉特塔羅牌大亞克羅 No.2 女祭司這一張牌的背景，正是《聖經》故事中所羅門王在耶路撒冷所建的第一聖殿。

聖殿的約櫃

相關牌：大阿克羅 No.5 祭司

　　《聖經》所記載的約櫃，一直以來都是以色列民族的聖物。據說，約櫃裏面收藏了摩西在西乃山上從上帝那處得來的兩塊寫着十誡的石板。約櫃一直都放在流動聖殿內，直到所羅門王在耶路撒冷興建第一聖殿為止。後來聖殿被毀，約櫃不知所蹤。至今仍流傳不少有關收藏約櫃的神秘傳説，但都未有得到證實。

　　約櫃裏面除了放着兩塊刻了十誡的石板，還放了一根摩西的哥哥亞倫曾經用過的發芽的手杖和一個金造的罐子，裏面裝着以色列人在曠野漂流時期所吃的嗎哪。

亞倫的手杖

相關牌：小阿克羅權杖 Ace

　　《聖經·民數記第十七章》有這麼一個故事：神要證亞倫在十二支派中的地位，讓人知道摩西與亞倫都是神所派遣的，就對摩西說：「你曉諭以色列人，從他們手下取杖，每支派一根；從他們所有的首領，按着支派，共取十二根。你要將各人的名字寫在各人的杖上，並要將亞倫的名字寫在利未的杖上，因為各族長必有一根杖。你要把這些杖存在會幕內法櫃前，就是我與你們相會之處。後來我所揀選的那人，他的杖必發芽。」

　　結果第二天，亞倫的杖真的發了芽，生了花苞，開了花，還結了熟杏。神吩咐摩西要把亞倫的杖放在約櫃前留作記號。

亞當與夏娃

相關牌：大阿克羅 No.6 戀人
**　　　　大阿克羅 No.15 惡魔**

根據《聖經‧創世紀》記載，神按照着自己的形象，造了第一個男人亞當。神又給他造了一個萬物俱全的伊甸園，裏面有美麗的花，豐盛的果樹，各種飛禽走獸，地上撒滿金子與寶石。起初，亞當在這裏快樂地生活着，後來，神發現亞當開始感到孤單不快樂，就用亞當的肋骨，造了一個美麗的女人給亞當作伴侶，這個女人就是夏娃。二人赤裸裸的在伊甸園裏快樂地生活了一段日子。

有一天，神找來亞當和夏娃，並說：「伊甸園中有各樣的樹，其中有兩棵樹，一棵是『生命樹』，另一棵是『知善惡樹』。伊甸園內所有樹上結的果子你們都可以用作食物，唯獨『知善惡樹』上的果子例外。」

可是，後來夏娃受被撒旦附身的蛇的引誘，偷食了知善惡樹所結的果子，也讓亞當食用。吃了禁果之後，亞當意識到自己是赤身露體，就找樹葉來遮蔽身體。因為知道自己犯了罪，每聽見神的聲音，就害怕得躲在園裏的樹林中。

神對亞當說：「你既然聽了妻子的話，吃了我所吩咐你不可吃的果子，你以後必要流汗滿面才能有吃的，直到你歸了土，因為你是從泥土中出來。」之後，神便把亞當和夏娃逐出伊甸園。

所羅門的審判

相關牌：大阿克羅 No.11 正義

　　「所羅門的審判」是舊約《聖經》內一個非常著名的故事。故事講述兩個婦人一起帶着一個嬰兒來到所羅門王的面前，兩個人都說自己是這個嬰兒的母親。查問之下，原來這兩個女人同住一間屋裏，其中一個女人在睡覺的時候，不小心壓死了自己的孩兒；於是，就趁在半夜，另一個女人還在睡覺的時候，把自己的死嬰交換了人家的活孩。另一個女人早上醒來，發現自己的孩子被掉包了，就與對方爭吵起來，最後鬧到所羅門王面前。

　　所羅門王聽完兩個人的陳述之後，就命人帶來一把刀，說：「將孩子劈開，每個女人分一半。」其中一個女人就對所羅門王說：「求你把活着的孩子給那個女人吧，請不要殺掉孩子。」而另一個女人說：「這個孩子不歸我，也不歸你，就把他劈開了吧。」

　　所羅門看到女人對孩子的愛，就知道第一位婦人就是孩子的母親，並命人立即把孩子歸還。眾人皆讚揚所羅門王心懷神的智慧，這個故事，後來成了世界各地寓言的原型。

巴別塔的故事

相關牌：大阿克羅 No.16 塔

　　巴別塔的故事記錄於舊約全書。大洪水之後，挪亞的後代四處遷徙，分佈大地上各處居住，傳宗接代，人口愈來愈多。當時，所有人仍然只有一種語言。一群從東方來的人到了到示拿地區生活，他們生活團結，合作能力高，使得生活豐盛。

　　他們為自己的成就感到十分驕傲，並打算齊心合力建造一座城市和一座能夠通向天空的高塔，以「宣揚自己的名」，展示自己的能力。他們要與神看齊，但神不容許。於是，神在一夜之間，變換了所有人的口音。

　　巴別塔工程因此無法繼續，人類自此使用不同的語言，並開始分族生活。

大審判

相關牌：大阿克羅 No.20 審判

　　大審判又稱「末日審判」，被認為是人類的末日又或者世界末日。《聖經》記載，在世界末日之時，神的兒子會從天上再臨地上，死者將會復生。

　　《聖經》研究者認為，世界末日不是一個日子而是一個過程，在世界終結之前，無論是甚麼身份，所有人將會被召集到上帝面前審判一生的功過。凡信仰神的，可以入天堂，否則就會下地獄。

　　《聖經・馬太福音》很明確地記錄，沒有人會知道世界末日在哪一天降臨。耶穌曾說，沒有人知道祂的再來會是「那日子、那時辰」，但我們可以肯定的是：「當（無花果）樹枝發嫩長葉的時候，你們就知道夏天近了。這樣，你們看見這一切的事，也該知道人子（耶穌）近了，正在門口了。」（《馬太福音》24：32-33）

《啟示錄》中的四騎士

相關牌：小阿克羅宮庭組五角星騎士
　　　　　小阿克羅宮庭組聖杯騎士
　　　　　小阿克羅宮庭組寶劍騎士
　　　　　小阿克羅宮庭組權杖騎士

《啟示錄》的作者約翰，基督教會傳統上認為他是十二門徒中的約翰，但亦有頗多反對聲音，我們在這跳過作者爭議部分，只分享經文內容和塔羅的關連。

《啟示錄》中有大量篇幅記載着有關末日的預言，通常被統稱為末日的預言「七印、七號、七碗」。有關四騎士，就是七印中的頭四個印。

在《聖經》中文標準譯本的《啟示錄》中，記錄約翰了看到第一個封印打開的時候，伴隨着的四活物中其之一個發出大叫聲，一個騎士帶着一張弓，被賜予的一頂勝利的冠冕，騎着白馬出場。當第二個封印打開，第二個活物亦發出聲音，然後，就有另一個騎士出來，他的馬是火紅色的，騎士被賜予了一把大刀，被准許從地上奪走和平，令人們互相殘殺。第三個封印打開時，第三個活物發出聲音，這一次騎士騎着黑馬，手拿着天秤。輪到第四個封印打開時，第四個活物亦發出聲音，這一次騎士騎着一匹灰綠色的馬，這一匹馬名叫死亡。他們被賜予了權柄，可以統管地上四份之一的土地，用刀劍饑荒瘟疫和地上的野獸去殺人。

預言中並沒有描述四位騎士的力量來源和行動動機，後世研究者通常會將白馬騎士的身份設定為敵基督，或假扮基督的

人。原因是這一位騎士的裝扮，容易使人誤以為他就是基督。然而，白馬騎士沒有神的智慧，他所追求的只是權力和勝利。

　　第二位紅馬騎士，將會是戰爭的製造者，使地上失去太平，人與人互相殘殺。黑馬騎士會為大地帶來饑荒，使人的生活陷入困苦。第四位灰綠馬騎士，帶着從上帝那裏得來的摧毀力量，為大地帶來瘟疫與死亡。

四活物

相關牌：大阿克羅 No.10 命運之輪
**　　　　大阿克羅 No.21 世界**

　　四活物在《聖經》中經常登場，很多先知都曾經在靈視中得見四活物的樣子。

　　《啓示錄》第四章第七節開首，對四活物有這樣的描述：第一個活物像獅子，第二個活物像牛，第三個的臉像人，第四個像一隻飛鷹。四活物各有六個翅膀、遍體內外都滿了眼睛，他們不住的說着：聖哉！聖哉！榮耀讚美神。

　　單以描述來想像四活物的外形，實在不容易理解，或者，在某個空間可能的而且確有外貌如此的四活物存在；亦有研究認為，先知在靈視中所見到的四活物，應該是具有某種象徵意義的標誌；甚至亦有學者認為，四活物就是基路伯。因為《以西結書》後段，再次提及四活物的時候，就將牛臉改變為基路伯的臉，順序為基路伯、人、獅、鷹。無論如何，有一點可以肯定的是，四活物是聖物。

北歐神話中的主神奧丁

相關牌：大阿克羅 No.12 吊人

　　雖然，我們可以從塔羅牌中找出不少與新舊約《聖經》故事的關連。不過，塔羅畫面創作靈感亦有不少取材自其他民族的神話。

　　奧丁是眾神之父，亦是智慧之神，傳說他為了得到智慧去尋找自己的兄弟，毅然犧牲了自己的一隻眼睛——奧丁為了向智者密米爾表明請求智慧之水的決心，就把自己的一隻眼睛挖了出來，放入了智慧之井之中。從此，他就成了獨眼天神。

　　說到有關奧丁對於追尋智慧的熱情，另有一個與塔羅牌相關的故事：奧丁因為希望獲得更大的智慧，就把自己獻祭給自己。他用槍在自己身上刺了九個洞，再將自己倒吊在生命之樹（亦有說是世界之樹）上，經過九日九夜，奧丁終於在靈視中發現了如尼（Runes）。

　　起初奧丁並不完全了解這些文字，就去請教命運三女神。女神接過文字，利用如尼預言了奧丁的未來。後來，奧丁把這些文字傳授給人類，世人把這些神聖的符文用作生活溝通、占卜和祈福。因此，後來就發展出塔羅師用如尼文結合塔羅牌製作自然魔法。

復活節

相關牌：五角星 no.9
聖杯 no.3

　　有關復活節，基督教的說法是，為着紀念耶穌基督被釘死後第三天復活的事蹟；象徵犧牲、救贖和重生，是基督教重要節日之一。復活節的日期每年並不固定，於不同的國家和宗教派別，有不同的設定日期。早期的基督教會一直按照傳統，在猶太曆的逾越節當日，紀念耶穌基督復活。四世紀時，教會決定棄用猶太曆，改於每年春分月圓之後第一個星期日設定為復活節。

　　現今社會普遍喜歡以色彩繽紛的復活蛋來慶祝復活節。有趣的是，《聖經》故事卻沒有提及過復活蛋和復活兔的情節。雖然，曾經有宗教學家曾為這些風俗作出分析，認為雞蛋裏面有生命，所以同復活節有關；但學者沒有附加更多的解釋，為甚麼世上還有很多事情與物件都與生命有關，最後偏偏選了雞蛋？而雞蛋如何與耶穌的死後復活產生特別的關連？學者們給我們留下了無限的思辯空間。不過，在紀念耶穌重生日之前，古日耳曼民族卻有一個關於復活兔和雞蛋的傳說。

　　太陽是生命的泉源，在古代，農業社會大都有太陽崇拜儀式。每年冬去春來，溫暖回歸大地的春分日都是非常重要的日子，大家都會準備最好的祭品作奉獻，熱烈歡迎太陽回歸，祈求來年豐收。

　　幾乎每一片土地、每一個文化裏，都有自己的春天女神。Eostre（古日耳曼語是 Ostara）是掌管春天和黎明的日耳曼女

神，她的形象年輕貌美，善良熱情，喜歡熱鬧的氣氛，經常穿戴着花朵和綠葉開派對跳舞，和眾神分享美食。

曾經有一年，春天來遲了，地上的冰雪還未完全融化，花朵沒有開放，樹木上的綠葉仍未長出來。女神到來就見到一隻小鳥躺在叢林的地上，小鳥的翅膀被凍傷了，無法飛行。

女神為此深感難過，亦因為自己未能及時為大地帶來春天的暖意而感到有點內疚；於是，把小鳥救起並收養作為寵物。可是小鳥並不開心，因為牠的翅膀壞掉了，已經不能再往天上飛行，失去行動的自由了。

於是女神就將小鳥變成一隻雪兔，並賜給牠迅速逃跑的能力，這樣雪兔就可以逃避所有獵人的追捕；可是，變成了雪兔的小鳥還是感到不快樂，因為牠失去了生育的能力。於是女神賜雪兔有能力生產彩虹顏色的蛋，大地上的小孩都十分喜歡這些彩色的蛋；但雪兔還是不快樂，因為，牠懷念以前輕盈的身體，不喜歡雪兔肥胖的外表。

本來善良的女神因雪兔的貪得無厭而憤怒了，女神把雪兔隨手送到天上，剛好雪兔就停在獵戶星座的腳下，成為了 Lepus 星座（The Hare）。後來，女神的怒意消減，就准許雪兔在每年春天的時候返回地球，接受孩子們送牠的彩蛋。春分慶典有糖果美食、兔子和彩蛋的風俗，就由此流傳下來。

作者
莎拉

策劃 / 編輯
梁美媚

美術統籌及設計
Amelia Loh

美術設計
Yu Cheung

插圖
Angel Hung

出版者
圓方出版社
香港鰂魚涌英皇道1065號東達中心1305室
電話：2564 7511
傳真：2565 5539
電郵：info@wanlibk.com
網址：http://www.wanlibk.com
　　　http://www.wanlibk.com
　　　http://www.facebook.com/wanlibk

發行者
香港聯合書刊物流有限公司
香港新界大埔汀麗路36號
中華商務印刷大廈3字樓
電話：2150 2100
傳真：2407 3062
電郵：info@suplogistics.com.hk

承印者
合群（中國）印刷包裝有限公司
香港九龍觀塘榮業街6號海濱工業大廈4樓A室

出版日期
二〇一九年一月第一次印刷